高校学术研究论著丛刊
人文社科

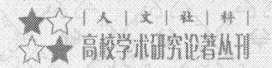

触媒视角下大城市中心区轨道交通站域更新策略研究

申红田 著

中国书籍出版社
China Book Press

图书在版编目(CIP)数据

触媒视角下大城市中心区轨道交通站域更新策略研究 / 申红田著. -- 北京：中国书籍出版社, 2022.5
ISBN 978-7-5068-8509-6

Ⅰ.①触… Ⅱ.①申… Ⅲ.①城市铁路 – 轨道交通 – 车站作业 Ⅳ.①U239.5

中国版本图书馆CIP数据核字（2022）第072361号

触媒视角下大城市中心区轨道交通站域更新策略研究

申红田 著

丛书策划	谭 鹏 武 斌
责任编辑	彭宏艳
责任印制	孙马飞 马 芝
封面设计	东方美迪
出版发行	中国书籍出版社
地 址	北京市丰台区三路居路97号（邮编：100073）
电 话	（010）52257143（总编室） （010）52257140（发行部）
电子邮箱	eo@chinabp.com.cn
经 销	全国新华书店
印 厂	三河市德贤弘印务有限公司
开 本	710毫米×1000毫米 1/16
字 数	273千字
印 张	17.25
版 次	2023年3月第1版
印 次	2023年3月第1次印刷
书 号	ISBN 978-7-5068-8509-6
定 价	90.00元

版权所有 翻印必究

目 录

第1章 绪论 1

    1.1 研究背景 1
    1.2 研究目的 6
    1.3 研究意义 7
    1.4 相关概念及研究范畴界定 8
    1.5 研究方法与框架 17
    1.6 研究的创新点 19
    1.7 本章小结 20

第2章 城市触媒理论及轨道交通站域更新相关理论综述 21

    2.1 大城市中心区的更新研究现状 21
    2.2 轨道交通站域的开发研究现状 27
    2.3 城市触媒理论研究现状 52
    2.4 本章小结 57

第3章 国内外大城市中心区轨道交通站域更新模式比较及触媒理论的引入   58

    3.1 国外大城市中心区轨道交通站域更新模式   59
    3.2 我国大城市中心区轨道交通站域更新模式   67
    3.3 比较分析我国大城市中心区轨道交通站域更新问题   72
    3.4 现时我国大城市中心区更新诉求   75
    3.5 触媒视角的引入   77
    3.6 本章小结   82

第4章 轨道交通站域更新主体解析   83

    4.1 中心商务型站域   85
    4.2 居住生活型站域   90
    4.3 历史文化型站域   94
    4.4 交通枢纽型站域   98
    4.5 本章小结   103

第5章 轨道交通站点带来的更新触媒因子解析   104

    5.1 轨道交通站点带来的更新触媒因子分类   104
    5.2 轨道交通站点的更新触媒分级   129
    5.3 本章小结   135

第6章 轨道交通站点在站域更新中的触媒运作模式解析   136

    6.1 轨道交通站点的更新触媒介质   136
    6.2 触媒作用机制   167
    6.3 轨道交通站点地区更新的触媒效应分析   172
    6.4 本章小结   182

第7章　轨道交通站域的触媒式更新策略　183

　　7.1　差别化的更新策略引导　183
　　7.2　基于AHP-SWOT法的站点更新触媒因子及策略选择　196
　　7.3　更新触媒介质的优化　217
　　7.4　动态的更新触媒调整　231
　　7.5　本章小结　234

第8章　结论与展望　236

　　8.1　结论　236
　　8.2　研究的局限性　239
　　8.3　未来的展望　240
　　附录A　天津市中心区4种轨道交通站域分类　242
　　附录B　调查问卷　246

参考文献　253

第1章 绪论

近年来,我国城镇化进程达到新阶段,城市发展重心由增量向存量转移,城市更新对存量地块的优化与调整越发受到重视。随着社会的发展,城市更新的内涵也由单一性的物质改善转向环境、经济和社会的多元可持续更新。另一方面,我国进入轨道交通的全面发展阶段,而符合轨道交通建设门槛的城市有82个,建设潜力巨大。轨道交通普遍在城市中心区设站,为城市更新带来了新的机遇,但目前对其利用过于单一,仅作为交通设施对待,而忽视其对站域的多维引导作用,造成更新中站点与城市空间的割裂、城市特色缺失、活力不足等不良后果。因此,大城市中心区的轨道交通站域更新成为当下及未来城市更新领域的重要议题。

1.1 研究背景

1.1.1 城市建设由增量向存量的转变

据国家统计局最新统计数据显示,我国的城镇化水平已由1978年的17.92%增长到2018年的59.58%[①],快速的城镇化发展首先导致了人口的持续增长,尤其是2000年以后增长更加迅猛。以北京市为例,据2020年

---

① 中国人民共和国国家统计局,2018.12

第七次全国人口普查结果显示，全市常住人口为2189.3万人，与2010年第六次全国人口普查相比，十年共增加228.1万人。平均每年增加22.8万人，年平均增长率为1.1%。人口的爆发式增长使我国建设用地面积急剧扩张，随之而来的是土地利用粗放化现象严重、城市空间无序蔓延。2000—2016年，我国城市建成区总面积从2.24 km^2扩大到5.27 km^2，增幅近两倍（表1-1）。在城市规模扩大的同时，土地利用浪费现象严重。统计数据显示，我国城市用地约4%～5%处于闲置状态，40%左右利用效率低下，城市人均建设用地超过130 m^2/人。

表1-1 我国城市建成区面积增长情况统计

时间	2000	2005	2010	2016
全国城市建成区面积（km^2）	2.24	3.25	4.01	5.27

资料来源：中国人民共和国国家统计局

为阻止这一局面继续发展，国家出台多项应对政策。如原国土资源部（2018年改组为自然资源部）、国家发改委联合印发《京津冀协同发展土地利用总体规划（2015—2020年）》。《规划》鼓励通过建设用地"减量瘦身"倒逼城市功能提升。此前公布的《国土资源"十三五"规划纲要》也提出，"十三五"期间，超大和特大城市中心城区原则上不安排新增建设用地计划。[1]可以预测，通过更新手段引导大城市中心区结构调整、功能提升的存量规划将成为未来时期我国城市建设的热点。

1.1.2 大城市中心区更新内涵的转型

大城市中心区是城市最重要的核心区域，虽占城市总面积的比例不大，却高度集中了城市的各种活动，如商业、行政、办公、金融、餐饮、休闲、文化、居住、交通、通信等。我国的大城市虽没有经历西方发达国家大城市中心的"扩散—衰退—复兴"过程，但在城市加速建设后，同样出现了一系列负面问题。

人口密度的增长导致土地的高强度开发、居住用房紧张；小汽车的普及则进一步激发了城市空间的无序蔓延、交通拥堵、环境污染严重、能源短缺加剧，在城市的中心区，这些现象体现得更加明显。同时，随着社会和经济的发展，城市中心区的部分功能与结构也出现明显衰退，已不能适应时代需求，急需得到转型发展。新时代也赋予了城市新的任务，现代居民不仅对物质生活有所要求，对生活环境的精神需求也日益提高。因此，城市中心区的更新不仅仅是功能性的，更是社会性的。

建设资源节约型、环境友好型、内在品质提升型的生态可持续化模式是我国未来城市建设的基本方向，城市中心区的更新建设影响着整个城市的活力与核心竞争力。

1.1.3 轨道交通的迅猛发展

在全球倡导发展集约化、绿色化、有机化、立体化未来城市的背景下，我国提出"公交优先"的城市交通基本政策，使城市轨道交通建设进入快速发展时期。截止到2020年12月31日，我国已经开通运营轨道交通的城市，由2000年的4个猛增至43个，共计开通运营线路245条，运营总里程达到了7655km。根据2018年7月国务院办公厅印发的《加强城市轨道交通规划建设管理的意见》提出，对申建轨道交通的城市相关标准的要求变为：一般公共财政预算收入在300亿元以上，地区生产总值3000亿元以上，市区常住人口在300万人以上。

截至2020年底，中国有57个城市（个别由地方政府批复项目未纳入统计）在建线路总规模6797.5km（含个别2020年当年仍有建设进展和投资发生的已运营项目和2020当年新投运的项目），在建线路297条（段）。其中，有31个城市在建线路为3条及以上，如再加上已运营线路，共有34个城市在建和运营线路超过3条。在建线路长度超过100km的有23个城市。[2]目前，中国共有65个城市已获城市轨道交通建设批复（含地方政府批复的21个城市），除已开通运营城市轨道交通的43个城市之外（表1-2），还有洛阳、芜湖、绍兴、南通、包头、南平、泉州、台州、黄石、渭南、安顺、红河州、文山、德令哈、毕节、泸州、黔南州、弥勒、瑞丽、保山、嘉兴、张掖共22个城市已规划城市轨道交通线路（包括有轨电车），规划线路总里程达6701km

（不包括已开通运营的线路）。可见我国已进入轨道交通快速、全面发展的时期，轨道交通的多线、网络化发展已是必然趋势，其在城市发展中的重要作用逐步显现。[3]

表1-2　2020年底中国内地城市轨道交通运营数据统计

排名	城市及最早通车年份（年）	运营线路（条）	总运营里程（km）
1	上海（1995）	16	783.777
2	北京（1969）	21	727.849
3	广州（1999）	14	530.610
4	成都（2010）	12	518.960
5	深圳（2005）	12	431.083
6	南京（2005）	10	394.780
7	武汉（2004）	11	386.403
8	重庆（2004）	10	341.730
9	杭州（2012）	11	307.180
10	青岛（2015）	6	258.120
11	西安（2011）	8	243.120
12	天津（1984）	6	239.858
13	沈阳（2010）	4	214.590
14	苏州（2012）	5	210.159
15	郑州（2013）	7	204.038
16	大连（2002）	4	183.350
17	长沙（2014）	6	160.998
18	宁波（2014）	5	154.550
19	昆明（2012）	5	138.390
20	长春（2002）	5	117.250
21	合肥（2016）	5	114.780

续表

排名	城市及最早通车年份（年）	运营线路（条）	总运营里程（km）
22	南宁（2016）	5	108.200
23	无锡（2014）	4	89.420
24	南昌（2015）	4	88.710
25	厦门（2017）	3	71.900
26	石家庄（2017）	3	59.730
27	福州（2016）	2	54.918
28	温州（2019）	1	53.500
29	呼和浩特（2019）	2	49.039
30	济南（2019）	3	47.670
31	徐州（2019）	3	46.120
32	东莞（2016）	1	37.800
33	贵阳（2017）	2	35.110
34	常州（2019）	2	34.240
35	哈尔滨（2013）	3	30.600
36	佛山（2010）	2	28.070
37	乌鲁木齐（2018）	1	27.300
38	兰州（2018）	1	25.900
39	太原（2020）	1	23.647
40	淮安（2017）	1	20.300
41	天水（2020）	1	12.900
42	珠海（2017）	1	8.920
43	三亚（2020）	1	8.370

表格来源：作者根据各地统计年鉴整理

　　轨道交通与城市更新相结合的综合开发为城市的可持续发展提供了新的机会与模式，在提升城市传统可达性的同时，改善城市的基础设施建设与服务，通过经济杠杆促进土地的合理置换，吸引多方资金注入，减少更新阻力，缩短更新建设周期等。

我国对轨道交通的高质量建设十分重视，并出台了多部相关政策。2012年，国务院发布《关于城市优先发展公共交通的指导意见》，提出要发展多种形式的大容量公共交通工具，建设综合交通枢纽，优化换乘中心功能和布局，确立公共交通在城市交通中的主体地位。2018年，国务院办公厅发布《关于进一步加强城市轨道交通规划建设管理的意见》，提出要加强城市轨道交通规划与城市规划、综合交通体系规划等的相互协调，发挥轨道交通对城市交通运输发展的支撑引导作用。2020年，国家发改委印发了《2020年新型城镇化建设和城乡融合发展重点任务》，提出以轨道交通为重点健全都市圈交通基础设施等。这些政策的出台，反映了国家对轨道交通在城市建设发展中所起突出作用的重视。

1.2　研究目的

本书通过梳理国内大城市中心区城市更新的相关理论与实践案例，提出将轨道交通站点建设与周边更新建设有机结合，并期望通过引入"触媒"理论使轨道交通站点的各要素在城市更新中的意义与具体作用更加细化，通过对轨道交通站域的大量实证性研究，找到站点对站域更新的关键性影响因素与可持续更新的良性运作模式，提出不同环境下的轨道交通站域的更新需求及策略，为轨道交通站域更新的决策与设计引导提供理论和技术参考。

1.3　研究意义

1.3.1　理论意义

由于城市中心区人口密度大，现有土地利用率较高，轨道交通对城市发展的可见作用相对有限，因此，国内学者对轨道交通与城市发展间的关系研究，多着眼于其对新城地区的引导，缺乏对大城市中心区的更新研究。现有的更新方法也多借鉴西方的相关方面研究，大拆大建，面子工程屡见不鲜。然而各国城市面临的经济与社会状态各异，彼此的发展历程也不尽相同，完全照搬国外的先进技术难免会出现"水土不服"。因此本书重点分析了我国大城市中心的发展状况与更新目标，以城市触媒为视角，剖析轨道交通站点作为城市触媒，对大城市中心区的经济、社会、空间形态等方面产生的触媒效应。探讨如何更好地发挥轨道交通的触媒作用，良性引导与激发周边元素，既可保证空间结构的更新优化，又能实现历史文脉的传承，从而更加有效地带动城市中心区的更新发展，激发城市活力。本研究有助于完善我国的城市更新理论体系，推动站域城市空间的特色化及可持续发展。

1.3.2　实践意义

目前，我国的快速城镇化已进入城市群发展趋势，每个城市群由一个及以上的特大城市为核心，由三个及以上的大城市为组成单元，依托发达的信息及交通网络形成庞大多层级的城市联合体。在此背景下，将涌现出更多的大城市，特大城市甚至超大城市。轨道交通建设与城市中心更新转型是大城市发展中不可避免的课题。因此，在调查研究一些典型城市建设经验的基础上，总结出其发展规律，研究出科学可行的更新策略，可供后续类似城市参考比对，避免重复以往城市更新中走过的弯路，具有积极的现实意义。

1.4 相关概念及研究范畴界定

1.4.1 相关概念解析

1.4.1.1 触媒

"触媒"也称催化剂,是化学反应中的一个概念,其作用是改变反应速度,而其自身在反应过程中并不被消耗。城市触媒理论是1989年由美国学者韦恩·奥图和唐·罗干在其合著的《美国都市建筑——城市设计的触媒》一书中提出,特指那些会引起城市显著连锁反应的元素,可能是一幢新建筑或一个特色空间,也可能是一个标志性事件或政策法规。这些新元素的介入,将引发临近元素与周边环境的调整,并随着新旧元素间相互作用的不断深化,产生一系列联动发展(图1-1)。

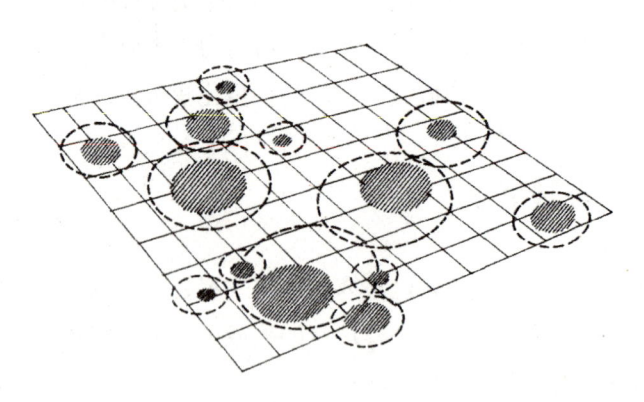

图1-1 触媒作用过程

(图片来源:参考文献[86])

城市的更新发展犹如一场不断持续的化学反应,两者具有相似的过程特征:某一新元素介入城市发展中,引发周边的连锁反应,催化各项城市更新条件成熟,并按照事先决策的方向持续发展。这种加快或改变城市发展速度、扩大更新影响范围的新元素,可称为"城市触媒"。

本书试图以城市触媒为视角，剖析轨道交通的介入如何良性引导与激发站点周边元素，实现站点与周边区域的综合协同开发，从而更加有效地带动城市中心区的更新发展，激发城市活力。

1.4.1.2 大城市中心区

根据2014年10月国务院最新发布的《关于调整城市规模划分标准的通知》，城市规模划分标准以城市常住人口为统计标准，将城市划分为五类七档，具体划分标准如表1-3所示。

表1-3 我国城市规模划分标准

城区常住人口（万人）	≤50		50～100	100～500		500～1000	≥1000
城市规模	小城市		中等城市	大城市		特大城市	超大城市
	≤20	20～50		100～300	300～500		
	Ⅱ型小城市	Ⅰ型小城市		Ⅱ型大城市	Ⅰ型大城市		

资料来源：作者整理绘制

本书研究的大城市主要针对中国内地的主要城市，是经济水平发展较高、人口集中、土地开发密集的政治、经济、文化中心城市（如北京、上海、郑州），又是同时满足轨道交通建设条件的城市，即表中的Ⅰ型大城市、特大城市及超大城市。

城市中心区作为一个城市结构概念，国内外对其并没有一个统一的明确定义。在西方的早期原型是市政、宗教等建筑围成的中心广场，在我国则为地方衙署、寺院及其前庭构成的宗教或商业活动的公共中心。现代城市功能不断多样化与复杂化，城市中心的内容也日渐丰富，目前国际范围比较认可的概念如下：

（1）在功能定位上，需要有金融、商业、信息、文化、娱乐、餐饮、体育和交通等各种活动的聚集，能良好地服务于城市的大部分人口，体现城市经济社会发展水平，具有政治、经济或文化上的核心地位。

（2）在结构上，一般以城市外环道路或天然界限为边界，形成内向、闭合的片状区域，此区域通常会与城市的地理中心产生重合，除了一些多中心城市或其他因素导致的偏心城市。

（3）在形态上，具有人口密集、土地开发强度大、建筑高密度等特征，且往往保留一个或多个历史时期的规划建设痕迹，能反映城市的独特风貌和人文内涵，市民的归属感与认同感较强。

（4）在交通上，由于区域的中心辐射性对整个城市产生强烈交通吸附，会产生大量的"向心交通"，且潮汐式规律明显。交通方式多样，枢纽站点密集，人流量巨大，人车矛盾突出，停车位严重短缺。

（5）在开发时序上，通常是最早规划建成的区域，随着后期的不断发展，人口、经济、建筑等越发集中，成为带动周边区域发展的核心片区。

通常对城市中心区的研究分为宏观、中观、微观三个层级：宏观层级重点研究城市与城市之间的交流及互动关系；中观层级聚焦于城市中心区与其他外围区域或卫星城镇的关系；本书将城市中心区作为一个完整的微观系统，研究其内部各因素与轨道交通的互动机制。

1.4.1.3 轨道交通

轨道交通是指车辆需要在特定轨道上行驶的一类交通工具，随着技术的发展，轨道交通涌现出越来越多的类型，不仅可用于长距离城市间的交通运输，在中短距离的城市公共交通中也被广泛引入。按照服务范围及人群需求的不同，大致可将轨道交通分为3类：国家铁路、城际轨道交通、城市轨道交通。

城市轨道交通在国际上并没有统一的定义，在我国通常按照建设部于2007年发布的《城市公共交通分类标准》来对其进行定义，共包括地铁系统、轻轨系统、单轨系统、有轨电车系统、磁浮系统、自动导向轨道系统和市域快速轨道系统在内的7种类型（表1-4）。

表1-4 城市轨道交通分类及比较

城市轨道交通分类	地铁系统	轻轨系统	单轨系统	有轨电车系统	磁浮系统	自动导向轨道系统（AGT）	市域快速轨道系统
类型、型式	地下、高架及地面，全封闭型	高架、地面或地下，封闭或专用道	高架，封闭	地面专用车道，封闭或半封闭	高架，全封闭	地下或高架，全封闭型	地下或高架，全封闭型
造价	高	中	低	低	高	中	高
运能（万人次/h）	4.5~7	1~3	1~3	≤1	1.5~3	≤1	2.5~3.5
站间距（km）	市区≤1；市郊2~5	市区≤1；市郊2~5	1~3	≤1	3~6	1~3	5~10
运行速度（km/h）	≥35	25~35	30~35	23~25	60~85	≥25	120~160
编组（辆）	4~10	2~6	4~6	1~2	4~10	2~6	≤10
特点及在我国城市的应用	节约土地、快速准时，环保安全，是我国建设比例最大的大运量轨道运输系统。北京轨道交通1—16号线、上海轨道交通1—17号线、广州1—9号线等	较地铁经济的中低运量轨道交通运输系统，但因性价比不突出，在我国运用并不广泛，多用于机场快轨或滨海快线。天津津滨轻轨9号线、大连快轨3号线等	中运量，适应性强，占地少，但我国缺乏相关研发经验，在大中城市试推行或作为特大城市的地铁支线。重庆轨道交通2号线、吉林轨道交通3号线等	灵活环保，造价低廉，但由于市中心区土地稀缺，故多建于新区或作为地铁接驳直线，推广前景有待验证。大连202路、武汉T1、T2路等	快速低耗，舒适安全，但造价高，技术不成熟，在我国尚处于新兴技术发展阶段。上海轨道交通2号线、长沙磁浮快线等	占地小，运营成本低，但舒适性较差，技术复杂，实用性有限，在我国主要用于机场专线或集中点对点运送。首都机场APM、上海APM浦江线等	适用于城市外围组团与中心区之间，组团与组团之间，城际之间的中长距离客运交通，在我国运用广泛。北京市域S2线、武汉城际圈城际线等

资料来源：作者整理绘制

综上所述，基于我国现有的轨道交通建设状况及本书讨论内容的聚焦性，书中所论及的轨道交通，特指在大城市中建设较为广泛的中量以上城市轨道交通系统，包括地铁、轻轨和将线路延伸至城市中心区的市域快速轨道交通系统，不包括铁路、城际轨道交通、常规市域快速轨道交通及其他轨道交通系统。

1.4.1.4 轨道交通站域

（1）轨道交通站域释义

轨道交通站域是在轨道交通站点的基础上发展形成的。轨道交通线路基本为全封闭模式，站点作为人流进出的场所，与城市空间产生互动与联系，每天汇集于此的大量人流产生了强烈的聚集效应，同时深刻影响着周边区域的更新与发展，轨道交通、站房、道路、节点、商业设施、周边住宅等相互影响制约，在城市中形成明显的"岛式"结构。在国外的相关研究中，该区域被称为"Station Area"，意为站点及其周边环境的总和，在目前国内的现有研究中，并没有统一的称呼与界定。为了行文的简洁明晰，本书沿用国外的定义，用"站域"一次来描述该区域，将其界定为"受轨道交通站点影响而形成的，以站点为核心并呈现整体性空间形态特征的多层面城市区域"，属于城市中的一种特定地域概念。[4]

（2）内涵分析

a. 多层面城市区域

根据节点—场所理论，认为轨道交通站域从城市空间结构与城市交通网络的宏观角度看它是一个辐射"点"，控制着客流的吸引与疏散及与其他交通方式的接驳；从城市形态与场所功能的中观角度看，它是一个人流驻足、设施集中、功能复合的"面"；从城市空间具象业态的微观角度看，它是一个多重作用引导下的城市特定区域网络系统。在高密度的大城市中心区，由于轨道交通站点大多位于地下或地面二层，同时具有多个活动基面，因此轨道交通站域是城市中典型的立体化、多层面的空间区域。

b. 以轨道交通站点为核心

轨道交通站域形成与发展的前提条件是区域内具有一个或几个作为交通核心和空间核心的轨道交通站点，站点是城市重要的人流发生源，带来的大量乘客每天在这里发生换乘、消费、通勤、休憩等多项活动，站点结合人车路网有效的支撑并联系着周围的城市功能空间和公共空间，催化和引导着这些空间的积极有序发展，在发展过程中站点也逐渐确立了它在该区域的核心地位。

c. 整体性的空间形态特征

由于轨道交通站点带来了区域可达性的提高，因此在它的影响下多层面空间价值也发生了改变，并导致人车交通、空间使用等诸系统的变化，逐渐形成了整体性的空间形态特征，如总体开发强度呈现圈层递减的结构性分布趋势。总之，在轨道交通站点与周边城市要素的互动影响过程中，轨道交通站域逐渐变成一类典型的城市区域。

1.4.1.5 城市更新

城市犹如一个复杂的生命体，自诞生之日起，其总是处在不断的更新变化中，一个完整城市的形成及发展就是其功能日臻更新完善和空间规模不断扩张的过程，故"城市更新"之说法由来已久，而现代含义上的"城市更新"（Urban Regeneration）一词于1950年被美国经济学家迈尔斯·克林（Miles Colean）提出。1958年8月，在荷兰召开的城市更新第一次研讨大会中，城市更新被进一步明确定义为："生活在城市的居民，对自己所居住的环境、通勤通学交通、购物、娱乐或其他城市生活，都有着各种期待或不满，希望自己所居住的房屋，使用的街道、公园、绿地等能得到修理与改善，特别是对大规模的土地利用、不良住区的清除或地区重建计划的实施，以便形成舒适、美好的居住生活环境。"上述内容及其相关的城市建设活动都可被视为城市更新的范畴。

随着社会与经济的发展，2009年，英国教授彼得·罗伯茨与休·塞克斯在其所著的《城市更新手册》一书中补充指出："城市更新包含统筹兼顾的目标和综合协调的行动途径，这两个方面共同引导着城市物质、经济、社会及环境的持续改善。"由此可见，城市更新的概念在发展变化中逐渐趋向整体与多元化。

我国的"城市更新"概念由西方的"城市重建（Urban Renewal）"转译而来，目前并没有统一的定义。比较官方的提及是在2015年9月广州人民政府讨论通过的《广州市城市更新办法》中指出，城市更新是指由政府部门、土地权属人或者其他符合规定的主体，对低效存量建设用地进行盘活利用以及对危破旧房进行整治、改善、重建、活化、提升的活动。由此可以看出，在我国的现阶段更新工作中，物质环境改善仍然是重难点环节，城市特色及整体环境的改善提升有所提及但关注较少。

基于以上的对比分析，本书对城市更新的概念及内涵界定为：针对城市在发展中逐渐涌现出来的不良问题，遵循城市发展的内在规律，在多维、综合的更新理念下，采取调整城市结构、优化用地布局、完善城市基础设施、整治居住环境、保护城市历史风貌等多种建设手段，统筹兼顾的实现待发展地区经济、社会及环境条件的持续改善。研究的侧重点放在轨道交通这一新兴事物的介入，所引发的更新理念及模式的改变。

1.4.2 研究范畴界定

1.4.2.1 水平层面

虽然轨道交通站点对其周边区域的影响包含空间结构、区位效应、城市风貌、历史文脉等多个复合层面，且每种层面的影响范围都不同，但考虑到居民的使用频度与舒适度，它的范围界定通常以轨道交通站点为圆心，以乘客的适宜步行距离或换乘距离为半径绘制同心圆，包含范围内的水平与垂直、地上与地下的三维空间，形成核心区、边缘区及辐射区三个区域（图1-2）。核心区：以轨道交通站点各出站口为圆心，500m为半径形成若干圆形区域的合集，适宜以步行为到达站点的主要交通方式，大约步行时间为5～10min，是受站点影响最直接的区域（图1-3）；边缘区：站点周边500～1000m环形区域，仍属于步行可接受范围，适宜以步行或自行车、电动车等个人非机动性交通为站点到达的主要方式，受站点影响的强度较核心区有所减弱，但仍然是站点影响的重要区域。辐射区：站点周边1000～2000m环形区域，实施以个人机动交通或公共交通为站点达到方式，此区域与站点的互动作用较弱，属于轨道交通站域的边缘区域。[5]

轨道交通站点类型与级别的不同，也会使站域范围产生较大浮动，如商业型站点的影响范围远大于居住型站点，城市中心级站点也比片区中心级站点更具影响力。此外，在某些形成轨道交通网络的城市中心区，距离较近的站点，其辐射区可能会产生叠加，形成范围更大、作用更强的站点影响区域。在本书接下来的讨论中，具体的研究范围将根据所研究站点的类型、级别及其更新目标来选定修正，且不完全为圆形，选取一定范围内由道路、绿地、水系或广场等边界围合的多边形区域。

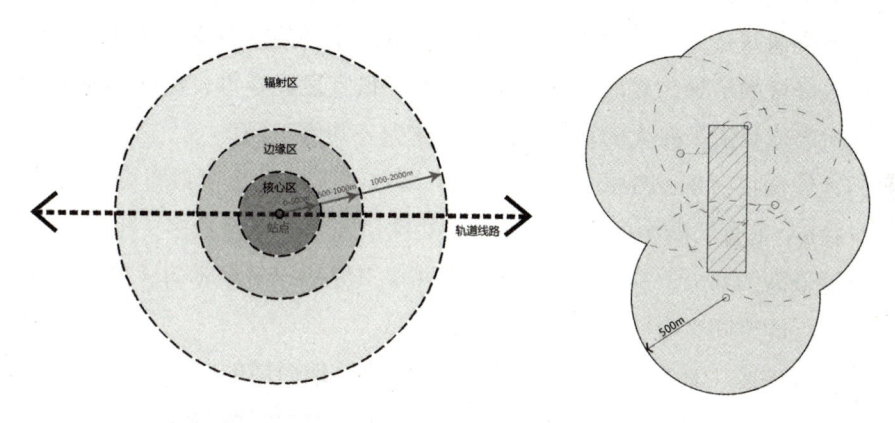

图1-2 轨道交通站点范围示意图

（图片来源：作者改绘）

图1-3 站域核心影响区范围

（图片来源：作者改绘）

1.4.2.2 垂直层面

城市空间一般分为地下空间、地表空间、地上空间。本书根据研究目的对轨道交通站域垂直层面的范围划分为6个部分：地下深层、地下中间层、地下浅层、近地面层、中间层、高层区，并着重讨论从高层区至地下浅表区的空间范围（图1-4）。

地下深层区（地下30m以下）：主要是一些人防工程和地下建筑，对风暴、霜冻、地震等自然灾害的

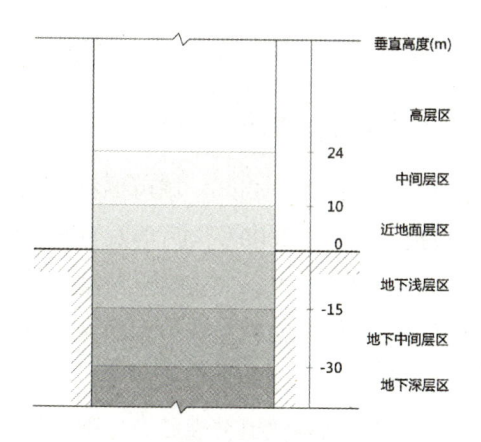

图1-4 轨道交通站域垂直分区示意

（图片来源：作者改绘）

抵御能力比地上建筑强很多，还能防御战争侵袭。

地下中间层区（地下15～30m）：适合发展地下城市交通系统的建设，如地下快速路、轨道交通等，可以大大减少地面交通量，同时，由于通风采光等问题导致空间舒适度降低，不适于设置使用人数较多的功能，但可作为停车、储藏等辅助功能。

地下浅层区（地下0～15m）：在高密度城市轨道交通大发展的背景下，以轨道交通站点为核心的地下步行系统和下沉式公共空间建设促进了商业活动在该区域的汇聚，其商业价值大大提升，适宜发展零售、卖场、餐饮、娱乐等对客流量需求较大的功能，也可以作为公共停车场。

近地面层（0～10m，约1～3层）：多数情况下是市民最重要的活动基面，在6个垂直层面中可达性最好、公共性最强，人流量最多，也是空间总体价值最高的部分，一般适宜布置商业（尤其是中小规模零售、餐饮）等公共性较强的空间。

中间层区（10～24m，约4～8层）：作为近地面层的向上延伸层，适于设置消费目的较强的商业，也可发展对独立性和私密性均有要求的办公功能，由于垂直运输、消防疏散等限制，一般垂直层面布局都遵循"人员密度大的功能向下布置，密度小的功能向上布置"原则。

高层区（≥24m，约9层以上）：对私密或景观等要求较高的功能，如酒店、办公一般布置在这个区域，由于高层空间的景观优势，当功能为酒店、办公空间时，其空间价值反而呈现向上递增的趋势。

1.4.2.3　时间层面

在大城市中心区，城市更新一直在默默地持续进行中，而轨道交通的大规模开发只是2000年之后的短短数十年间。城市更新与轨道交通站点的建设在时间上的交叉，决定站点对城市更新的影响程度，其大致可以分为三类：

（1）轨道交通新建引发的城市更新，通过轨道交通及站点的建设，带来更新契机与经济动力。

（2）已有轨道交通站点，随着轨道交通网络化的发展，新建线路与原有线路交叉，引发的站点周边更新。

（3）轨道交通建设完成后站域的影响性更新，站点已建成，主体及地下结构都很难再发生改变，对站域的完善型微更新。

本书的研究范围界定为前两种时序下的站域更新，更强调轨道交通站点的"新质"性，由于站点的植入，带来一系列资源与变化，激发原有区域的更新潜力。

1.5 研究方法与框架

1.5.1 研究方法

（1）文献研究法

对城市更新、轨道交通与城市结构的协同发展、"城市触媒"等理论的相关资料进行广泛收集，包括学术期刊、论著、硕博学位论文以及国家及地方相关法律法规等，对其进行分类整理，认真研读。充分了解国内外相关领域的研究现状，寻找轨道交通与城市触媒的契合之处，为明确研究思路做好理论铺垫。

（2）横向比较法

在理论构建中，将国内外大城市中心区轨道交通站域更新方法进行梳理比较，寻找与西方发达国家的差距，为我国相关实践提供借鉴。另一方面，将传统式更新与触媒式更新进行比较，结合我国轨道交通站域更新的自身状况与需求，明确触媒式更新的可行性与必要性。在站域类型研究中，将不同站域的更新需求与更新目标也进行横向比较，便于后期有的放矢地制定针对性的更新策略。

（3）实地调研法

结合文献搜集结果，实地走访天津、北京、上海等大量具有代表性的轨道交通站域，对其更新现状及典型问题进行归纳分析，采访了站点周边居民、规划设计人员及相关专家，回收调查问卷300余份，广泛征求他们对站点触媒元素的重要性及更新诉求的看法与建议，将所取得的调研成果作为定量分析的数据基础。

（4）AHP-SWOT分析法

轨道交通带来的多维影响因素，在不同类型的站域更新中，产生作用的深度和广度不尽相同，更新内容也各有侧重，某些因素如利用不当甚至会阻碍区域的发展。本书以SWOT分析法为理论基础，结合AHP法量化各影响因素，研究绘制城市轨道交通线路及其影响下的触媒结构图，对重要触媒元素进行等级评估，从而更加准确地描述此类型站域更新的优势与挑战，制定针对性的开发策略。

1.5.2 研究框架

研究框架如图1-5所示。

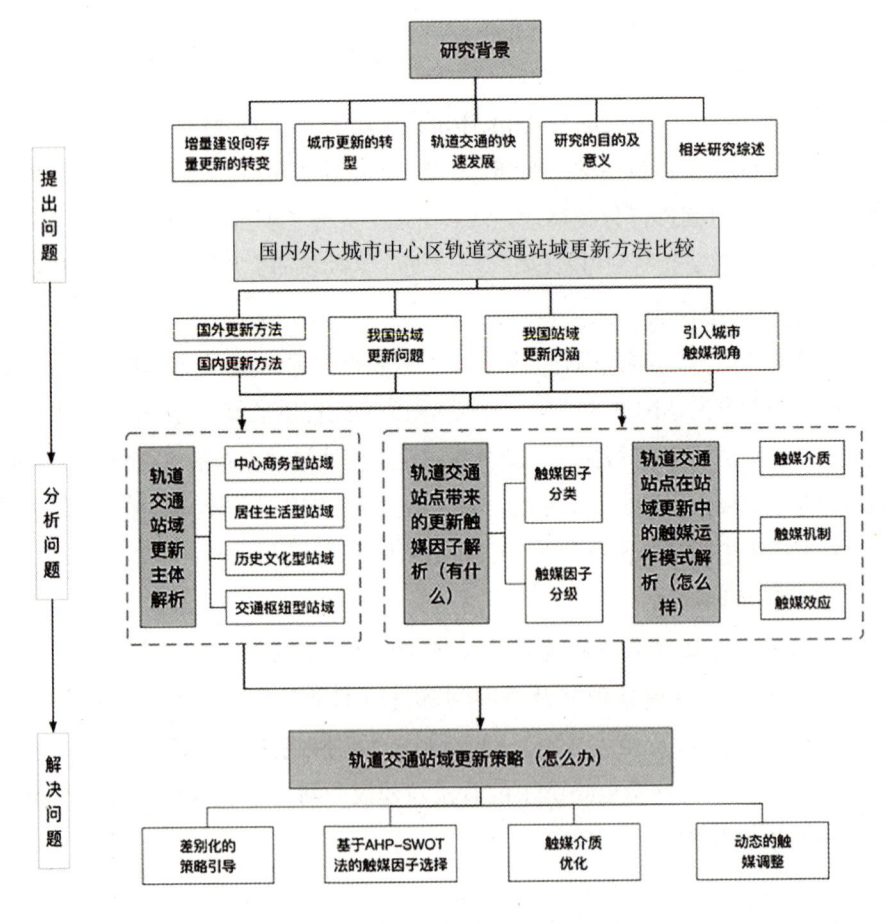

图1-5 研究框架

1.6 研究的创新点

1.利用学科交叉的研究方法，提出触媒视角下的站域更新理论

目前，在城市更新的相关研究中，针对轨道交通站点区域这一特殊城市区域的适用性理论仍有不足，本书在国内外城市更新理论、站域开发理论及更新模式的相关研究基础上，引入城市触媒理论的视角，经多学科交叉及类比分析后提出：作为城市建设中的新生要素，轨道交通的介入对城市更新的过程产生了明显的触媒作用，并论证了轨道交通站点的建设可以在一定程度上对城市更新过程起到积极作用。通过在站点建设前期把握合适的时机，利用站点触媒因子的介入，激活城市更新的可持续的连锁反应。研究也进一步通过方法体系建构，实现对这一过程的控制及动态调整，对后续相关研究具有重要的理论价值。

2.结合轨道交通站域更新"内部—外部"的双重属性，建立触媒式的站域更新体系

正如化学反应中的实验主体与催化剂的从属关系，轨道交通站域更新的主体为站域的内部要素（如物质空间、交通流线、城市肌理、历史沿革、人文活动等），站域更新的催化剂则是站点所带来的外部特质（触媒因子、触媒介质、触媒机制），内部与外部的双重作用对站域更新的过程和结果产生影响。本书尝试建立基于触媒效应的站域更新体系：首先对轨道交通站域的类型进行研究，明确更新对象的特征及目标；然后通过对相关资料的整理、专家访谈及对国内主要大城市的实际调研，将轨道交通站点建设带来的触媒因子进行归纳与整理，建立更新触媒因子的指标体系模型；最后得出触媒视角下的轨道交通站域更新策略，提供了新的实践路径和方法。

3.引入AHP—SWOT法，构建站域更新中内部环境因子与外部站点触媒因子的整合筛选方法

在对内部环境因子与外部站点触媒因子整合筛选的过程中，针对不同站域在站点类型、等级、内部更新需求以及外部触媒因子介入等方面的差异性，本文引入AHP—SWOT分析法对相关因子进行综合评价，得到一个可量化的标准，以提升更新策略的效用及可实施性，并通过对实际站点的应用，验证该方法的适用性，为站域更新的科学决策和设计引导提供重要的数据及方法支撑。

1.7　本章小结

本章从课题研究的缘起开始，继而对论文的研究目的、研究意义进行阐述，指出大城市中心区的更新转型是未来我国城市建设的重点，轨道交通的迅猛发展及围绕站点展开的综合开发为城市更新提供了新的机遇与挑战。其后对论文的研究内容及相关概念进行了界定，明确了基于城市触媒的轨道交通站域更新这一研究主题，将着重探讨轨道交通站点为站域更新带来的触媒因子、触媒介质、触媒效应，并试图探讨城市区域内因与站点介入外因结合下的更新策略。最后阐述了论文的主要研究方法、研究框架和创新点，为整篇论文奠定了论述的基础。

第2章 城市触媒理论及轨道交通站域更新相关理论综述

本章研究的目的是为了厘清大城市中心区城市更新与轨道交通站点建设的触媒式关联。伴随着高密度大城市轨道交通和站域建设的快速发展，国内外关于大城市中心区的城市更新、轨道交通站域的开发建设的相关研究已开展较多并取得了较为丰硕的研究成果，对"城市触媒"的关注更是为轨道交通站域的更新提供了新的研究视角。本章将重点对国内外相关理论及研究现状进行梳理和总结，以期全面了解轨道交通与城市更新的互动趋势及不足之处，为下一步的深入研究奠定基础。

2.1 大城市中心区的更新研究现状

2.1.1 相关基础理论

2.1.1.1 西方大城市中心区更新历程及相关理论

欧洲工业革命之后，为了缓解许多西方发达国家出现的"逆城市化"现象，相关国家政府纷纷采取一系列更新措施，希望能吸引居民回归，使中心区重现活力。自此，城市更新成为一项重要的城市发展科学门类，受到了很多学者的关注与研究。西方大城市中心区的更新发展历程,大致可以分为四个典型阶段(表2-1)。[6][7]

表2-1　西方城市更新历程一览表

时期	"二战"前	"二战"后	70—90年代	90年代后
面临问题	城市人口暴涨造成住宅短缺和卫生环境恶化	毁于战火的建筑与城市重建,缓解居住拥挤,改善恶劣居住环境,内城复苏[8]	严重的逆城市化现象,人口外流,内城土地荒废,能源危机及城市环境污染	内城功能衰退,资源短缺,城市环境的可持续发展与改善
政策类型	城市美化,城市重建	城市复苏	城市更新 城市再开发	城市再生、复兴和可持续发展
更新方式	大规模激进式更新	清理贫民窟,城市中心区土地置换,开发远郊卫星城,分散中心城市压力	就地更新与邻里计划,外围地区持续发展,小规模自下而上的"社区规划"	引入战略发展观,小规模渐进式更新,强调传统与文脉的保持,注重区域发展的可持续性
实践活动	奥斯曼的巴黎城市建设,英国清除贫民窟,阿姆斯特丹城市规划	柯布西耶的巴黎中心区改建,大伦敦规划,英国新城运动,巴黎大区整治更新	英国的内城更新,荷兰的反城市化运动,德国奥格斯堡老城的保护性更新,法兰克福的交通整治,法国巴黎的哈尔斯区改造	东西柏林的城市重构,伦敦城金融中心的大规模开发,泰晤士河南岸的整体复兴,英国曼彻斯特老工业区转型,德国鲁尔区环境整治
重要思想	1857年,德国人维克托·胡贝尔发表《大城市中小人物的住房危机》,对住宅领域提出批评指责[9]	柯布西耶在《明日的城市》和《光辉城市》中提出的"城市集中主义"理论	1973年,舒马赫发表论著《小的就是美的》,强调规划应首先考虑人的需要,主张在城市建设中采用"生产的人文尺度"和适宜技术	1980年后兴起的"新地域主义"以"开放"为特征,关注空间效益集约、环境可持续发展、社会公正等内容,强调区域发展中的多极互动

续表

时期	"二战"前	"二战"后	70—90年代	90年代后
重要思想	1874年，多纳伯爵夫人发表《住房危机中的大城市和一个有效的补救学说》，对未来城市规划提出建议。1989年，霍华德发表《明日：一条迈向真正改革的和平道路》，试图从"城市——乡村"层面来解决城市问题。[10] 1904年，格迪斯发表《城市发展：公园、花园和文化机构的研究》，提出采用绿化手段解决城市卫生、防灾和社会问题，并进一步从文化角度研究和审视城市问题。	1922年，昂温发表《卫星城的建设》提出"卫星城"概念。1918年，沙里宁提出"有机疏散"论，认为只有通过使城市逐步恢复合理的秩序才能解决内城的衰败问题。1946年，夏普的《凤凰涅槃：为重建而规划》和基布尔《城乡规划的原则与实践》成为战后物质性空间规划的标准教科书。1954年，Team10在荷兰发表"杜恩宣言"，提出以人为核心的"人际结合"思想。随后Team10的代表人物史密斯夫妇提出"簇裙城市"概念，认为城市的规划与建设必须选择对整个城市建构最有影响的要素进行。	1977年，国际现代建筑协会制定《马丘比宪章》，强调城市更新中对历史遗迹及有历史价值的文物保护。1971年，舒马赫发表《文脉主义：都市的理想和解体》，提出将文脉融入城市，成为城市的有机内涵，舒尔茨也提出建筑与规划都应达到与场所文脉相吻合，以增强城市的文化底蕴与亲和力。20世纪70年代后期，"新马克思主义"理论兴起，提倡通过制度更新来获取崭新健康的城市环境。20世纪80年代，"新自由主义"得到推行，强调市场作用和个人自由。[11]	2000年，英国政府提出"第二次现代化"概念，努力推进传统产业区域的开发转型。1987年，联合国世界环境与发展委员会提交报告《我们共同的未来》，提出可持续发展理念，使人们对城市生活重新认知，出现了更注重人居环境和社区可持续更新的发展趋向。1999年，罗杰斯发表《走向城市复兴》，提出城市转型的原动力。[12] 2000年，皮特·罗伯茨和休·思柯斯合著《城市再生手册》，提出城市再生十大原则。

资料来源：根据文献整理

2.1.1.2 我国大城市中心区更新里程及相关理论

我国绝大多数城市中心区并未出现过衰落现象，仍然是人口集中、商业繁华的经济和文化中心，但在城市发展过程中，由于不够重视基础设施建设、生态环境、城市及交通规划、居民的居住和生活环境质量致使城市中心区普遍存在基础设施落后、负荷超重、居住环境恶化等问题，且随着经济社会的发展，原有的城市空间与功能结构也逐渐衰落，很难满足居民日益增长的物质和精神需求，亟待改善。我国对城市更新的研究起步较晚，目前所处阶段类似于西方以物质空间重构为主的早期城市更新阶段——以政府宏观调控主导的大规模改造与重建，虽然其能在短时期迅速改善城市功能，刺激经济增长，但后期仍然会引发类似西方城市出现的社会空间分异加剧、城市特色丧失等不良后果（表2-2）。

表2-2 我国城市更新历程一览表

时期	新中国成立—70年代	70年代后期	90年代	2000年至今
更新方式	棚户区及危房改造，道路拓宽	填空补实，见缝插针	地产开发与经营主导的城市改造	多元、综合的城市建设与更新
更新重点	解决基本生活问题	消除历史欠账	改造与重建	追求经济回报为主，综合与整体性的更新诉求显现
相关理论		陈占祥"城市更新"	吴良镛"有机更新"	张平宇"城市再生"，吴晨"城市复兴"

资料来源：根据文献整理

20世纪80年代，在总结研究西方城市更新历史与经验的基础上，我国著名城市规划学家陈占祥教授提出城市更新是城市"新陈代谢"的必要过程，其涉及城市因素的多个方面，既包含老旧建筑的推倒重建，也涉及对历史建筑及传统街区的修缮与保护。

20世纪90年代，我国城市规划界泰斗吴良镛先生从"保护与发展"的角度，对改革开放后城市大规模改建造成地方特色与历史街区迅速消失的现象进行了深刻反思，提出渐进式"有机更新"的规划理念，他主张在城市更新过程中找出城市内在发展规律，尊重和保持原有建筑或城市肌理，从而到达一种和谐有序的有机更新。随后吴良镛先生将此理念融入其主持的北京菊儿胡同改造项目中，探索顺应旧城格局的新里巷系统，赋予了更新区域文化延续的新途径，并出版著作《北京老城与菊儿胡同》。

1999年，阳建强系统梳理了城市更新的历史与理论基础，提出我国城市的三大更新类型——旧居住区的整治与更新、中心区的再开发与更新、历史文化区的保护与更新，并提出了城市更新的系统规划体系和组织实施措施。耿慧志指出城市的各项制度变革和建设目标转变是我国城市中心区更新的主要动力机制。[13]

2004年，张平宇阐述了西方城市开发概念和城市再生理论，面对我国新型城市化趋势，从六个方面讨论了我国城市再生的理论与实践。[14]

2.1.2 典型问题研究

在借鉴西方先进的城市更新理念的基础上，我国学者对大城市中心区的更新研究主要集中在以下几个方面：

2.1.2.1 城市中心区物质环境更新

2001年，罗小未介绍了上海新天地的改建方法与过程，为旧有历史风貌区的保护更新提供了新模式。[15]

2006年，万勇阐述了旧城更新与城市发展的互动关系、房屋拆迁安置补偿的内在机理，提出通过自组织旧房改建、建立公众参与评价平台等措施构建旧城和谐更新机制。[16]

2011年，黄健文以公共空间为切入点，深入分析公共空间系统的要素整合与网络营造，并在旧城公共空间核心街区建设密度适宜性方面做了进一步拓展研究。[17]

程世丹、武联等对城市中的滨水区、历史街区、居住区及商业区等不同性质区域，运用城市设计、低碳策略、可持续发展观的理论方法，探讨适宜的更新发展模式及具体的设计策略。[18][19][20][21]

2.1.2.2 城市中心区社会经济结构更新

2004年，李世伟分析城市中大型项目对城市更新和发展的影响，从提高城市综合竞争力的角度，探索城市经营及更新的模式、融资、策划和营销途径。[22]

2007年，郝鹏指出旧城尺度是一种与城市特色和生活相适应的空间形态要素，通过对北京旧城城市、街道、建筑三个层级尺度的分析，建立完整的历史尺度体系，并提出旧城尺度"有机更新"的思路。[23]

2010年，吴春通过展示社会空间重构引发的变化，分析了社会空间重构产生的社会影响，提出社会空间重构方式与效果模型，并得出社区居民平均文化系数及计算公式。[24]

2016年，陈易通过构建中国城市更新空间治理机制与总体模型，深入研究了空间治理宏观政治经济社会环境、地方政府—市场—社会，以及以城市发展要素为代表的空间资源之间的空间博弈关系，提出我国城市更新的四个代表性空间治理模型：决断型、主导型、合作型、监督型。[25]

2.1.2.3 交通影响下的城市更新

2004年，刘航结合高速铁路车站的改建与重建，探讨车站地区的城市再开发途径。[26]

2006年，潘霞探讨了轨道交通建设对城市发展的影响，提出在新形势下，轨道交通引导下的城市发展模式。[27]

2007年，刘罗军分析了TOD在国外旧城更新改造中的应用效果，提出基于TOD的旧城改造模式，并对基于TOD的旧城更新运作管理模式、组织实施和相关法规体系制定进行了探讨。[28]

2008年，倪凯旋以郑州火车站西广场改建项目为研究主体，分析了交通枢纽型轨道交通站域在更新中遇到的机遇与挑战，揭示了整合策略的目标与作用，为决策提供有力的更新开发思路。[29]

2010年，王芳从研究轨道交通与城市发展的相互作用机理出发，探讨了轨道交通建设引导下的城市更新的特点和作用机制，提出具有典型意义的几种更新方式及规划策略。[30]

2011年，王腾以发达国家相关案例为依据，总结站点地区城市更新中公共空间的发展策略，从步行体系、空间品质、联合机制三方面提出相应策略。[31]栾滨分析了轨道交通建设支持城市更新的三种类型：以土地开发为主导、以交通拓展为主导、并行叠加的渐进调整，并在借鉴国内外先进经验的接触上，提出几点更新建议：多手段共用，加强产权主体合作，控制私人交通，重视近远期结合，健全法律法规。[32]

2014年，白韵溪将日本东京和中国天津、香港、深圳的典型案例进行对比分析，总结出轨道交通影响下的城市中心区更新综合规划体系及策略，提倡通过科学的计算分析提出合理的发展容量建议，并对土地利用模式、空间利用方式、交通体系构建等提出建设性策略。[33]赵怡通过分析轨道交通枢纽站点的建设给城市中心区更新带来的影响，总结其更新特点，通过科学的计算分析提出合理的发展容量建议，并对土地利用模式、空间利用方式、交通体系构建等提出建设性策略。[34]

2.1.3 小结

从以上国内外研究现状可以看出，城市更新的研究涉及了建筑学、城市规划学、经济学、区域地理学、管理学、社会学等多个学科，一方面说明城市更新是一个涉及面广泛的复杂工程，另一方面可见现代城市更新的研究视角多元而丰富，打破固有的学科壁垒，更有利于全面融合的解决问题。作为城市更新的先期方向引领，城市规划发挥着不可替代的重要作用，但就目前的现有研究看，大多数是针对城市无序蔓延和城市中心区的活力减退的大背景，而对城市中心区城市更新的复杂性及精细化设计少有研究。

2.2 轨道交通站域的开发研究现状

2.2.1 轨道交通站域开发建设历程

发达国家的轨道交通及站域开发建设开始较早，经过多次的更新改造后，逐步实现了高效的交通组织，同时注重对城市各个要素的整合梳理，综合多种城市其他功能，共同构成有活力的城市区域，无论从规划设计还是实施管理，都有很多值得借鉴的经验。虽然当前我国的轨道交通建设速度与增量已位居世界首位，但在站域开发建设上起步晚，需要优化与提升的空间依然很大（图2-1）。

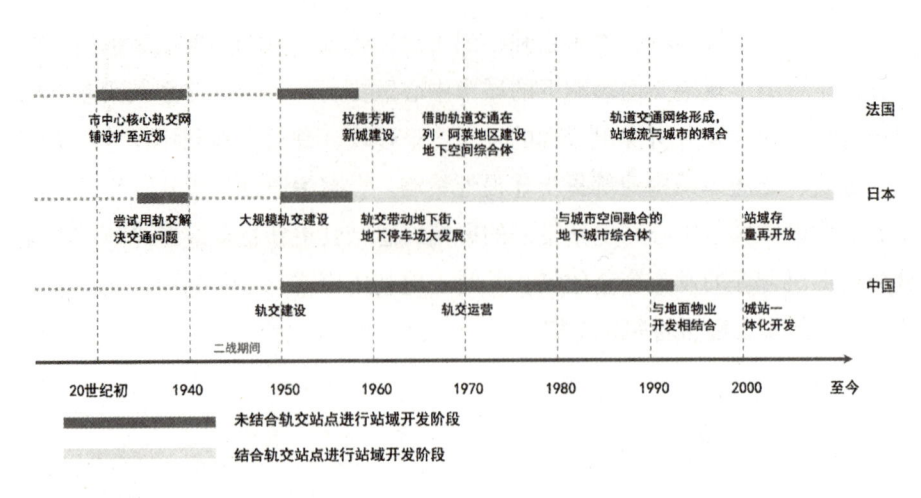

图2-1　轨道交通站域开发建设历程比较

（图片来源：作者自绘）

2.2.1.1　法国轨道交通站域开发建设历程

法国是全球轨道交通建设历史最悠久国家之一，1900年，巴黎开通第一列轨道交通，是法国近现代地下空间利用的开端。历经百余年的建设发展，现在巴黎轨道交通总长度达221.6km，有14条主线、2条支线，合计380个车站、87个交汇站。

1900—1949年，巴黎共建成轨道交通线路14条，总长约160km，但主要覆盖范围是巴黎的城市核心区和近郊的小范围都市圈（图2-2），是市民通勤出行的主要方式，站点仅作为单一的交通功能，与城市间多采用地下步道相联系[35][36]。

"二战"后，巴黎郊区人口爆发式增长，大量人口涌向中心城区，给这座单核城市带来很大压力。1965年，巴黎政府提出"一核五心"（一座核心城区+五座郊区新城）的城市发展理念，采取对既有轨道交通线路

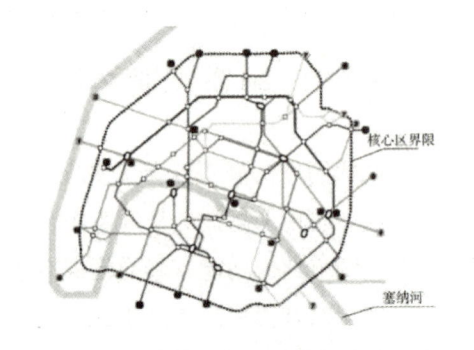

图2-2　1950巴黎轨道交通线网

（图片来源：参考文献[35]）

升级改造和兴建市域快线（RER）的方式，来平衡新城与中心城区的人口压力。RER在巴黎中心城区尽端式布局的位置增加了地下交通枢纽换乘的复杂性，需要综合考虑站域内的多条线路换乘，通过站域地下的立体式开发，有利于交通枢纽人流的快速集散。[37]如1967年，拉德芳斯开始施工兴建5层地下换乘系统，将RER、轨道交通1号线、16条公交线路、A-14高速公路、10万㎡商业融合于一体（图2-3）。

图2-3　1969年拉德芳斯RER线施工照片
（图片来源：参考文献[36]）

20世纪70年代后，人文主义设计理念影响到站域开发建设，此阶段更重视人的行为心理，对空间的趣味性与人情味提出更高要求。因此站域建设逐步关注地下城市综合体与周边地上、地下功能和环境的融合，营造出一体化发展的态势，进而提高整个区域的环境品质。如列·阿莱中心站的改造，提出"三维空间组织"的概念，建成了集轨道交通换乘、停车、娱乐商业等为一体的多功能地下综合体，且利用轨道交通建设的开挖，在中心区域创造出公园式的下沉天井，将自然光线引入地下空间，打破了人们对地下空间的固有沉闷印象（图2-4）。

图2-4　列·阿莱下沉天井
（图片来源：https://bbs.zhulong.com）

2008年后，鉴于巴黎城市中心区与郊区的发展不平衡性，法国开始"大巴黎计划"，通过增建双环形的轨道交通快线，增强客流点与经济就业中心的联系，旨在建设一个内外平衡、相互编织的多中心大都市。此阶段站域的建设更强调区域与城市的耦合，使交通流、商业流、服务流、文化流等更好地融入城市网络，以保持持续的活力。

2.2.1.2　日本轨道交通站域开发建设历程

日本在轨道交通站域开发建设方面处于亚洲前列，日本的土地利用及人口分布等与我国国情相似，对我国的站域开发建设具有较高的借鉴意义。

20世纪20年代到50年代，日本由政府投资建设车站，政府主导投资，但由于客源有限，资本回收较慢，政府开始鼓励民间资本参与轨道交通的建设与开发。1920年，阪急公司在梅田站周边建设梅田阪急大厦，1929年改造为大阪百货店，商业设施的开发增强了站点的活力，在当时取得了巨大成功（图2-5）。[38]

图2-5　梅田阪急大厦
（图片来源：参考文献[38]）

"二战"后日本经济进入高速发展期，轨道交通站域的商业、办公、居住、娱乐、文化等功能集聚程度不断加强，地下及其周边土地开发强度不断提高，枢纽站域逐渐由交通设施变成城市各种活动的重要节点。首先由民众筹资对"二战"遭到破坏的站点建筑进行改造重建，通过引进品牌、租赁经营等

图2-6　丰桥站车站大楼
（图片来源：参考文献[38]）

措施，将站点建设成功能齐全、业态多样的综合性商业服务设施，如丰桥站车站大楼（图2-6）。随后，由于城市高昂的地价与日益增长的城市轨道交通需求的矛盾不断增加，日本的许多重要枢纽站点的开发逐渐开始向地下发展，为确保收支平衡，开发商对地下停车场与地下街一体化建设，更多城市功能转入地下空间，如八重洲站地下街（图2-7）。另外，通过对站前土地的开发与整合，建设成具有商业及相关公共配套设施的都市型集合住宅。

21世纪泡沫经济崩溃后，日本城市中心区地价下跌，人口回流，人们对站点的需求由单一的交通转向复合。同时，日本多个站点出现建筑及周边设施老化，站域开发进入以存量更新为主的再开发时期，主要途径有：利用天桥、地下通道等加强站点与城市的联系，通过小规模的既有建筑改造以及相

第2章 城市触媒理论及轨道交通站域更新相关理论综述

关设施的补充，提升轨道交通站域整合度；通过较大规模的再开发对既有建筑进行改造，促进站域的功能完善更新，形成高质量的交流核心，如横滨港未来站（图2-8）。

图2-7 八重洲地下街平面图

（图片来源：http://www.yaechika.com/chinese_sc/index.php）

图2-8 横滨未来站

（图片来源：参考文献[38]）

2.2.1.3 我国轨道交通站域开发建设历程

由于经济水平与技术发展的限制，我国轨道交通的建设起步较晚，截止到2000年，仅有北京、上海、广州、天津四座城市开通了轨道交通。1969年10月，北京轨道交通1号线的建成通车，标志着我国轨道交通站域发展的开端，这一时期的轨道交通规划与建设，除了城市的客运功能外，更重要的是满足人防战备的需要，因此在站域建设上并没有特别的关注与考量。大部分站房采用模块化设计，功能单一，造型简单，无甚特色可言（图2-9）。站点与周边的重要城市功能缺乏联系，更无谈与城市的协同发展。如北京西客站，作为一项大型城市交通枢纽站点，却没有轨道交通的衔接分流，来往于北京站与西站的旅客们只能凭火车票通过铁路直径线完成换乘，十分不便。直到2013年，轨道交通7号线和9号线建成通车（图2-10），初步实现城市内部快速交通对此重要节点的迅速分流，大大减轻了地面的交通压力，改善了此前站域的环境。

图2-9　1969年开通的轨道交通北京站　　图2-10　北京西站地区轨道交通的接驳发展
（图片来源：http://news.cntv.cn/）　　　　（图片来源：参考文献[39]）

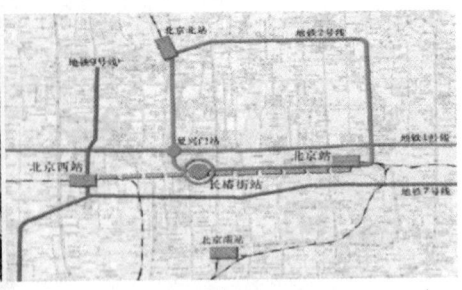

1993年，国务院在《全国第三产业发展规划的基本思路》中提到"特大城市要逐步建设快速轨道交通"，由此许多大城市开始纷纷进行城市快速轨道交通的建设可行性研究、立项报批、规划设计及资金筹措等工作。在当时的GDP水平下，轨道交通建设面临的首要问题就是资金筹措，仅靠政府拨款根本无法解决，因此，在广州、上海、重庆等城市的轨道交通站域建设中，初步尝试了轨道交通建设与地面物业开发相结合的方式，试图以土地开发的收益来补偿轨道交通建设的巨额支持。物业性质多为建筑面积产出比较大的商务办公或住宅，与轨道交通的出入口结合紧密，但由于参与的轨道交通公司缺乏足够的开发与管理经验，因此物业品质不高，并没有获得预期的稳定收益，如上海轨道交通一号线锦江乐园站的虹梅大厦（图2-11）、广州轨道交通一号线坑口站的金道花园（图2-12）。

进入21世纪后，随着经济的快速发展与城市化进程的加速，我国的城市轨道交通进入全面发展时期，轨道交通站点的建设也产生了巨大变革，在站点建设中引入了国外的先进设计理念，形成了许多大规模轨道交通上盖建筑，使站点功能由单一性的交通场所向综合多元性的"城市门户"转变，与周边城市功能互相影响渗透。如上海万象城，以轨道交通10号线吴中路停车场为依托，建成上海西区的超区域城市商业综合体（图2-13）；又如北京轨道交通16号线北安河站，将站点、城市绿地、车辆段统筹考虑，拟打造集一站式服务综合体与城市生态公园于一身的多元复合空间[39]（图2-14）；同时，结合人流的组织进行地下空间的开发利用，使站点与城市的接触面与范围得到延展，逐渐趋向"城战一体化"[40]，如南京新街口站地下商业街[41]（图

第2章　城市触媒理论及轨道交通站域更新相关理论综述

2-15）；建筑风格注重地域文化的表达，更加醒目及突出场所意识，如北京南锣鼓巷站，造型仿照四合院形制，采用灰砖、瓦当、砖雕等传统元素，突出表现老北京城的传统风貌与人文形象（图2-16）。各地政府也相继出台相关政策以支持站域的综合开发建设，如2018年12月，北京市政府发布《关于加强轨道交通场站与周边用地一体化规划建设的意见》；2017年3月，广州市人民政府办公厅印发《广州市轨道交通场站综合体建设及周边土地综合开发实施细则》；2018年11月，成都市政府印发《成都市轨道交通场站综合开发专项规划》《成都市轨道交通场站一体化城市设计导则》，轨道交通站域综合开发建设成为轨道交通站点建设的重要内容，并逐渐趋于成熟完善。

图2-11　上海虹梅大厦
（图片来源：自摄）

图2-12　广州金道花园
（图片来源：自摄）

图2-13　上海吴中路站点上盖——万象城
（图片来源：http://blog.sina.com.cn/s/blog_16d7967d10102x5zt.html）

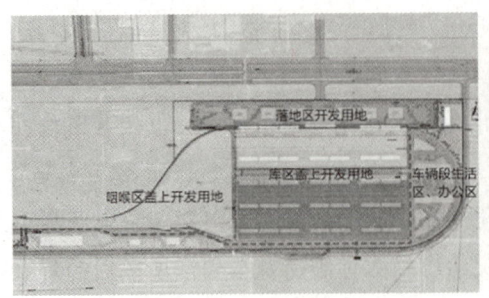

图2-14 北京北安河站站点上盖

（图片来源：参考文献39）

图2-15 新街口站地下商业街平面图

（图片来源：参考文献41）

图2-16 北京南锣鼓巷站

（图片来源：自摄）

2.2.2 相关基础理论

2.2.2.1 交通与城市土地利用

在早期的城市研究中，交通只是被视为一种城市附属功能，仅为了满足城市居民或物资的转移需要而存在。随着19世纪城市经济学与城市地理学的发展，人们逐渐意识到，城市土地的利用与交通密切相关，进而导致整个城

第2章　城市触媒理论及轨道交通站域更新相关理论综述

市空间的演变。

（1）地租理论

由于土地使用权与所有权的非一致性，导致使用者必须支付给土地所有者的经济回报即为地租，地租理论最早由17世纪后期，英国古典政治经济学家威廉·佩蒂（William Petty）在其所著《赋税论》中首次提出，他认为地租是在农业用地上生产出的产品扣除生产投入和维持基本生活所需后的剩余部分，其实质是剩余劳动产品的资本化。随后，英国古典经济学家亚当·密斯（Adam Smith）在其1776年出版的《国富论》中系统地研究了地租理论，他认为地租是劳动者支付给地主的土地使用代价，其来源是劳动者的无偿劳动。经过长期探索之后，大卫·李嘉图（David Ricardo）初步建立了级差地租体系，他提出由于土地地理位置、肥沃程度的差别，使得相同生产成本投入面积相同的土地，所产生的效益也存在差异，他还运用劳动价值原理对地租进行研究，对地租的产生与分配问题提出思考。卡尔·马克思（Karl Heinrich Marx）在前人研究的基础上进行全面分析总结，于1867年出版著名的《资本论》，他在批判继承的基础上，详细阐述了地租形成的根本原因及其变动规律，对级差地租、绝对地租进行了全面系统的研究，建立起完整的资本主义地租理论体系。

地租是调节城市土地资源利用的无形之手，也是决定社会经济运行的重要杠杆。城市土地作为各种城市活动的承载空间，其地租是由工商业企业或房产企业为获得土地的使用而支付给土地所有者的必要费用，是国家土地所有权的具体经济体现。同时，绝对地租和级差地租也依然存在，城市土地使用的最低门槛支付费用为绝对地租，城市土地位置的优劣使城市中心区及交通便利区域对消费者产生更大吸引力，获得超额利润，最终转化为级差地租；另一方面，在同一块土地上连续追加投资、集约经营，这会产生级差地租，这就导致土地使用者尽可能改扩建，提高原有土地的使用效率，以求获得更高的收益产出。由此可见，城市交通的发展及站点周边的更新建设对地租撬动的城市土地利用影响深远。

（2）区位理论

区位即人类在土地上进行活动时所占据的相关场所，随着人类活动种类的增多与范围的扩大，区位的变化发展随之产生，并出现了针对性的研究。

它强调地理要素和经济要素的相互作用反映在城市空间位置上的变化，旨在以"最小投入"获得"最大利益"，对人类在城市土地利用方面具有重要的理论指导意义。

1862年，德国经济学家约翰·冯·杜能（Johan Heinrich von Thunnen）在其发表的《孤立国同农业和国民经济的关系》一书中，以农业为主要研究对象，首次提出区位理论。杜能构建了一个假想的"孤立国"：国家中央有且仅有一个城市，周围皆是广阔的平原，马车是唯一的交通工具，农民生产农副产品运送到城市以供消费，运输距离及物资重量与运费成正比。他的研究以城市为圆心，向外扩散同心圆，距离城市越远，土地经营方式越粗犷。在此基础上，他提出著名的位置—地租—土地利用关系，即土地位置的不同（据城市这一消费地远近不同），导致农业成本在空间上的差异，从而导致地租的不同。农业区位论奠定了区位理论的基础，但假设条件过于简单，存在明显的缺陷。

德国经济学家阿尔弗雷德·韦伯（Alfred Weber）在农业区位论的基础上继续深化研究，于1909年出版《工业区位论》一书，创立了工业区位理论，其核心思想是由区位因子决定生产场所，将企业吸引到生产费用最小、节约费用最大的地点，又被称为"最小运输成本理论"。韦伯经过反复推敲，确立了三个最重要的区位因子：运费、劳动费、聚集和分散，并提出"原料指数"和"劳工系数"概念，共同指导企业合理选址。虽然该理论具有过于片面和静态弱点，但仍然对西方工业布局产生了较大影响。

（3）中心地理论

随着资本主义经济的发展，城市功能不断聚集、规模和数量都出现较大幅度增长，引起许多学者的重视。德国地理学家克里斯塔勒（W.Christaller）在对德国南部城市大小、规模、等级、次序深入研究的基础上，于1933年出版《南德的中心地》一书，他将目光聚焦于地理学的区位选择与经济学的市场聚集效应，并引入空间组合概念，首次提出中心地理论。

克里斯塔勒将中心地定义为一个区域中心，这个中心可能是一个城市，也可能是一个居民聚集区或商业中心，为周边居民提供各种商品和服务，并可以根据中心地提供的商品规格和服务范围将其分为高级中心地、中级中心地和低级中心地，等级越高，数量越少，规模越大，服务的范围越广，产

第2章 城市触媒理论及轨道交通站域更新相关理论综述

品的种类越多。在均衡模式前提下，各等级中心地在城市中受到市场原则、交通原则和行政原则支配，不同层次的中心地相互依赖，低级中心地服务范围被较高一级的服务范围所覆盖，且等级相同的中心地服务范围不产生重叠，共同形成规则有序的六边形空间网络体系。该理论被广泛认为是一般空间均衡分级的最早模型，可有效的解释不同规模城市功能异同的原因，及城市间距离远近的自发组织（图2-17），并被广泛地运用于城市商业空间分布领域，是后期城市中心分级疏散的重要理论基础。

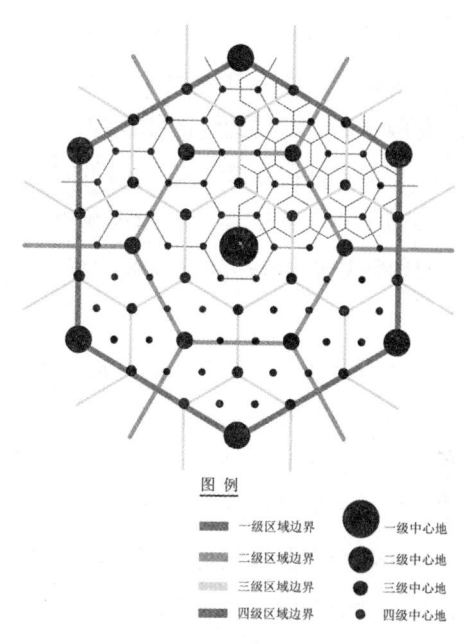

图2-17 中心地理论六边形模型
（图片来源：作者改绘）

中心理论同样存在明显的局限性，他的均衡模式前提在现实中很难实现，且忽略了时间的因素，仅仅将城市作为一个静态的系统。城市是一个不断演变的动态系统，交通的快速发展会使某些低级中心地区位条件得到改善，逐步发展为高级中心地；城市中心区人口规模的扩大，增强了不同等级服务业的需求，中心区的各中心地服务趋于多元化；郊区交通环境的改善，使人口向外流动，各种配套服务设施相继建立，形成城市的新次级中心。

（4）可达性理论

可达性的概念由来已久，对其研究总体上可分为微观与宏观两大类：微观上，可达性用来表示个体使用或接近交通设施的难易程度，主要用于建筑设计细节层面，如轨道交通站点的无障碍设计保障了行动不便者使用公共交通设施的权利；宏观上，可达性用于反映一般出行者利用给定的交通系统从出发地到目的地的便利程度，是交通系统、土地利用和出行者相互作用关系的关键因素，主要用于城市空间规划、区位经济效益评价等层面。本书主要关注宏观层面的可达性。1960年，行为学派代表人物古顿博格

（A.Z.Guttenberg）首次明确提出，城市空间结构与城市发展可以用"可达性"来解释，即"社区居民用于克服距离的努力"，即借助某种交通方式从出发地到达活动目的地的便利程度。从以上描述看出，可达性的特征：一指空间（节点间的距离长短利用不同交通方式来解决，并构成自身尺度），二指时间（交通所消耗的时间反映出不同区位的通达便利度），三指经济价值（可达性越高，节约的时间成本越多，区位的经济价值就越大，吸引力也越大）。

城市交通可达性的提高，通过影响居民、企业、开发商等微观使用主体的选址行为及开发意愿，深刻影响着城市的空间布局与演化。第一，在追求效益最大化的背景下，城市局部可达性的提高必然会吸引更多的居民和企业，从而引发城市结构的改变，除非用规划管制的手段来避免。第二，可达性的提高会引起该区位交通成本下降、房价上涨，对居民与企业的选址产生影响，商务、零售、娱乐等对可达性要求较高、经济承受力更强的功能逐渐替代居住功能，成为区域使用的主角，城市空间相应改变。第三，可达性的改变影响土地开发强度，可达性提高后，区域吸引力增强，为了获取更大的利益回报，开发商乐于进行高强度甚至过度开发。尤其是轨道交通的建设，对土地开发强度影响更为显著，因为它不仅能满足居民对出行速度和出行距离的需要，还提供了大运量的运力，吸引大量居民在站点附近工作生活，因此引发城市空间沿轨道交通线路大规模开发。如丹麦哥本哈根的"指形城市"，就是沿轨道交通线路发展的典型城市空间形态。

2.2.2.2　交通变革与城市空间演化

W.Owen在1966年的《大都市交通》中指出"不是城市适应小汽车交通，而是交通技术应根据现有的城市化水平和城市状况进行调整和适应"。K H.Shaeffer和P W G.Newman相继建立了关于理想城市的研究体系，提出了三种"纯粹"城市模式：步行城市、公共交通城市、小汽车城市，并强调许多现代城市混合了多种城市形态。埃里克（Erickon，1983）把城市空间演化分为溢出与专门化阶段、分散与多样化阶段、填充与多核阶段。目前普遍被接受的是美国地理学家亚当斯（J.S.Adams）提出的城市空间演化四阶段。

第2章　城市触媒理论及轨道交通站域更新相关理论综述

（1）步行城市时期（1800—1890）

早期城市没有公共交通，居民出行基本靠步行，人的活动能力有限，因此城市发展限定在步行一小时范围内（4～5km），规模小，且呈现出高度集中的形态。1850年之后，公共马车出现，人的活动范围有所扩大，但城市向外扩张能力依然有限（5～10km），如表2-3所示。

表2-3　步行城市时期城市空间形态特征

交通方式	城市空间形态	特征
步行	步行时期	①城市半径4～5km ②活动高度集中在中心区域 ③呈同心圆扩张
马车	马车时期	①城市半径5～10km ②城市空间开始向外发散 ③仍然呈同心圆平均分布

（2）公共交通城市时期（1890—1920）

进入19世纪，工业发展的浪潮席卷欧洲，工业产业大量聚集城市，通勤交通压力激增，同时，城乡间的货运也要求有更强大的交通运输方式来承担。蒸汽火车应运而生，平均每8～10km设站，城市用地往往围绕站点发展，在城市外围形成"穿珠式"格局。

19世纪末，有轨电车问世，因其速度快、运量大、价格低廉，引发世界各国城市纷纷兴建有轨电车线路，成为城市内运输的主力军。有轨电车的使用有效扩大了居民可达的区域范围，大大缓解了城市扩张范围的限制，城市规模急剧扩大，呈现出以商业或服务业为中心，沿有轨电车线路向外发展的城市形态（表2-4）。

表2-4 公共交通时期城市空间形态特征

交通方式	城市空间形态	特征
铁路 有轨电车	有轨电车时期	①城市半径25km ②以线形向外扩张 ③围绕站点发展，形成"穿珠式"格局

（3）汽车城市时期——小汽车、高速公路（1920—2000）

20世纪初，汽车因机动灵活、服务范围广、建设速度快、运费低等优点异军突起，逐步取代有轨电车（北美一些城市开始拆除有轨电车），成为城市主要交通方式。随着汽车制造业的发展，小汽车进入普通家庭，成为日常出行工具。这一改变促使人口和就业岗位开始向郊区分散，以往高密度聚集的城市形态出现了低密度扩张的趋势。"二战"后，西方国家的城市规模扩张达到距市中心50km范围内，而人口密度降为10～20人/hm^2。

20世纪70年代，小汽车在西方发达国家得到普及，北美和欧洲开始大规模兴建高速公路，居民可达性提高，使居住点与工作地的"离心化"趋势进一步增强，城市副中心开始在郊区出现，且为了加强其联系，城市外围开始兴建超级环路（表2-5）。

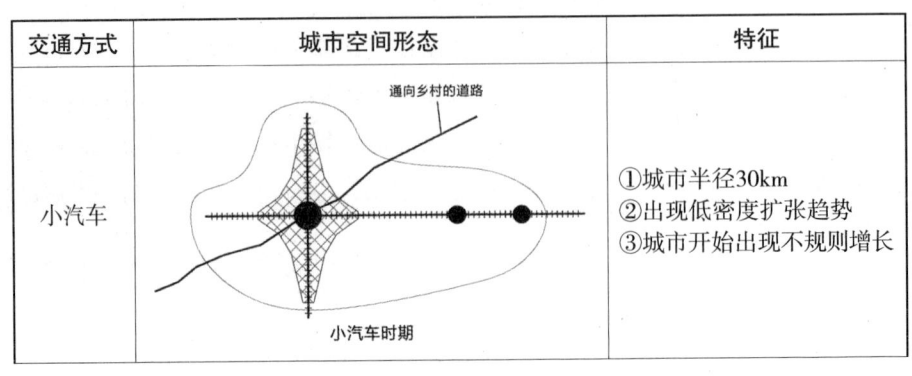

表2-5 汽车城市时期城市空间形态特征

交通方式	城市空间形态	特征
小汽车	小汽车时期	①城市半径30km ②出现低密度扩张趋势 ③城市开始出现不规则增长

第2章 城市触媒理论及轨道交通站域更新相关理论综述

续表

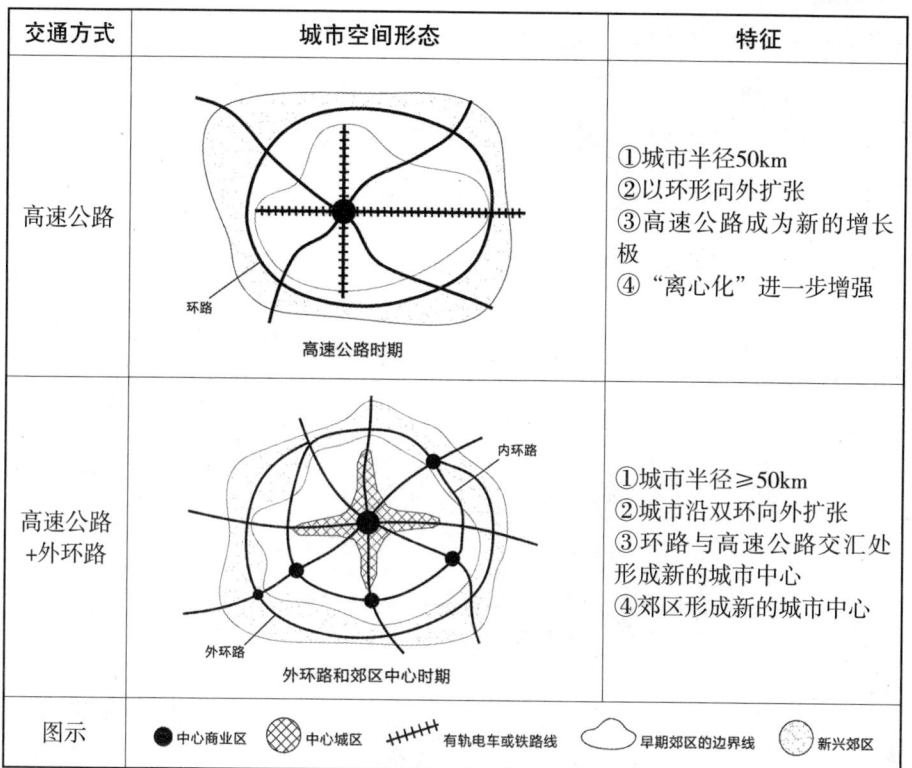

交通方式	城市空间形态	特征
高速公路	高速公路时期	①城市半径50km ②以环形向外扩张 ③高速公路成为新的增长极 ④"离心化"进一步增强
高速公路+外环路	外环路和郊区中心时期	①城市半径≥50km ②城市沿双环向外扩张 ③环路与高速公路交汇处形成新的城市中心 ④郊区形成新的城市中心
图示	● 中心商业区　▨ 中心城区　┼┼┼┼ 有轨电车或铁路线　◯ 早期郊区的边界线　◯ 新兴郊区	

（4）多模式混合城市时期（2000—至今）

小汽车高速发展的同时带来交通拥堵、环境污染、土地浪费等诸多城市问题，人们开始反思以小汽车为导向的发展模式，并逐渐意识到道路规模的增长并不能无限地满足出行需求的增加，安全、快速、高效、经济的公共交通再次受到重视，地面公交、BRT、轨道交通重回人们视野，成为解决城市交通与生态环境协调发展的良药。

这一时期，多模式混合也成为一种主流。由于轨道交通建设投入巨大，所以并非所有城市都能承受，且线路铺设面有限，根据不同交通方式的服务差异性，可以形成以轨道交通为主干，BRT、传统公交车为支干，自行车及人行为辅的组合模式，满足城市的多元出行需求。而那些达不到轨道交通建设门槛的城市，则可以选择其他中等容量的公交模式，如BRT、有轨电车、轮轨车辆等，建设符合自身条件的城市交通系统。

此时的城市规模进一步扩大，结构形态也发生明显改变，呈现出一种层级网状的城市空间形态。在内部，以轨道交通站点或主要交通枢纽为核心，发展更为紧凑、集约、多元的城市空间，且出现多个充满活力的城市副中心；在外部，与卫星城、城市群之间的城际交通关系更加密切，共同形成组群发展带（表2-6）。

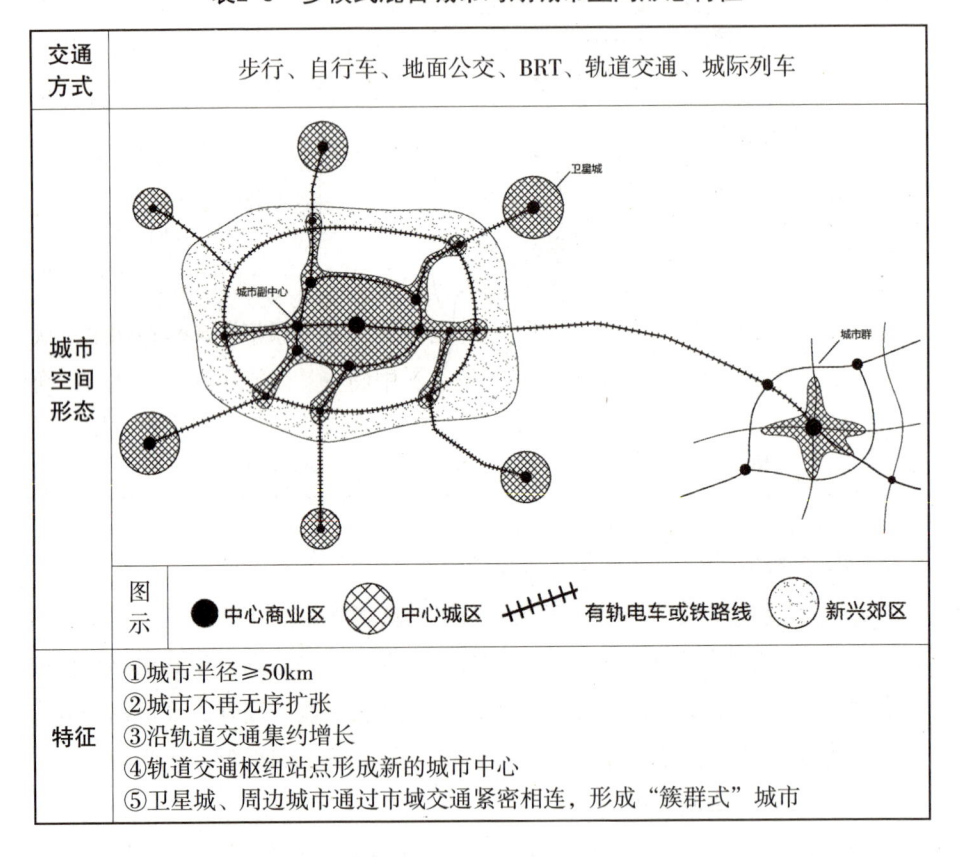

表2-6　多模式混合城市时期城市空间形态特征

交通方式	步行、自行车、地面公交、BRT、轨道交通、城际列车
城市空间形态	（示意图：中心商业区●、中心城区▨、有轨电车或铁路线、新兴郊区○、卫星城、城市副中心、城市群）
特征	①城市半径≥50km ②城市不再无序扩张 ③沿轨道交通集约增长 ④轨道交通枢纽站点形成新的城市中心 ⑤卫星城、周边城市通过市域交通紧密相连，形成"簇群式"城市

2.2.2.3　交通与城市规划建设理论

基于城市交通的城市规划建设理论研究由来已久，并在不同时期做出相应的方向调整，影响着城市空间结构的发展，体现了不同城市的交通发展思想，比较有代表性的是"田园城市""有机疏散""紧凑城市""新城市主义""精明增长"和"TOD"。

第2章　城市触媒理论及轨道交通站域更新相关理论综述

（1）有机疏散

芬兰建筑师埃列尔·沙里宁（Eliel Saarinen）为缓解大城市过分集中产生的弊病而提出"有机疏散论"，他在1942年出版的《城市：它的发展、衰败和未来》一书中，建议通过功能组织的分化和重构，将高度集中的单中心结构转化为若干功能相对完整、生活相对独立、空间相对分离的组团或多核结构。他把人的活动分为经常的"日常活动"（例如工作和生活）和不经常的"偶然活动"（例如看演出或旅游），"日常活动"尽可能集中在一定范围内，尽量步行，不用或少用交通工具，将交通量降到最低；"偶然活动"可做分散布局，路程较长亦可接受，可利用先进高速的长途交通工具迅速往返，使人们既可以享受城市生活的聚集与便利，又不脱离大自然。此理论成为此后各国广泛发展卫星城和新市镇的理论基础。

（2）紧凑城市

1973年，西欧的George Dantzig和Thomas L.Satty共同出版了《紧凑城市——适于居住的城市环境计划》一书，其中首次提出紧凑城市理念。1990年，欧盟社区委员会发表《城市环境绿色报告书》中确立紧凑城市的重要性，明确指出按照"分散化集中"原则实施多中心的城市空间开发战略是未来城市可持续发展的重要途径。[42]Breheny（1997）对紧凑进行了界定：关注城市的更新发展，引导城市中心区的复兴；限制农村土地的大规模开发，保护耕地面积；优先发展城市公共交通，并结合交通发展城市重要节点。[43]

（3）新城市主义

新城市主义产生于1993年在美国亚历山德里亚召开的第一届新城市主义大会，并在1994年的第四届新城市主义大会上通过《新城市主义宪章》，标志着新城市主义的核心思想及行动纲领正式确立。其核心思想是以公共交通为主导的城市发展模式，并据此提出了一系列城市规划建设方面的主张[44][45]，在一定程度上，它可以看作是紧凑城市理论在城市设计层面的投射[46]：

A. 通达性。采取方格网式道路疏解交通。

B. 合适的步行环境。市民大多数的日常活动可在距离家庭、工作地5～10分钟的步行出行距离内完成。

C. 高密度。更多的人口、建筑集中在一起，有效利用资源和节约时间。

D. 功能混合。居住、办公及各类服务设施混合在一起，在建筑、街道、社区内部的功能混合。

　　E. 邻里单元。可辨别的中心和边界。跨度限制在0.4～1.6km。

　　F. 集约化的交通。利用轨道交通将城镇联系起来，大力发展公共交通，鼓励步行或自行车的使用。

　　G. 可持续发展。社区的建设和运转对生态环境的影响降到最小。

（4）精明增长

　　20世纪80年代，美国许多城市的郊区化发展使城市经济、社会、环境、文化问题日益突出，借鉴欧洲城市的紧凑式发展，美国提出"精明增长"（Smart Growth）的概念。2000年，美国规划协会联合60余家公共团体组成"精明增长联盟"，并制定精明增长的规划原则：通过步行或自行车快捷地到达公共服务场所；各社区符合步行要求；采取集约化的交通系统，保证步行、自行车或公共交通间的连通性；保护公共空间、农业用地；设置"城市增长界限"（Uban Growth Boundaries），将城市空间增长限制在一定范围内，有效控制城市的无序蔓延。相对于新城市主义，精明增长更侧重城市建设的相关政策与法规建设，强调政府的宏观调控和市民积极参与。

（5）TOD

　　公共交通导向发展（Transit Oriented Development，TOD）理论产生于20世纪八九十年代的美国。1993年，设计师彼得·卡尔索普（Peter Calthorpe）在其所著《下一个美国都市：生态、社区和美国梦》中首次明确系统地提出了TOD的概念、类型、特征和原则，他倡导以公共交通，尤其是大容量快速轨道交通为导向开发城市空间，以缓解城市低密度蔓延带来的空间浪费、城市中心衰落、社区纽带断裂等一系列城市问题。[47][48][49]

　　卡尔索普对TOD的定义为："TOD"是一个半径约2000英尺（600m）的步行社区，其中心是交通站点或商业中心，围绕中心向外分布办公、开放空间、公共服务设施、住宅等多种功能，辅以中、高容积率的开发强度，同时打造良好的步行环境及完备的交通设施，使居民即可以依靠步行满足日常生活所需，也可以通过接驳完善的公共交通达到远距离出行目的，以创造友好、环保的城市生活环境。[50]

　　1997年，切尔韦罗（Cervero）和可科尔曼（Kockelman）在卡尔索普的研究基础上，提出TOD开发中著名的"3D"原则——密度（Density）、多样性（Diversity）、设计（Design）。密度是指在站点周边区域实施高强度开发，最大限度集约用地，以保障站点区域有足够的客流，满足轨道交通的运营需求；多样性是指在站点地区的开发中，要将混合的土地利用、多类型的建筑形式及多元化的交通接驳形式统筹考虑，以满足站区使用者的多样化需求，从而有效地减少出行次数，降低出行距离，促进非机动化出行方式的发展；设计是指通过科学合理的设计，在高密度开发的前提下打造站区宜人的公共空间、舒适的步行环境及良好的邻里氛围，从而提高交通设施的使用效率，增强站区的吸引力。[51]

通过以上研究可见，轨道交通的建设提高了城市土地的区位可达性，使在一定通勤时间的可达区域数量增多，站点周边区域的吸引力增强。利用这种特性，城市建设应尽可能地沿轨道交通站点周边展开，从而形成相对紧凑的城市空间结构，并在站点地区遵循TOD的"3D"开发模式，用"步行+公交"取代小汽车主导的交通模式，同时重视对城市绿化、公共空间、步行与自行车空间等城市外部空间环境的营造。

（6）点轴开发理论

点轴开发理论最早是波兰经济学家萨伦巴及马利士提出的，其研究认为，区域经济的中心总是先集中在少数地区，这些地区往往区位条件优越，呈散点状分布，将此类经济中心视为区域的增长极，也就是点轴开发模式中的"点"所在。模式中的"轴"是指点与点之间的关系，这些关系通常是指随着经济的发展，经济中心的数量不断增加，于是区域之间便产生了一系列的交通联系、资源供给等。最初这些联系是服务于经济中心点的，然而随着轴线关系的逐渐增强，其本身也会产生一定的吸引力，吸引着诸如人口、物业、资源向其周边聚集，进一步形成新的区域增长点，而且比原有的增长极影响范围更广泛。点与轴线相互联系支撑，便形成了点轴模型。基于此，可将点轴开发理论概括为由于区域经济发展的不均衡，区域内大大小小的经济中心，通过轴线的连接与扩散作用，带动整个区域的经济发展。[52][53]

虽然该理论是针对地理经济学提出的，但对轨道交通站域的更新开发也具有一定的启发与借鉴意义。将轨道交通站点视为区域的增长极，轨道交通线路视为生长轴。在开发策划前期，先确定增长极的等级体系，再厘清生长轴与增长极的发展时序与作用范围，从而确定开发建设的重点及后续扩散要领[54]。

（7）节点—场所理论

基于城市中站域地区交通与土地利用一体化的背景，卢卡·贝托里尼（Luca Bertolini）提出了节点—场所模型（Node-Place model）（图2-18）。卢卡·贝托里尼指出空间分化与空间聚集共同产生了交通节点的持续活力，居民出行、通勤、消费等各种日常活动产生了大量人流，为站点及其周边地区的社会与经济发展带来了巨大的潜能，这种潜能使站域地区的可持续更新提供了有效助力。

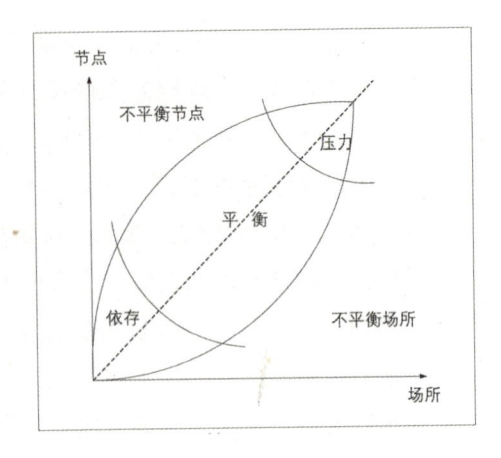

图2-18 节点—场所模型
（图片来源：作者改绘）

节点—场所模型认为轨道交通站点一方面是多样化交通网络的重要"节点"，同时也是高密度且多样化聚集的城市"场所"，二者具有一定的矛盾性，同时又存在着密切的协同互动关系。从整体层面上看，站点是城市中的交通节点，主要起交通运输的功能，可达性的改善有利于推动站域城市功能的强化与多样化；从局部看，站域又是城市中的开放场所，汇集了各种城市公共活动，城市功能的强化与多样也将导致交通联系需求的增加，从而形成进一步完善交通设施的需求。因此有必要采用节点—场所模型来评估站域复杂的开发特点及两者的协同效应。在节点—场所模型中，节点指标用来衡量一个站点的可达性，指由轨道交通、火车、公交、小汽车、非机动车等多种交通方式共同作用的结果，交通方式的强度和多样化程度是关键变量；场所指标用来衡量站域内活动的强度与多样性，居民数量、就业人数、功能种类、功能混合程度等均可作为支撑变量。

节点—场所模型分析了站域的五种典型情况：沿中间斜线两侧是"平衡"区位，表示该区位的节点价值和场所价值等价。斜线顶部为"压力"区位，表示交通可达性及活动的强度与多样性均达到最大值，意味着该区域的开发潜力最大并已得到实现。斜线底部为"从属"区位，这类区位的空间需求最低，对交通与城市活动的需求也很低。最后，图的左上方与右下方分别表示失衡的两种情况——"失衡节点"与"失衡场所","失衡节点"表示区域内交通的发展情况优于城市活动,"失衡场所"则刚好相反。[55]

节点—场所模型使交通发展与土地利用呈现出动态的特征:"失衡节点"和"失衡场所"将显现出向平衡区域发展的趋势,其中,"失衡节点"可通过提高功能多样性、区域活动强度或降低交通可达性达到平衡状态;"失衡场所"也可以通过提高节点价值或降低场所价值达到平衡状态。

2.2.3 典型问题研究

2.2.3.1 宏观层面的轨道交通与城市空间结构演化发展研究

1999年,蔡蔚、朱剑月等从城市圈层扩大、城市中心布局改变、线路成为城市的发展轴及车站的扩散性影响作用几个方面,分析了轨道交通对城市发展的引导作用,提出轨道交通的放射网状结构发展、站点的一体化开发、合理的换乘规划等发展建议。[56]

2008年,潘海啸通过对世界大城市与上海的分析比较,认为我国大城市人口高度密集,城市扩张在所难免,轨道交通导向的模式可以使城市保持良好的可持续发展,城市结构也相应发生改变,由高密度单中心向多中心网络嵌套式模式转变。[57]舒慧琴等详细研究了东京都市圈轨道交通系统对城市空间结构的影响,认为轨道交通促进了城市中心功能的集中,引导了城市商业与居住等功能沿轨道线密集分布,同时城市空间结构的形成又促进了轨道交通系统的发展与完善。[58]

2009年,张育男通过分析不同层级的空间要素对城市出行效率的影响,提出城市空间和轨道交通在节点、线路、网络三个不同层析的城市空间尺度控制原则,并通过对北京城市轨道交通与城市空间的整合研究,提出相关层析的整合发展策略。[59]

2012年,盛来芳从时空视角研究轨道交通网络与城市空间结构的演化机制,认为轨道交通的时空经济特征促使城市资源向轨道交通线网区位聚集,促使城市资源在更大的空间范围内流动和配置,进而优化了城市资源的配置方式和配置效率,通过分析动静轨道交通网络与城市形态发展经验,构建了空间耦合发展的框架，并详细分析其机制和过程。[60]

2014年，任利剑通过对城市多样化功能组织在不同尺度下的差异化模式和城市轨道交通系统的不同构成要素进行一一对应，从宏观、中观、微观三个层面探讨两大系统不同的互动肌理与关系表现，并提出促进两者协调发展的对策措施[61]。王宁宇从空间（城市空间结构）、经济（土地开发利用）、环境（城市空间环境）三个层面构建了城市应对轨道交通网络化发展的空间响应框架，并提出具体的空间响应对策。[62]

2.2.3.2 中观层面的轨道交通与城市区域开发研究

1.轨道交通与土地开发利用

2002年，邵德华研究了轨道交通对城市土地利用空间结构的正负面效应，提出逆转负面影响的对策建议。[63]

2005年，刘菁选取武汉市轨道交通为具体案例，分析沿线土地利用功能与开发强度的变化趋势，选取城市型、交通枢纽型、居住区型三个不同类型站点提出相应的土地利用模式和规划建议，并在投融资模式、相关法律与政策扶持方面作出补充建议。[64]

2008年，卢艳分析了轨道交通对沿线土地资源的利用强度、利用性质、地价等方面特征的影响，提出利用整体规划、强化动态规划、加强交通与土地规划的协调发展、以政策法规保障规划实施等建议。[65]

2012年，巩万里对目前国内用于计算轨道交通影响土地增值的模型进行介绍，结合西安轨道交通的实际状况提出沿线土地利用协调发展的建议。[66]庞传卫在分析国内三大城市轨道交通沿线土地利用状况的基础上，总结了存在的问题及其原因，结合西安市轨道交通的建设提出轨道交通沿线土地利用规划调整策略，并指出相应的规划措施。[67]

2016年，陈佳采用SPSS法对武汉轨道交通2号线站点进行分类，提出居住型、公共型、商服型和交通型站点地区用地布局的一般模式，针对不同类型站点进行用地布局优化，同时建立多目标决策模型，归纳多类型站点土地开发强度控制标准，指导站点强度分配。[68]

第2章　城市触媒理论及轨道交通站域更新相关理论综述

2.轨道交通与TOD建设

2007年，李程垒对客流追随型（SOD）和规划引导型（TOD）两种模式进行比较分析，指出轨道交通TOD的实施应采取一次规划、分期建设、分段运营的建设方案。[69]

2009年，卢济威、王腾提出轨道交通站点区域协同发展是城市可持续发展的重要策略和趋势，在研究协同发展历史经验的基础上，指出城市设计推进协同发展的优势和必要性。[70]

2010年，王兆辰将轨道交通站点周边TOD地区相关的城市空间元素按功能分为交通空间元素、居住空间元素、商业空间元素及游憩空间，分析其不同的设计侧重点，结合所发现的现状问题，一一给出相应的再设计。[71]

2014年，吴放从空间网络的可达性视角入手，基于"关联性""连接性"和"层级性"三个特征，构建轨道交通引导下的城市空间设计策略体系。[72]

2017年，王一鸣从理论、方法、内容三个方面分析TOD理论在轨道交通站点地区规划中的适用性，并在此基础上提出TOD导向下轨道交通站点地区在空间尺度、土地利用、交通组织三方面的规划方法。[73]

周垠、龙瀛基于国际上流行的WalkScore的评价思路，对其计算方法进行简化，并加入街道环境影响因子，对成都市一、二圈层区县内的街道可步行性展开综合评价，分析了市中心、区县中心、地铁口、商业综合体等K位因素对街道可步行性的影响。研究表明，住宅类街道可步行性最高，其次为公共服务类街道，商业类街道可步行性相对较低。[74]

2018年，同济大学李鹏、彭震伟等以武汉大都市区为案例进行实证分析，探讨了快速交通对大都市郊区居住空间发展的作用机制，认为快速交通直接作用于大都市郊区特定区位职住活动的时空格局状态，以相应的时空经济价值为纽带，传导到行为主体的区位选择行为。[75]

孙士玺从轨道交通与人口的关系、轨道交通站点的职住测度、轨道交通的影响范围划定、轨道交通建设的动态对比等角度对轨道交通网络生长下北京市新城职住空间发展动态进行了比较系统的研究，提出了轨道交通引导的新城职住平衡的建设策略。[76]

北京交通大学任雪婷总结了北京居住型轨道交通站点周边慢行空间现状，分析了影响居住型轨道交通站点周边慢行适宜度的关键性空间物理环境因素，提出了对北京居住型轨道交通站点慢行空间的优化策略。[77]

天津城建学院刘宇鹏、宫同伟以天津市轨道交通1号线为例，基于大众点评网的商业网点开放数据，采用GIS核密度等分析方法，研究了不同类型轨道交通站域商业网点空间布局特征及业态集聚规律，发现轨道交通站域商业网点布局具有空间分异、智能分异、业态分异等分异特征。[78]

袁铭以上海市核心城区10个站点为样本，量化分析其多层面的空间分布特征，并认为轨道交通战域的商业空间活力提升可从使用者内在空间需求出发，以商业空间的竞租曲线为基本依据，把"功能、强度、分布"作为三大控导要素对站域商业空间进行规划，并给出了规划策略。[79]

2019年，王维礼、白庆云、卢景德等基于兴趣点（POI）数据分析了轨道交通周边商业空间活力分析与耦合性，指出可以从两个方面来提升商业空间活力：一是提高轨道交通站点的可达性与便利性，包括增加公交站数量、提高路网密度和增加商业建筑面积；二是结合轨道交通周边特征增加商业业态，提供多样化的商业服务，提高商业空间设施密度。[80]

2020年，林必毅、徐本安等梳理了TOD城市空间，将TOD社区作为研究对象，引入新一代信息技术探讨宜居空间规划，提出TOD智慧社区"生态宜居，参与活力，科技助跑，智慧为人"的规划理念，探索社区治安、交通出行、公共服务及社区O2O四个方面应用场景分析，为TOD智慧社区规划设计与治理运营提供方法指引。[81]

2.2.3.3 微观层面的轨道交通站点区域建设实践

（1）轨道交通综合体建设

2008年，梁正提出"轨道交通站点综合开发"（Station Integrated Development）这一新概念，指出"综合"的三个方面：一是实现各种不同功能的综合，二是建筑内外空间的综合，三是交通资源的综合；并研究了站点综合开发的两种分类方法：站点与开发区域形成的多种关系，站点的不同性质形成多种开发模式。[82]

2009年，沈中伟分析了轨道交通综合体的新型特征，并归纳指出轨道交通综合体设计的复杂性及重点。[83]束昱以6种不同类型的轨道交通综合体为研究对象，依据系统动力学和对应协同原理探讨综合体地下空间开发利用的区位特点、功能定位、设施配置、用地布局、交通组织和空间形态规划等问题。[84]

2012年，李秀芳分析了城市公共中心区这一特定类型的轨道交通综合体的形成与特点，从城市设计角度探讨综合体与公共中心区相结合的设计方法，并详细分析了综合体中各功能子系统的相互关系及作用，提出相应设计原则和要点。[85]

2013年，刘婧祎重点探讨了TOD模式下轨道交通综合体的交通组织、商业开发、功能布局、空间设计、场所营造的方法，并归纳总结得出基于TOD的轨道交通综合体设计策略。[86]

2014年，王新研究了轨道交通综合体对其周边城市空间的催化与整合影响分析，提出综合体与城市功能结合开发的思路与策略建议。[87]

（2）轨道交通站点与周边区域衔接

2007年，过文魁对轨道交通与其他交通系统的衔接方式及优缺点进行了研究，对站点区域的换乘、设施布局、土地利用控制提出具体建议。[88]

2015年，牛彦龙聚焦于城市交通快慢过渡、功能混合的公共开放空间，提出以地铁站域综合开发为引擎，结合科学的营造方法和优化策略，构造人性化、系统化、精细化的站域慢行空间。[89]龙晨吟从连续性、便捷性、舒适性和安全性四个要素入手对重庆市轨道交通站点周边步行环境进行调研分析，总结问题并提出规划设计策略。[90]

2016年，宗俊宏以轨道交通综合体的节点空间为研究对象，结合日本"站域一体化"相关启示与重庆轨道交通综合体节点空间不足，制定轨道交通综合体节点空间设计原则及相关设计策略。[91]

2.2.4 小结

由以上研究成果可见，我国目前对轨道交通站域空间发展的研究已成系统，涉及的层面也较广，但大部分都聚焦于宏观层面的轨道交通对城市结构的影响、TOD模式在中国的探索与实践方面，以及微观的站点上盖建筑影响作用研究，在中观层面上的轨道交通站点与城市区域的互动研究开展较晚，数量不多，理论与实践都比较零散，缺乏系统与深入的梳理研究。[92]对轨道交通站点建设影响研究趋于单一化和扁平化，且对其持续性和各方参与的协同策略研究不足，同时更偏向于定性研究，可行性的定量研究方法较为匮乏，这正是本书探索的重点。

2.3 城市触媒理论研究现状

2.3.1 相关基础理论

2.3.1.1 城市触媒理论的发展

（1）触媒

"触媒"（Catalyst）也称催化剂，是化学反应中的一个概念，于1836年被瑞典化学家琼斯·雅克比·贝采里乌斯（Jons Jakob Berzelius）在《物理学与化学年鉴》杂志中首次提出。他认为触媒是一种能促进或加速两种（或多种）其他物质间相互反应的物质，而这一反应通常只需要耗费较少的能量即可完成且会产生较大能量，而其自身在反应过程中并不被消耗[93]。因此，它被视为能够以很小成本引发很大价值的重要媒介。触媒在发生作用时引发的剧烈反应及其对周边环境或事物产生的影响可称为"触媒效应"，触媒效应在除化学外的其他学科也能见到，如流体力学中的水波理论、声音传播的多普勒效应、经济学中的乘数效应等。

（2）城市触媒

"城市触媒"理论起源于美国20世纪末的大规模城市复兴。20世纪早期，美国经由汽车大发展和自由市场经济的成熟而形成了自身独特的都市空间，第二次世界大战后，欧洲现代建筑规划思潮涌入美国，但其并没有对美国的都市设计提供稳定的基础，反而在一次次的城市更新建设中使美国都市的自明性日渐衰弱，许多美国本土设计师开始对这种欧洲理论全盘继承产生反思，积极寻求适合美国本土风格的设计理论（图2-19）。

在此背景下，1989年美国建筑师韦恩·奥图和唐·罗干在其出版的《美国都市建筑——城市设计的触媒》一书中提出无论是机能主义、人文主义、系统主义还是形式主义都具有典型的排外性,为了强有力的一致立场而忽略其他因素,如人文主义方案忽略了经济问题、机能主义方案忽视了文化传统的延续问题。他在对密尔瓦基、卡拉马助、圣安东尼等美国中西部典型城市进行分析比较后,从城市设计角度提出"城市触媒"理论,认为应将美国的都市再开发的方法步骤比作化学中的触媒作用,用一种更广阔的视角来建设开发城市,"策略性的引进新元素可以复兴都市中心现有的元素且不需要彻底改变它们。"[94]它的目的是促使都市构造持续与渐进的改革。更重要的是,这个触媒并非单一的最终产品,而是一个可以刺激与引导后续开发的元素。[95]

图2-19　美国都市建筑——城市设计的触媒

（图片来源：自摄）

2.3.1.2　城市触媒的内涵

（1）城市触媒形式

按照对城市空间的作用特征可将城市触媒分为以下两类：

①物质性触媒：大型建筑群体,如交通枢纽、购物中心、文化中心、CBD等；也可能是某些经过缜密设计的建筑单体,如博物馆、剧院、旅馆或市民广场；也可能是小规模的、特别的实体,如雕塑、一列柱廊、花园、喷水池。

②非物质性触媒：通常影响层面比较宏观,如某项城市政策的制定或城市中某种重大活动的举办。[96]

（2）城市触媒的特点

①引入的新元素（触媒介入）可引起区域中现用元素的反应。它既可以

是经济性的（投资引发投资），也可以是政治、文化、社会或建筑与规划的（研究重点）。

②新元素可以使现存的城市元素价值得到提升或向有利方向转换。

③触媒反应是可以控制和疏导的，它不会破坏城市原有的环境背景内涵。

④触媒元素的选择必须是慎重的、经过深思熟虑的，这样才能保证触媒反应的正面性和可预测性。

⑤触媒反应的结果是可以预测的，但没有一个统一的反应式来适用于所有的城市环境。

⑥良性正面的触媒反应需要策略性的设计来指导其实现，触媒对城市的影响作用并不是靠简单的干预，而是通过一步步精心筹划的步骤来实现。

⑦一个城市或片区的整体触媒反应效果大于各要素反应的总和。

⑧作用后的城市触媒并不会消失，它们仍然具有强烈的可识别性，且因为它们的存在而丰富了城市的内涵。

（3）城市触媒的作用过程

城市触媒的作用过程可概括为：首先在原有城市空间中引入新元素，以引发临近元素的改变；其次新元素作用于周边区域，通过改变其环境条件影响现有元素的内部属性；随着元素之间相互作用的深化，新元素与其他元素发生共振，联合形成规模更大的触媒点，对更高层级、更大范围的城市空间产生促进作用，最终形成一系列的联动连锁反应，实现城市空间可持续的发展（图2-20），其核心是新元素的形成或介入与城市其他元素间的相互作用。

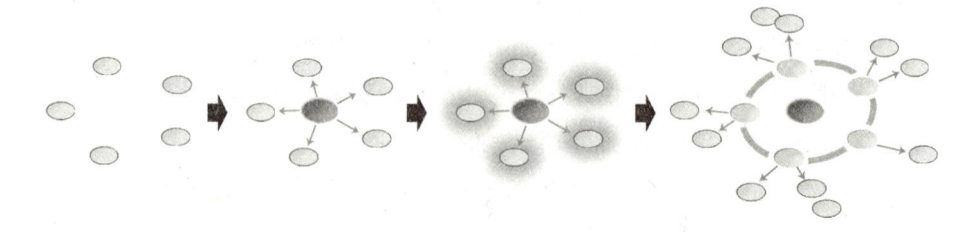

图2-20 城市触媒的作用过程

（图片来源：作者自绘）

2.3.2 典型问题研究

21世纪初,城市触媒理论被引入我国,因其对城市设计中的特色化与可持续探讨化引起了众多学者的广泛关注。目前,我国对"城市触媒"理论的相关研究主要集中在城市设计、历史街区保护与旧城区更新改造、城市交通规划等几个方面。

2.3.2.1 城市设计层面

2006年,金广君提出在城市设计中引入"触媒"的概念,使设计师及决策者意识到城市项目对周边环境产生的影响潜力,从而积极地运用优势因素,促进城市环境质量的整体提升。他分析了城市设计触媒的类型与特点,对影响因素的选择与优化提出建议。[97][98]

2008年,杨继梅从催化反应动力的角度,将文化的"活性"和"载体"分离,提取出文化的"物""事""人"三种载体类型,进而构建城市催化的三个模型:前摄催化、倒摄催化、整合催化。[99]

2011年,文闻等通过对城市触媒运作的分析比较,首次提出把城市触媒的作用分为激发式、链条式、缝合式三种。[100]

2.3.2.2 历史街区保护与旧城更新方面

2010年,朱建伟构建了"城市触媒"理论下的城市旧工业区在功能更新、空间更新、文化更新三个层面的微观更新策略。[101]

2011年,刘雪菲对城市历史街区保护与更新过程中,城市触媒理论的应用策略、实践模予以总结归纳,并从触媒元素的塑造、触媒反应的发生发展过程、触媒模式的实践途径三个层面进行详细阐述。[102]

2012年,杨露露以杭州地铁滨康站为例,分析其与西兴历史街区的关系,探寻其站点类型、触媒潜质及触媒要素,归纳总结触媒介质塑造目标、原则与策略。[103]徐云曦论述了城市触媒在旧城改造与更新中的具体应用,并对"触媒式"旧城改造与更新的三个层面进行了系统性归纳。[104]扈万泰提出在旧城改造中,城市触媒的运作模式是"以历史街区的修复和开发为契机吸引游客——以游客消费带动商业开发——以商业开发的利润支撑生态景观系统修复——以生态景观系统强化历史街区的宜人氛围。[105]

2013年，黄睿以城市触媒理论作为指导，探求通过老城镇剩余空间"临时"使用策略，实现对现有肌理与建筑的"软调整"以及对老城镇的持久复兴。[106]

2015年，朱晓乐探讨了在旧城更新中发挥"城市触媒"策略应用原则、应用方向，同时总结了针对旧城更新的"城市触媒"多元化实践模式。[107]

2017年，马文静构建了基于城市触媒理论的历史文化街区保护与更新理论框架，并提出"五个步骤""三个要素"的应用手段及策略。[108]文跃茗以开封市旧城区为研究对象，对古城触媒系统的区位整合、触媒系统的塑造与运作进行了详细论述。[109]

2.3.2.3 轨道交通站域开发方面

1998年，俞泳从城市触媒的角度，分析为什么要进行地铁车站的综合开发，以及怎么进行综合开发，以此研究如何充分发挥地铁对地区发展的促进作用。[110]

2006年，王腾从城市视角分析并论证了将火车站作为城市综合体建设的发展趋势，提出应重视车站综合体建设对城市产生催化作用的观点。[111]

2010年，申明文根据深圳地铁建设经验，从城市规划、系统项目元素建设、地下空间产权以及优惠政策等角度对如何发挥地铁建设触媒作用进行了研究，提出尝试性建议。[112]张俊霞从触媒角度对城市轨道交通站点的触媒特征进行分析，对站点与城市空间的整合进行研究，提出问题和建议。[113]

2014年，王新从催化与整合两个方面，对轨道交通综合体之于城市功能的影响进行研究，对城市中心区交通综合体周边的城市区域空间形态设计思路与方法策略进行探讨和尝试。[114]

2015年，孙滢结合案例说明地铁站点可以作为触媒因子激发城市远郊地区发展活力，并详细阐述了站点的触媒潜质、触媒因子、触媒引导策略及城市设计过程。[115]

2.3.3 小结

综上，国内外学者对城市触媒进行了广泛详实的研究，国外更注重在城市复兴中对投资的吸引作用,旨在通过"城市触媒"为衰落的城市中心区注入新的活力,从而引发周边相似的良性设计,激发投资者的积极性。国内的研究还处于起步阶段,尚没有系统的理论专著。我国与欧美国情不同,城市中心区并没有出现明显的衰败,且土地产权和投资机制都不尽相同,因此我国的研究重点主要在于城市更新中的特色延续。在轨道交通研究方面,虽然意识到了交通对城市发展的催化作用,但整体研究趋于宏观,缺少对站点建设影响下的城市更新触媒作用研究,并且在站点建设与城市更新结合的触媒实施机制与评价机制方面也尚待进一步完善。

2.4　本章小结

本章节通过对大城市中心区的更新、轨道交通站域开发、城市触媒理论三方面的理论及研究现状进行总结与梳理,理清了轨道交通与城市更新的紧密关系,以及轨道交通站域建设开发的历程,进一步明确了未来大城市中心区轨道交通站域的更新需求及研究的薄弱环节。本书将在国内外研究的基础上,深入探讨触媒视角下的轨道交通站域更新策略,并提出可操作性的量化研究方法。

第3章　国内外大城市中心区轨道交通站域更新模式比较及触媒理论的引入

在提出触媒视角下轨道交通站域的更新模式前，分析目前国内外大城市中心区轨道交通站域更新模式是非常有必要的。首先，发达国家在轨道交通建设及站域更新实践中，已形成了较为成熟的模式，虽然由于开发主体、土地权属、法律法规等国情的不同对参考有一定的局限性，但是在关注重点、方法途径等方面也具有一定的启示。其次，我国虽然对轨道交通站域更新未形成体系化的研究，但近些年也做了一些有益的探索，这既是国内现状的反映，也是本研究的现实基础。大城市中心区的轨道交通建设与站域更新模式与边缘区有较大区别。在建设依据上，前者是SOD（客流追随型），后者是TOD（交通引导型）；在站域更新模式上，中心区的轨道交通建设往往滞后于城市建设，在更新中不得不面对现有土地高价性、权属复杂、建设高密度等复杂问题，而城市边缘区的站域更新更容易套用TOD的3D开发模式。

本章通过梳理国内外大城市中心区轨道交通站域更新模式，从策略层面、设计层面、管理层面对已有方法进行分析和比较，归纳出主要问题，同时结合我国站域更新的现实要求，提出触媒理论应是解决他们的有效途径。

第3章 国内外大城市中心区轨道交通站域更新模式比较及触媒理论的引入

3.1 国外大城市中心区轨道交通站域更新模式

世界范围内的轨道交通建设已有近160年历史,但其真正有显著影响力的介入城市更新发生在近半个世纪内,根据其影响方式的不同大致可分为如下几种类型:

3.1.1 以土地开发为主导的增量更新

在许多前期开发薄弱的地区,轨道交通的建设往往以支持土地的更高强度开发为重点。这种模式下的城市更新多利用轨道交通的开挖建设契机,以某个规划项目为目标进行整体更新,将区域内容积率低下、业态单一的老旧建筑拆除,置换为高容积率且各类功能与公共空间密切配合的综合片区,以此有效地增加了城市容量,并可提供更多的就业岗位,吸引大量城市人口在此区域聚集。

巴黎拉德方斯新区就是此类型的典型代表。拉德方斯位于巴黎老城区西北部的塞纳河畔,在更新开发之前,它只是一个郊镇中心,面积约750hm^2。巴黎老城区中轴线自卢浮宫开始,经星形广场凯旋门延伸至德方斯新区拱门。在巴黎新老城区及不同时代分区建设的规划原则下,20世纪50年代,法国政府决定扩大现有市区范围,规划在拉德方斯地区新建一个中心商务区(CBD)(图3-1)。

从1956年至1969年间,因当时城市过境交通与区域内交通普遍共用,导致戴高乐将军道与国道的交通堵塞情况日益加重,严重干扰了拉德方斯地区内部与巴黎老城的沟通与联系,区域活力受到影响,新增项目进行缓慢,CNIT展览中心于1964年

图3-1 拉德方斯整改方案总平面图

(图片来源:参考文献[108])

建成（图3-2），在之后的10年中，它是该地区唯一的大型建筑。[116]

1967年至1970年，地铁快线RER通车，从凯旋门到拉德方斯只需要5分钟，在此基础上，拉德方斯以交通系统多样化为目标的整改方案获得通过并实施。在整改方案中，结合轨道交通隧道及换乘中心的开挖，自东向西建设一个落差22m、面积约30hm^{2}的人工地面（图3-3）。地面上预计建设多栋集办公、商业、文娱为一

图3-2　1964年的拉德方斯

（图片来源：参考文献[108]）

图3-3　拉德方斯的人工地面

（图片来源：自绘）

体的复合型高层建筑，并辅以林荫道、广场、花园、喷泉等户外活动空间，创造一个优美舒适的步行环境；地面下是巴黎地区规模最大的换乘中心，火车、地铁、公交、RER、电车通过五层换乘系统有机组织，并与高层建筑下的地下停车场紧密相连，各种车辆到发信息会清晰准确地在设置广泛的电子显示屏上显示，为人流疏散提供便利（图3-4）。下班时分，密集人流经由步行平台或通过自动扶梯迅速转入地下，一部分选择合适的公共交通工具离开，一部分达地下车库，经由地区外围新建的单行高架环路离开。人车流互不干扰，使交通效率大大提高。[117]在此后数年，拉德方斯的公共交通网络系统仍在进一步调整完善，1992年，地铁1号线延长线建成，从拉德芳斯可一票直达巴黎的任何地方，环绕此区的A14高速公路及公交巴士专用道也相继完成，每年客流量达一亿人次。

通勤条件的改善，使该地区对办公建筑的需求迅速增长，建筑高度也获批准可上调至200m。经过43年的规划建设，拉德方斯地区现已建成办公面

积260万平方米，进驻公司1600余个，新增就业岗位15万个，拥有欧洲第一大购物中心——四季商业中心，各种商店超250个，居住单元15000余个，常住居民40000人，成为当今世界著名的CBD之一（图3-5）。

图3-4 拉德方斯整改方案剖面图

（图片来源：参考文献[108]）

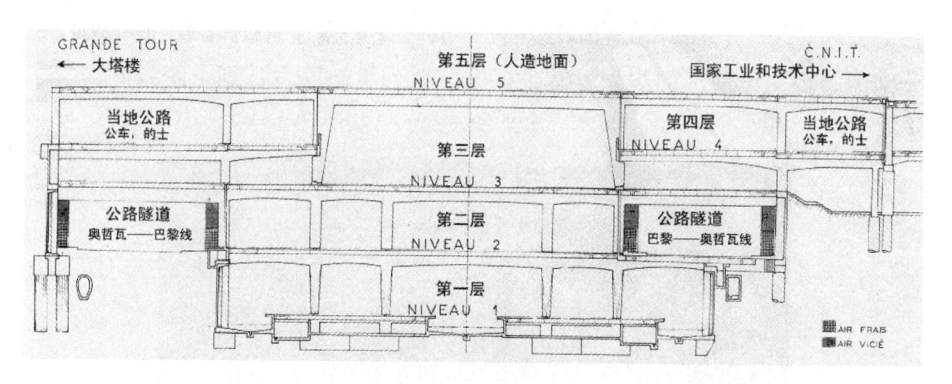

图3-5 今日之拉德方斯

（图片来源：https://www.vcg.com/creative/1001814892）

3.1.2 以交通拓展为主导的区域重整

城市的中心区或副中心往往拥有先天的区位优势，但交通环境较差造成可达性不足、城市功能及环境发展与定位不符，急需引入轨道交通或以轨道交通为依托对区域交通进行重整。[118]这种综合开发带来了更多的建设契机，站点周边土地利用也相应产生较大变化，"TOD"（公共交通为导向的土地开发）效应明显，且随着后期新增线路的叠加和周边其他公共交通接驳系统完善，站点的影响范围进一步扩大，用地结构及开发密度也将在经济规律的作用下不断优化调整。[119]

  日本涩谷地区是东京三大城市副中心之一，其不但聚集了大量的商业、办公、商务，同时也是日本极具代表性的时尚文化发源地，影响力巨大。涩谷站作为东京第三大站，先后有9条轨道交通线路（JR山手线、JR埼京线、JR湘南新宿线、东京地铁银座线、半藏门线、副都心线、东急东横线、东急田园都市线、京王井线）在此交汇（图3-6），但是涩谷站先后经历了近百年的多次增建及扩建，累计了许多矛盾，交通问题频现，如站台四分五裂导致换乘线路复杂、公共空间匮乏、站前广场局促、设施设备老化严重、人流疏散不畅、与站点周边综合体联系不足等，尤其是铁路干道直接穿越街区，造成车站与街区空间与场所的隔断，这些问题严重阻碍了涩谷地区的进一步发展。为良好解决这些矛盾，2005年，政府责成该地区联合相关专家及轨道公司成立"涩谷站区基础建筑设备检讨委员会"，并于2007年和2012年分别编著提交该地区的规划方案，提出一系列更新开发计划（图3-7）。

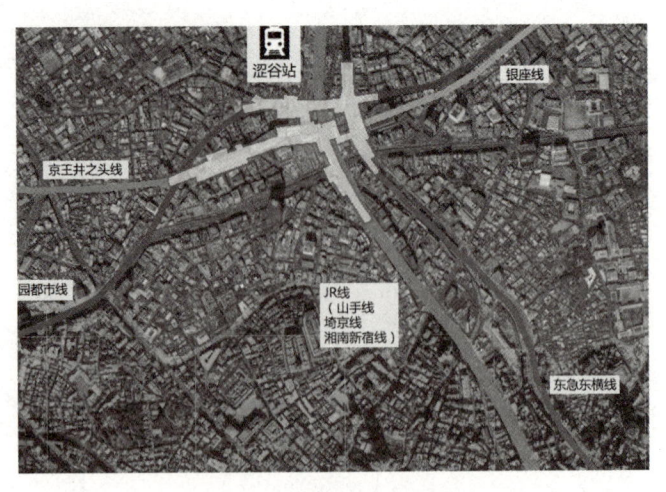

图3-6 涩谷站交通示意图

（图片来源：自绘）

第3章 国内外大城市中心区轨道交通站域更新模式比较及触媒理论的引入

图3-7 涩谷站周边更新规划示意图

（图片来源：www.city.shibuya.tokyo.jpg）

（1）轨道交通系统改良与土地利用调整

为提高换乘效率，对原有车站进行改造：山手线站台合二侧为一岛，埼京线站移位到与山手线平行，银座线站台岛式化；对东急东横线实施地下化改造及与副都心线互通；利用这一契机，拆除原有涩谷站周边老旧建筑——东急文化会馆，建设涩谷未来之光（Hikarie）、涩谷街区（Station district）等五个城市综合体开发项目，完善站点地区的功能与基础设施。

（2）建立便捷高效的步行系统与节点交通功能强化

从站点断面图可见（图3-8），涩谷地区是起伏的山谷状地形，其东南西北四个方向的高差都不同，故因地制宜，在Hikarie的一层至三层设置空中连廊与周边道路连接，以消解地形高差，增强与周边地区的联系；中庭空间深入地下三层，与副都心线及东急东横线站厅空间紧密相连，由楼梯、电梯、自动扶梯、台阶等构成的综合竖向交通体系（图3-9、图3-10），与不同标高的水平交通相连，形成多层面的立体交叉步行网络，快速疏散轨道交通的复杂人流，同时有效连接建筑中各功能空间，成为整个建筑的交通核空间（Urban Core）。在远期规划中，道玄坂街区、涩谷站街区、涩谷站南街区等项目均设置立体连廊与JR线和Hikarie综合体相连，扩大步行网络范围，以此消除街区分段现象，提高步行的连续性与便捷性，促进涩谷整体街区的活化性和高人气的持续[120]。

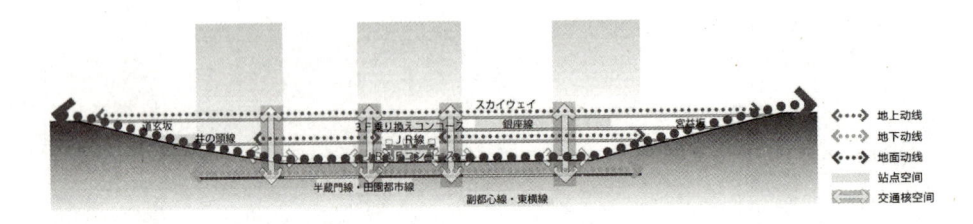

图3-8 涩谷站断面示意图

（图片来源：作者改绘）

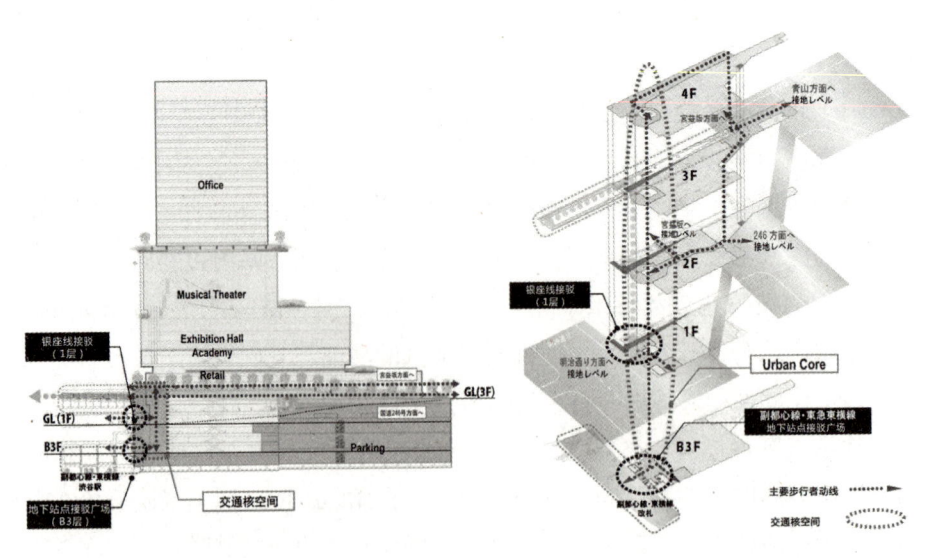

图3-9 涩谷Hikarie综合体剖面图　　图3-10 交通核动线构成图

（图片来源：作者改绘）

第3章 国内外大城市中心区轨道交通站域更新模式比较及触媒理论的引入

另一方面,提高衔接交通服务能力,涩谷站拥有数十条公交线路,依照车行方向及运营公司的不同,将接驳车站分散布置于山手线东西两侧的宫益坂口、东口、东急INN、西口、八公广场五个衔接站场,缓解了车站周边的交通拥堵,创造了一个让步行者感到舒适、安全、便捷的空间,同时又强化了涩谷站的重要交通节点功能。

3.1.3 并行叠加的渐进发展

在一些城市中心区,其发展已经较为成熟,无论是轨道交通建设还是站域的土地开发都进入一种稳态,开发动力与潜力都较低,常规的大规模推倒式重建显然已不能满足此类地区的现实需求。此时城市中心区的更新重点将转向城市功能的完善及居民与城市空间的良好互动,更新的手段也更倾向于渐进式的小规模改建及邻里关系的修补。相应的轨道交通站域更新,也将重点聚焦于站点与周围环境的互动与适应,鼓励结合站域的更新实情,对用地状况或交通网络做出渐进式的微调。

新加坡的许多轨道交通站域更新就属于此种类型。作为一个岛国,新加坡面积仅719.7km² (2017年),总人口561万,人口密度高达7794.9人/km²,土地资源的匮乏使新加坡很早就开始大力发展城市轨道交通,其轨道交通由覆盖面广泛的地铁系统 (Mass Rapid Transit, MRT) 和与地铁换乘接驳的轻轨系统 (Light Rapid Transit, LRT) 两部分组成,截至2017年12月,已建成地铁及轻轨线路8条 (图3-11),规划中的地铁线路3条,其中以南北线和东西线最为重要,辐射了全国60%以上人口的就业与居住。这两条线路在城市中心区的滨海湾区并线运行,形

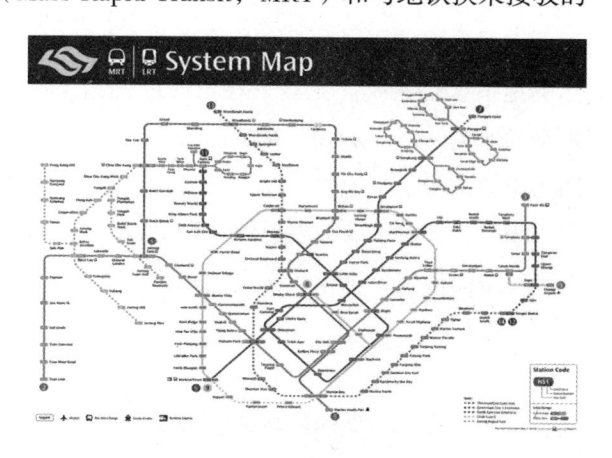

图3-11 新加坡轨道交通示意图

(图片来源:https://www.ura.gov.sg/)

成市政厅和弗莱德两个换乘枢纽站。[121]

滨海湾区位于新加坡的南端，是新加坡的经济文化中心，其前身是新加坡的CBD——弗莱德坊（Raffles Place）及周边的历史文化区域，随着1996年与2003年"新都市"城市更新计划的实施，政府通过填海造城，使滨海湾区逐渐由一个历史文化区转变为生活、工作、娱乐、休闲相结合的新型城市核心区，其更新速度与内容也相应转向城市环境的渐进式调整。市政厅站位于滨海湾的北岸，其周边汇集了商业、商务、政府、购物中心、城市广场等多种公共设施（图3-12），为强化这些不同功能之间的互动联系，新加坡城市重建局（Urban Redevelopment Authority，URA）以建设"步行友好型城市"为目标，以打造"200～400m地铁站点生活圈"为手段（图3-13），制定并实施了一系列由轨道交通站点地下空间开发为基础的城市项目，将市政厅站与周边重要建筑的地下空间连通，并与附近的普通站点（会议中心站）相连，形成一个环形通达的地下步行系统。尤其是在市政厅站地下结合商业开发打造环境舒适的地下商业街——City Link Mall，以百货、餐饮、零售为主要业态，以线性空间为组织结构，将地铁站、酒店、写字楼、商业中心有机串联，中间辅以中庭、小品、天窗廊等休闲设施，消除行走在地下道的阴暗感的同时丰富了地下步行空间形式，每年吸引大约1200万人进出，充分发挥了地铁客流的经济效应。根据URA的开发计划，在未来10年内，市政厅站的地下系统还将向周围进一步扩展以连接更多的城市公共设施，同时优化整合既有零散的地下空间，最终与武吉市地体站相连，形成一个体系更大、功能更加完整的地下空间网络系统（图3-14）。

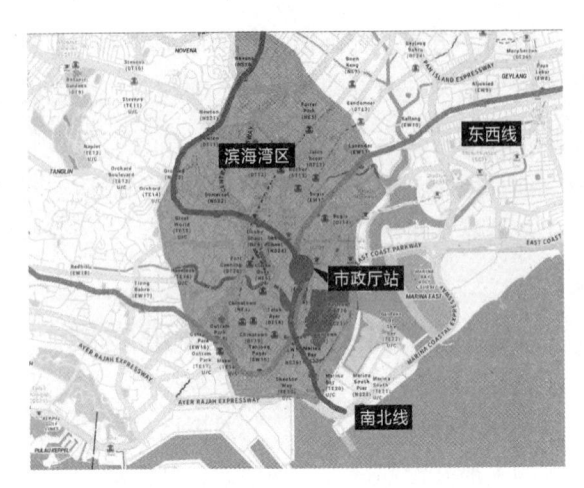

图3-12 市政厅站区位及轨道交通现状
（图片来源：作者自绘）

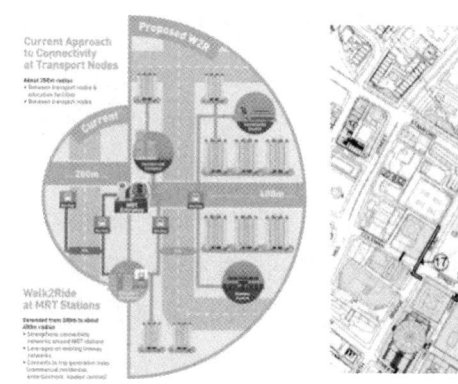

图3-13　W2R生活圈

（图片来源：https://www.ura.gov.sg/）

图3-14　市政厅站地下空间网络规划

（图片来源：作者改绘）

3.2　我国大城市中心区轨道交通站域更新模式

3.2.1　增量提质的区域再生

大城市中心区的典型问题，除了建筑老旧、建设密度过高、基础设施落后、人居环境恶化之外，交通问题往往是限制区域发展的主要障碍，一方面是指区域内部的交通环游，另一方面是区域之于外部的"可达性"。轨道交通的建设为区域交通条件的改善提供了直接有效的途径，而可达性的提升又导致了站域土地极差地租的提高，区域功能随之发生置换与改变，且副作用较小，易于形成良好的交往环境，使人群吸引范围进一步扩大，从而导致了区域的全方位持续再生。

如上海的徐家汇站域更新。该区域位于上海市中心区的西南部，是规划中的四个城市副中心之一，但由于交通的限制，一直以来辐射范围有限，发展缓慢。随着1993年轨道交通1号线的建成通车，站点周边的交通、公共空间、绿化环境等基础设施得以升级改造，引发该地区城市建设和商业活动的快速发展，形成了由东方商厦、港汇广场、太平洋百货、美罗城等多个大型商业构成的城市商业中心。2013年，轨道交通11号线与9号线、1号线在此交汇，此地区成为三线换乘的大型交通枢纽，地上与地下融会贯通，成为整体的复合空间。后以此为契机对站域进行交通梳理，结合地下空间建设，共设11个独立出入口和8个依托周边建筑的出入口，直接与站域核心商业空间相连，实现了交通系统与站域设施之间的人流互哺，达到共赢的效果，同时对站域进行功能方面的改造与更新，使商业规模由最初的4.5万平方米猛增到60万平方米，全天人流量达到28万人次，双休日更是高大40万人次，一跃成为上海市中心区最具竞争力的核心商圈（图3-15）。[122]在上海市五角场地区、静安寺地区的更新改造中，也引入了此类站域协同更新机制。

图3-15 徐家汇轨道交通介入前与现状对比
（图片来源：https://huaban.com/pins/1041480172/）

　　轨道交通的建设除了对商业集中的站点有明显带动外，对居住型的站点更新也有十分明显的推动作用。如上海的"中远两湾城"地区，该地区在1990年之前是问题频发的传统棚户区，交通不便、人群混杂、基础设施匮乏、居住环境恶劣，更新改造迫在眉睫，但由于建筑密集，改造成本高昂，致使资本一直难以引入，更新进程缓慢。2000年轨道交通3号线的通车，使该地区可达性提升，地价持续攀升，因此成功吸引资金完成了该地区的更新开发。此类居住占比较大的站域地区往往呈现出"填充式"的更新特征，通过轨道交通介入引发的地价提升对站域闲置或衰败地区进行功能置换升级和肌理重整（图3-16）。

图3-16 中远两湾城更新前后对比

（图片来源：http://www.sohu.com/a/240148723_391474）

3.2.2 上盖物业的一体化开发

基于轨道交通与站域土地的开发互馈和对轨道交通外部效益内部化的综合研究，东京、中国香港、新加坡、首尔等多个城市对轨道交通沿线的土地利用进行了多种实践，其中以香港的"轨道＋物业"模式最为成功。近年来，随着我国轨道交通的发展，这一开发模式也在北京、上海、广州、深圳等大城市逐渐兴起。利用轨道交通站场的上部或地上空间，将开发物业与交通设施无缝对接，实现站域的一体化综合开发，主要形式分为站点上盖和车辆段上盖。目前应用较广的是站点上盖，如深圳轨道交通2号线的物业综合开发，建筑总面积达342.98万平方米，上海轨道交通也进行了一些尝试与探索，南京东路站的"宏伊广场"、龙华中路站的"绿地缤纷城"、中山公园站的"龙之梦"等。这些物业的开发，不但符合轨道交通站点的增长极作用，同时也反映出当代市民对站点高效复合功能的要求。

上海中山公园站的"龙之梦"综合体为典型更新代表。中山公园站目前有轨道交通2号、3号、4号线在此交汇，并且与公共交通88路、67路、13路等共同形成一座大型公交枢纽。"龙之梦"综合体集商业、会展、办公于一身，是上海市西部片区较大的商业项目，同时也是"中山公园站轨道交通枢纽"的重要组成部分，其二层与地下二层均设有连廊，与轨道交通直接相接，在满足交通人流疏散的同时，实现便利的顺路消费，另外，其中庭、换乘厅等空间还承担了站域内一些集会、活动等公共功能，展现出交通功能与城市功能之间的相互渗透与支持（图3-17）。

图3-17　上海中山公园站"龙之梦"商业综合体与外部交通的结合

（图片来源：自摄）

3.2.3　公私联合的发展

轨道交通站域建设是一项复杂的系统工程，涉及车辆、土建、运营、管理等多方面的专业技术，且一旦建成就难以变更，会对站域地区产生持续长期的影响。站域的更新开发也需要动用大量的资金、土地、技术，仅靠政府的单方面力量很难顺利完成，多方联合共同开发是解决这一问题的良好途径。但需要注意的是，多部门具有各自不同的目标，政府关注轨道交通的公益性，而私人部门多考虑参与开发获利。因此，通常会制定详细的合作细则，以协调和平衡多方利益。

我国在大城市中心区的轨道交通高速发展的探索实践中，逐渐认识到

第3章 国内外大城市中心区轨道交通站域更新模式比较及触媒理论的引入

轨道交通的外部资源型，如仅作为交通设施建设使用，将白白错失许多区域更新发展良机，如站域一体化建设、完善城市机能、提升公共空间活力等，反而会使一些地产开发商搭了便车，轻松获利。因此我国的大城市的站域开发也开始从早期的政府公益性主导走向以市场需求为导向的多方"联合开发"模式。如上海的"申通地铁集团"，其主要角色是上海城市公共交通服务的供应者，负责轨道交通建设及后期运营，同时，它又肩负着搭建平台、吸引投资、管理车辆段土地等职能[123]，从某种意义上说，可以将其视为一级半开发商，通常是申通集团在拿到土地后，物色优质的开发企业，以合作共赢的模式，对站点及其周边地块进行开发营销。

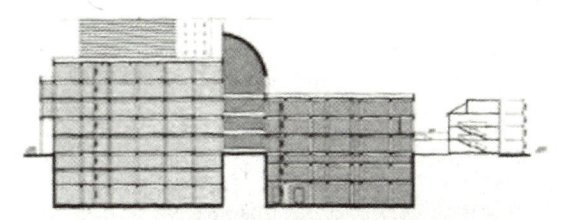

模式1：轨道交通与上部联合开发，统一运营，分享利益

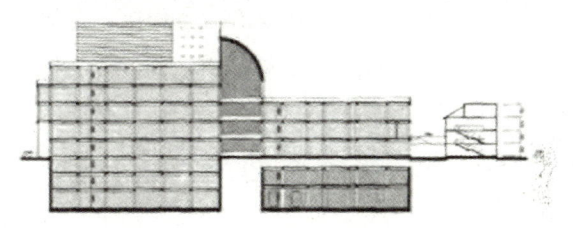

模式2：轨道交通与上部合作建造，产权分开，独立运作

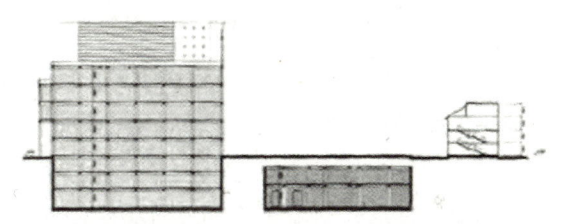

模式3：轨道交通与上部开发独立运作，建成后地面改造受限

图3-18 不同程度联合开发的比较分析

（图片来源：参考文献115）

轨道交通10号线四川北路站就是典型的联合开发案例，该站域在更新开发前期先进行了一系列分析与城市设计。四川北路目前是一条繁华的商业街，轨道交通介入后，如不能与现有商业街协同开发，将错失该地块扩容及提升活力的良机（图3-18）。基于此，申通集团组织城市设计与地块开发两方面的同时招投标，以期尽快找到合适的开发商，对站点旁边四川北路以东的地块进行联合开发。业态规划为商业与办公，空间设计上通过地下二层的商业与轨道交通相连，形成未来该区域的一处重要交通节点与城市活力核。

3.3 比较分析我国大城市中心区轨道交通站域更新问题

我国对轨道交通站点地区的更新开发起步较晚，虽然也意识到了轨道交通的资源性与带动站点地区更新的联系性，但受限于策略、设计及制度方面的薄弱与缺失，与西方发达国家相比，总体发展水平具有明显差距，站点对周边区域的推动作用并未得到充分发挥，存在以下几方面典型问题：

3.3.1 策略层面

（1）更新目标单一

由于对轨道交通站域的更新缺乏科学认识，且过度追求经济目标，导致政府在此类区域更新中追求的目标过于单一，仍倾向于成效显著的物质环境更新，而缺乏对更新区域居民多元诉求的重视，导致问题频现。在某些本身区位较好的核心站点地区，土地开发容积率不断攀升，形成冰冷拥挤的城市生态环境，社会网络关系遭到严重破坏；而在一些普通站点区域，土地开发往往前瞻性不足，浪费了轨道交通建设带来的资源性优势。[124]

（2）"公益性"被忽视

在我国，轨道交通的建设往往由政府出资建设、市政管理运营，为全体公民提供便利无差别的公共服务，并在很大程度上影响着站点周边土地的价值提升、用地结构、城市投资环境等公共利益，并进一步转化为可见的经济效益。但决策者往往对轨道交交通的"公益性"保护与有效利用缺乏清晰认识，在大部分情况下，仅以低廉的票务回报高昂的建设成本，亏损严重，只能依靠政府连年拨款补贴维持运营，且数额随着轨道交通线路里程的增加而不断攀升。[125]以北京市为例，市政府对轨道交通和地面交通的总补贴额由2009年的129.3亿元增加至2013年的200.1亿元，财政压力巨大。而另一方面，站点周边的开发商或物业则通过"搭便车"的方式对轨道交通的公益性进行利用，获取高额利益，使公共利益受损，且建设各自为政，缺乏统一的统筹管理，易错失潜在的发展良机。

(3)更新持续性不足

城市更新持续时间长，情况复杂，往往牵一发而动全身，故需要在过程中不断调整以保持更新的顺利持续进行。轨道交通是百年工程，使用期限长，一旦建成很难更改，与其紧密相连的地下空间开发也具有典型的不可逆性。在实践中，许多城市前期并没有考虑为轨道交通的引入和地下步行系统的建设预留发展空间，后期的更新建设付出了更大的成本。另外，轨道交通站点对周边区域各功能的影响强度和敏感度亦不同，这就要求站点区域根据自身情况找准首要更新重点，其余部分分批次有序进行，如工业用地与生活居住用地对土地价值提升最不利，应优先调整，大范围的商业开发应以客流及社区的成熟稳定为先决条件，而不是一次性建设就可以一劳永逸。很多城市并没有意识到这些，往往以短浅的目光制定静态的更新策略，导致新的更为严重的城市问题出现。

3.3.2 设计层面

(1)项目同质化严重

由于目前很多轨道交通站域更新仍以开发商建设为主导，缺乏前期深入调研，忽视站点所在区域的地域特色及更新诉求，对整体更新方向没有明确定位，为获取更多的经济利益，不惜拆除或破坏一些具有价值的历史文化建筑，更新建设以购物中心为主要形态的大规模商业地产，且精细化设计不足，使得这些项目无论在外观还是内部设计方面都大同小异，雷同现象普遍，造成千城一面的局面。不仅泯灭了独特的城市肌理，失去了应有的城市特色和文化传承，且破坏了原有社会网络和邻里关系，不利于居民安全感和归属感的产生。

(2)交通接驳不畅

国外的大量建设经验显示，轨道交通站点周边立体复合化的交通网络系统有利于缓解区域交通压力，提高居民出行的舒适度。但在我国的建设实践中，对立体高效的一体化交通设计严重匮乏，在步行方面，仅采用简单的广场、地下通道、步行天桥等来引导及疏散人流，手段单一，且彼此间缺乏联系，造成换乘不便、人车混行、环境不佳等诸多问题。在车行方面，各种交通方式的接驳考虑不够充分，造成换乘距离及时间增加，公共交通换乘吸引力下降，私人交通换乘和停放需求增加，加剧了地面交通流量的增大与地下停车需求的扩张，导致更加复杂的交通问题产生。如有些交通站点周边由于交通衔接不畅，步行到达终端目的地的距离过长，出现大量机动三轮和无牌黑车聚集揽客，影响恶劣。

（3）空间整合度不够

在当前快节奏的城市生活背景下，人们对上下班途中便利的休憩、文化、购物等休闲活动更加渴望，这就要求站点地区建筑做到多功能有机融合且联系紧密，以便承载更多的日常活动，同时也为轨道交通带来更加稳定的客流。然而目前我国对轨道交通站点周边更新倾向于"内聚式"的TOD开发，往往忽略了城市空间的连续性，机械地对待站点区域内的各空间子系统，导致它们之间缺乏必要的联系，如很多轨道交通站点与周边的商业综合体和写字楼仅靠地面联系，地下空间并不能直接通达，轨道交通站点逐渐成为功能和空间上的孤岛，严重影响了轨道交通引导作用的发挥。[126]另外，在某些大型枢纽站点地区的更新建设中，往往只考虑了其交通疏散要求，设计重点是如何将人流快速导出，而忽视了人流中可能出现的其他要求，致使空间设计单调乏味，来之不易的大量人流可能带来的商业价值随之白白流失。

3.3.3 管理层面

（1）各职能部门协同化不足

在城市建设与管理上，轨道交通建设与城市规划设计分属于不同的体系，两者之间没有必要的协调与管理机构，因此难以协同运作，共同保证站域更新这一统一目标的优质完成。在站域土地开发利用上，经常出现产权混乱，不同产权人具有多种利益目标，冲突严重，导致在建设中各自为政，形成许多不必要的人工壁垒。如在一些多线换乘的城市大型枢纽站域，其内部铁路、城市轨道交通、公共汽车、私家车高度混杂，交通关系是首要待解决问题。然而在站域更新建设中，由于各部门协同不足，并没有真正起到枢纽的作用，只是机械地将各类人流通过通道、天桥、连廊等连接到目标区域而已，缺乏对各类流线的整体梳理整合，交通效率低下，导致产生一些拥堵点甚至是安全隐患。[127]另外，交通与城市其他功能及设施鲜有互动，综合带动效益不明显，错失轨道交通带来的资源良机。

（2）法律规章缺失

轨道交通站域更新开发较为发达的国家与地区大多拥有较为完善的城市更新法律规章，且具有独立的城市更新机构，尤其是对于城市中心区，还出台了一些专门化的优惠政策与奖励制度，鼓励多方参与，共同完成中心区的城市更新。如日本在1969年与2002年分别颁布了《都市再开发法》与《都市再生特别措施法》，对城市更新的实施步骤、方法、原则提出了详细的要求。而我国目前并没有专门的城市更新机构，在法律规章上，也没有国家层面的城市更新及站域开发法律法规，只有深圳等少数城市编制出台了本地区的城市更新实施细则或站场开发细则。法制化管理远远滞后于轨道交通的高速发展，进而影响了整个站域地区的可持续发展。

3.4 现时我国大城市中心区更新诉求

城市更新的形成是一个不断发展的过程，随着历史的演进和社会发展，城市更新的内涵和诉求发生了明显转变。城市的含义不再是简单粗暴的"破旧立新"，而是更强调城市的整体与可持续发展，走向复杂与多元化更新道路。

3.4.1 多维及动态的规划理论

现时我国大城市中心区的城市更新具有复杂性与矛盾性兼具的突出特征，不仅涉及空间与土地资源的分配，更是各方利益重整再分配的过程。就现有的城市规划理论而言，并不能很好地满足城市更新实践的复杂要求。社会公共利益的保障、土地升值与收益分配、危旧建筑的改建与修缮、历史街区的保护与更新、各产权主体的利益保障等，都难以转化为直接详细的规划指标，故亟须转变固有的城市规划思路，从重视物质空间的工程建设转向多目标、综合化的系统性规划，实现对过程的精准把控。

在宏观层面，要重点研究基于区域经济的城市更新动力、城市总体及各区域的更新目标与重点、旧城区与新城区或新建筑的互动衔接、更新过程的可持续性等。在微观层面，要倡导"自上而下"和"自下而上"相结合的"参与式规划"，通过深入了解片区使用者的诉求，提供精准化服务，提高认同感。

3.4.2 长远及全局性的更新目标

在目前新型城镇化发展的大背景下，物质与人文空间的重构成为我国现阶段大城市中心区城市更新的重点。城市更新既是目标，又是城市转型发展的重要调剂机制。就目标而言，应更加全局性，从以往仅重视"增长""效益"的单一价值评判标准，转向以人为本的城市活力提升、城市特色彰显、城市生活品质提升、社会进步等更广泛多元的综合性目标。就调节机制而言，应运用修补、整治、保存、完善等多种方式进行综合性整治，以实现城市经济、社会、人文、生态的多维可持续发展。如北京市在轨道交通建设中提出"轨道+"的概念，在此基础上衍生出一系列更新模式——"轨道+空间""轨道+功能""轨道+文化"等，以轨道交通的工程建设为契机，提升站域空间容量、梳理交通、完善功能、保护风貌，实现站域环境的整体性完善提升。[128]

3.4.3 完善及可控的技术体系

针对当前城市更新工作中存在的政策不明确、方案落实性差、各部门之间配合协同不畅等突出问题，应该及时完善站域更新的法规制度、规划管理、操作流程等技术体系，保证更新过程的良性循环及持续可控。

在法规制度方面，国家层面与地方政府应分别出台相应的法律规章，合理引导和激励推动更新的顺利进行，同时也要有相应的约束政策，保证市场介入方理性更新。在操作流程方面，搭建公共部门、私人企业、专业机构、普通市民等多方共同参与的平台，保障更新工作的顺利开展及公开、透明、公正。近年来，我国一些城市在此方面也进行了积极的探索，如较早开始进行城市更新的深圳市在2012年印发了《深圳市城市更新办法实施细则》，在更新管理制度、土地利用、资金筹措、参与机制构建等方面都进行了详细的规定，建立起一套完整的"法规、政策、技术标准、操作指引"城市更新制度体系，很好地协调了各方利益。[129]

3.4.4 精细及差异化的更新策略

长期以来，我国的城市更新都是以一种快进、程式化的模式在进行，如何在更新中寻求区域发展的最佳状态，进行物质经济更新的同时保持城市的特质与个性，是目前更新面对的重要议题。更新策略的选取应首先取决于城市区域的本身特质。

具体而言，城市中心区经过历史的更迭建设，具有一定的建筑肌理、交通流线、密度环境等基础设施，更新的难易程度和重点都不尽相同，应采取综合比较的思维，对更新区域进行成本效益分析、更新价值预判以及土地增值测算，建立从区域更新问题评估、潜力分析、详细方案到实施落地的全程设计管理制度，使城市更新建立在可靠的现实基础上。同时，应强调城市设计的作用，注重原有城区传统风貌的遗存与保护，突出原有景观特征和文化内涵，提升城市精细化设计和管理水平。

3.5 触媒视角的引入

针对以上我国轨道交通站域更新问题及现时我国大城市中心区的更新诉求，很多学者提出了不同的解决方法。作者认为可以引入跨学科的新研究视角，从另一角度深入研究对象的本质，获得不同的研究结果。触媒视角下的城市更新研究不仅是将其作为一种单纯的比喻，而是作为一种观察和思考城市问题的切入点：将轨道交通的建设视为一个独特的城市触媒，将它对城市中各种要素之间的相互作用，视为若干个有机的化学反应过程，在此逻辑下建立明确的研究目标、研究手段，寻求轨道交通建设背景下城市更新发展的内在规律。

3.5.1 轨道交通的触媒特质

并不是所有的城市新元素皆可称为触媒，研究表明，轨道交通符合城市触媒的突出特征，能为城市中心区的更新发展提供良好的契合点，其触媒特征可归纳为以下几方面：

（1）新生性：就城市中心区更新而言，轨道交通是一种外部介入的新兴事物，是一场城市交通系统的重大变革，每天给站域地区带来大量人流，少则几万人，多则几十万人，人流的聚集为站域的更新发展带来了新的机遇，有效促进了站域商业、办公、娱乐、文化等多种功能的置换发展，但并不彻底改变它们，同时也带来城市地下空间、高架空间的建设契机。[130]

（2）正面性：化学中的催化作用有加速与促进的正催化与减缓与阻碍的负催化之分，在城市触媒中通常取其正催化作用的隐喻。轨道交通的在城市中的介入，必然引起周边区域的城市空间格局和功能结构发生变化，并带来新的功能与商机，使原有城市功能及其他相关元素得到有效提升，形成丰富多样的城市生活。

（3）可控性：通过前期的合理规划及一系列保障措施的落实，可有效控制轨道交通触媒作用的发生，并朝着有利于更新建设的方向发展。

（4）长期性：轨道交通建设对城市的影响从表面看来是短暂的、外在的，只存在线路及站点建设的短短数年。而实际上，轨道交通带来的多种经济与社会影响，对城市的作用是一系列长期、复杂、渐进的连锁过程。[131]

3.5.2 轨道交通站域触媒式更新的核心要点

（1）目标：催化站域的可持续更新

站域的更新，虽然切入点可能是针对某一方面，如站房的改造修葺、交通的重整、环境的治理等，但其最终目标是为了以点带面的推动整体城市区域的可持续更新，实现社会经济、人文历史和环境品质的共同繁荣。可持续发展最初是针对环境保护问题提出的，1987年，《世界环境与发展委员会》公布了题为《我们共同的未来》的报告，将可持续发展定义为"是在满足当代人需要的同时，不损害人类后代满足其自身需要的能力"。1996年3月，在我国第八届全国人民代表大会第四次全体会议通过的《中华人民共和国国民经济和社会发展"九五"计划和2010年远景目标纲要》中，明确把"实施可持续发展，推进社会主义事业全面发展"作为我国的重要指导方针和战略目标，并需要遵循"公平性""持续性""共同性"三项基本原则。

就站域更新而言，"公平性"要求保证本代人之间的公平的同时兼顾代际公平，即满足当前城市居民更新改造的需求，同时又不损害后代的社会发展需要。"持续性"要求从长远的角度出发，综合研究物质、经济和社会的整体发展，更新需要保持动力的可持续性，通过触媒因子的催化作用，使城市元素之间发生连锁反应，不断衍生出新的动力机制，形成推动城市发展的不竭源泉。"共同性"意味着站域更新是一个复杂性的共同目标，为了良好地实现这一目标，各部门必须相互协调，联合行动。

（2）途径：自上而下为主，自下而上为辅

在城市更新的实施过程中，既有自上而下的通过上层政府部门制定政策方案推动的更新，也有自下而上的来自民间组织自发的更新行为，这两种方式都对城市的更新具有重要意义。但民间的力量毕竟是偶发的、无序的，且通常会受到规模的限制，因此本书认为自上而下的城市更新能够使目标更加清晰，更新主体更加明确，其研究成果更具有普适性与操作性。

本书中的"触媒视角下的轨道交通站域更新"，即强调通过轨道交通这一强有力的外在因素介入来打破城市原有的稳定衰败状态，引起轨道交通与城市各要素之间的相互作用，使城市要素逐渐发生改变，从而推动城市在更高层次上形成新的平衡。当然，本书强调自上而下的更新方式并不等于否定自下而上的民间力量，而是相比较下更强调外因介入的主动性，是本书研究的重点与主体。在不同站域的更新目标设定及更微观的人性化设计方面仍会涉及自下而上的民间更新力量作为辅助手段。

（3）机制：构建完整可控的触媒式更新体系

"机制"一词最早源于希腊文，原指机器的构造和工作原理，对其本意可以从以下两个方面解读：一是机器由哪些部分组成和为什么由这些部分组成，二是机器是怎样工作和为什么要这样工作。本书研究的触媒视角下的轨道交通站域更新，并不只是用"触媒"这一跨学科视角来解释城市更新现象，更强调研究更新背后的内在机制，从触媒式更新的构成因素到运作模式，再到更新策略，解释有什么、怎么样、怎么办的一系列问题，构建一套完整的触媒式更新体系。

另外，由于外部因素的多重影响，触媒反应可能会与预期有所偏差，因此有必要在体系中设置调节机制，针对反应结果的反馈，及时对触媒因子或触媒介质进行调整，以保证城市更新尽量向预期方向发展，一直处于一种可控的良性状态。

（4）效用：推动多元化的城市更新过程

根据触媒的催化反应动力原理，触媒具有"正催化"和"负催化"两种方向。本书设计的轨道交通站域更新取触媒催化中的"正催化"含义，即促进站域更新的过程，这是触媒式的城市更新与一般城市更新的典型差异，这里暗含的一个假设的前提是城市的发展是不断前进的，是一个螺旋上升的过程。轨道交通产生的催化作用只是在顺应历史发展规律的背景下发挥作用，加速城市的更新发展，但其并不能从根本上改变城市的发展方向。

另外，催化的目标虽然是"加速"，但快并不一定等于好，而是更强调更新过程的优化。触媒视角下的轨道交通站域更新要求根据城市实验环境的特质和所具备的综合要素来确定具体更新目标与方法步骤，通过平稳有序的渐进式更新，激发城市活力的同时，保持区域原有的形式、特色与品质。

3.5.3 轨道交通站域触媒式更新的结构体系

根据触媒的催化动力学概念，其催化作用是指"对化学反应速率的一种作用，反应物种以外的其他少量组分能引起反应速率的显著变化，而这些物种在反应终了时，不因反应而改变其数量和化学性质，能产生这样作用的物种被称为催化剂"。在这一过程中，催化作用并不改变反应的历程，而是改变反应的效率。因此对触媒视角下的轨道交通站域更新而言，更新是城市内部固有的城市化学反应历程，轨道交通则是外部介入的改变其更新深度与广度的催化剂。

（1）轨道交通站域更新主体解析——内部特质

城市化学反应的主体是指触媒所作用的实验对象，如发生反应的主要物质元素（固体、气体、液体等），及所处的实验环境（如温度、湿度、压力等）。而将城市更新看成是一场城市化学反应，其实验主体指轨道交通站域的内部更新要素（如物质空间、交通流线、绿化环境等），还包括站域的环境特质（如城市肌理、历史沿革、人文活动等）。不同的更新主体将导致差异化的反应结果，是触媒介入并产生催化作用的基础条件。

（2）轨道交通带来的触媒因子——外部特质

触媒因子又可称为活性元素或活性成分，是指在单位时间内，单位面积或体积的催化剂促进化学反应的能力，是产生催化作用的根本性动力物质。轨道交通站点作为一个外部强势介入的空间活力体，其具备多种催化城市化学反应的要素，从城市更新的角度可分为物质因子、经济因子、社会因子。

（3）触媒的运作模式

触媒的运作是因子粘附于载体，通过点状激活与线状传导的作用机制发挥连锁反应，最终导向激发、强化、修复、创造等多种城市触媒效应的一系列过程。触媒因子是客观存在的活性元素，需通过注入到物化的载体中，实现能量传递的最大化，介质是负荷触媒因子的支撑体、黏合物或分散剂，可以有效改善触媒的传导性。作用机制是触媒释放其能量的路径与方式，触媒效应是最终触媒反应呈现出的结果倾向。

3.5.4　轨道交通站域触媒式更新的过程

本章所研究的大城市中心区轨道交通站域更新，借用触媒的催化作用隐喻，轨道交通建设引发的触媒更新过程可被描述为：首先轨道交通站点的建设为周边地区更新带来物质、经济、社会等多方面触媒因子；然后通过空间、交通、功能、时间等载体，在点状扩散、线状传导、项圈式倍增等作用方式下，在不同性质的轨道交通站点地区完成保存、修复、强化、创造的不同催化重点，优化了原有城市因素，又不断创造出新的机遇，这种良性的城市发展模式促使轨道交通站点所在区域的持续繁荣，并推动了该区域内其他各项功能的优化与不断完善，使整个区域品质得到升级，形成新的城市触媒，进一步带动周边区域的发展（图3-19）。

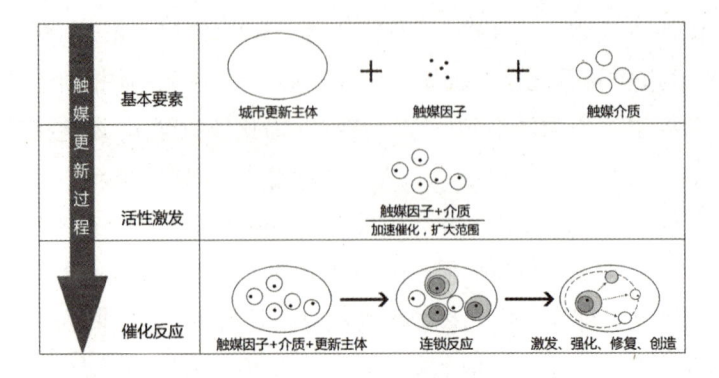

图3-19 触媒过程分析图

（图片来源：自绘）

3.6 本章小结

本章分析梳理了国外典型大城市法国巴黎、日本涩谷、新加坡与我国城市大城市轨道交通站域更新的操作模式。通过对比发现，我国的轨道交通站域更新在策略、设计、管理等层面均比较欠缺。同时，现时我国大城市中心区的更新也提出了更多元复杂的新需求。为有效地解决上述问题，引入了触媒的概念，并对轨道交通的触媒特质、催化站域地区更新的可行性、更新的结构体系及过程进行了阐释。

借用实验室化学反应中的催化作用过程，本章尝试建立起基于触媒的城市催化更新体系，其由基本要素、活性激发和催化反应三部分构成，基本要素包含城市更新的主体，轨道交通带来的更新触媒因子、触媒介质。触媒因子附着于介质，达到加速催化、扩大范围的激发效果，与不同的更新主体结合，发挥连锁反应，最终导向激发、强化、修复、创造等多种触媒效应。基于此，第3—6章分别对该体系进行详述。

第4章 轨道交通站域更新主体解析

正如碳在空气中燃烧，当氧气量充足时可完全燃烧，生成二氧化碳；当氧气量不足时，则发生不完全燃烧，形成一氧化碳。身处不同环境中的化学反应将导致差异化的反应结果，城市中的化学反应亦是如此。轨道交通站域的城市更新虽脱不开常规的物质、经济、社会更新内容，但所处的站域环境不同，更新需求与重点不同，轨道交通介入产生的触媒作用也会千差万别。因此要寻求轨道交通站域更新的规律，应充分了解其更新主体与实验环境的特性，后期才能在触媒因子及其作用的遴选策略上有的放矢，得出不同站点更新的开发策略。

轨道交通站点，根据不同的分类依据与标准，常见的有过程导向型、内容导向型、节点导向型和场所导向型等四种，在研究中前两种局限性较强，并不常用，后两种更具有普遍性。[132]其中节点导向型主要考虑站点的功能，在本章中站点是触媒的主体而不是背景，因此并不适用。场所导向型聚焦于站点所处的城市环境，包括站点地区在整个城市中的区位与作用、站点周边地块的主导性城市功能等[①]，本章侧重研究站点周边功能与结构的更新变化，与此种分类方式相对契合。因此可将研究的站点分为中心商务型、居住生活型、历史文化型、交通枢纽型四种类型。

---

① Lambooy J. Stationslokaties op weg naar morgen[C]. Congress Stationslokaties, 1994.

表4-1　轨道交通站点分类（以天津市为例）

类型	区位条件	区域特征	数量	典型站点	站点地区模型
中心商务型	大型商场、购物中心、步行街、写字楼	以商业及商务办公空间为主，开发强度较大	15个	津湾广场	
居住生活型	居住区、公寓、机关大院	空间比较单一，布局相对松散，对交通依赖性较强	77个	西康路	
历史文化型	历史古迹、风景名胜、名人故居、博物馆、展览馆	具有特殊的历史风貌，但交通日益拥堵，环境品质恶化，活力衰退	10个	和平路	
交通枢纽型	火车站、汽车站飞机场、公共交通换乘中心、大型交通枢纽	承载公交、步行、快速路等多种交通体系的换乘，情况复杂	4个	天津站	

（表格来源：作者自制）

4.1 中心商务型站域

4.1.1 站域特征

区位：此类站点多位于城市的核心商业区，为城市的中心或次中心。

业态：站点核心圈层内商业所占比重较大，主要业态为大型商场、购物中心、步行街、写字楼、公寓等。

开发强度：较大。

交通：交通用地所占比例较其他开发类型高，路网密集，公交站点多，可达性较好，人流量明显高于其他类型站点地区。

综合开发：业态丰富，综合性较强，居住用地占比较少，或从500m圈层开始向外分布。[133]

影响范围：由于商业的虹吸效应及站域接驳换乘的便捷性，故辐射范围较广，尤其在一些大型商圈，几个相邻的站点结合，可使站域核心影响区扩大至站点周边500～1000m范围内。

典型案例：北京国贸站

北京国贸站是1号线和10线的换乘站点，位于北京CBD核心区域。站点周边物业以商业和办公为主，有数十栋超高层商场和写字楼（图4-1）。车站日均客流量较大，能达36万人次，换乘量约20万人次，周边公交线路更是多达78条，公交站场4个，公交站台17个，人员往来密集，交通压力巨大（图4-2）。

4.1.2 存在问题

换乘难：通过站点调研发现，约有超过87%的中心商务型站点有两条或两条以上轨道交通线路通过，许多新线与老线的换乘距离过长，空间单一乏味，体验感较差。作为北京最忙的轨道交通站点之一的国贸站，日均客流达到36万人次，换乘量高达2万人次/h，并一直处于不断增长的状态，然而完成双向换成的换乘通道仅有8.5m宽，换乘高差达6.5m[134]，高峰期换乘人流接踵摩肩，只能缓慢移动，换乘时间长达10分钟，且发生踩踏的风险隐患巨大。

① 国贸3期
② 国贸2期
③ 国贸1期
④ 中环世贸中心
⑤ 银泰
⑥ 中国人保险大厦
⑦ 建外SOHO
⑧ 中基新东方写字楼
⑨ 中服大厦
⑩ 招商局大厦
⑪ 海航实业大厦
⑫ 京汇大厦
⑬ 雅诗阁酒店式公寓
⑭ 梵悦.108
⑮ 北京南航明珠商务酒店
⑯ 万科.大都会
⑰ 中航工业大厦
⑱ 艾维克大厦

图4-1 北京国贸站点周边建筑密集

（图片来源：自摄）

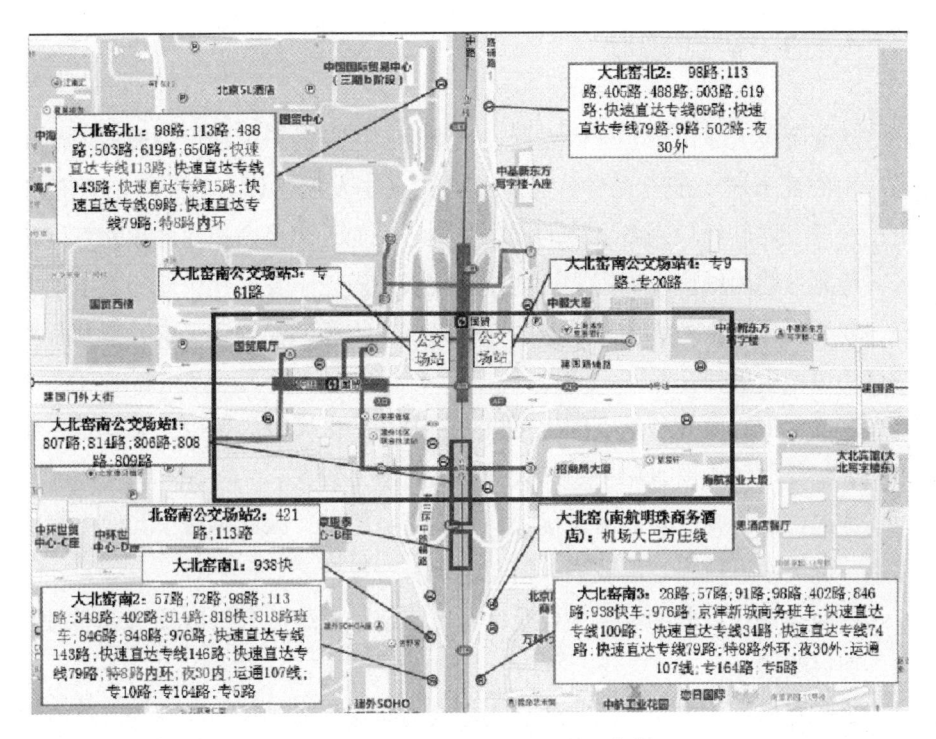

图4-2 北京国贸站点地区交通密集

（图片来源：参考文献[125]）

地下空间利用不足：站点只突出了单一的交通功能，与周边用地功能缺乏有效互动，浪费了巨大人流带来的商机。北京银泰中心悦生活购物中心、世贸天阶购物广场、悦生活购物中心、国贸商城等众多大型商业虽环伺国贸站点，却不能直接导入人流；国贸、建外SOHO、中服大厦、招商局大厦的办公人流也必须从地面进入商业，再从商业转出进入站点，各功能空间各自为政，协同性严重不足，即造成了空间与资源的浪费，也导致了交通量的增加。

交通混乱：交通接驳缺乏有效组织，地面人车混行，交通秩序混乱。现有国贸站点地区的四个象限中，与周边地块的连接上，仅通过一条地下通道与银泰与招商地块连接，站点只与10号线非付费区相连；过街设施上也较为缺乏，仅有一条过街通道连通东西向交通，南北地块的通行主要靠地面交叉口人行道连通，造成地面过街混乱，机动车通行不畅。

4.1.3 更新现状

从现阶段大城市中心区的发展现状来看，区域的总体建设呈现不均衡状态。中心商务区一般有两种，一种是经过多年发展建设，城市中心地位突出，区域发展已经较完备成熟的城市主中心，如天津小白楼地区和北京国贸区；还有一些因城市发展需要近些年新规划的尚处于发展建设期的城市副中心，如通州行政副中心。发展时间与政策的不均衡，也导致了中心型商务型站点周边城市更新在时空上的差异。[135]

区位：中心商业型站点周边可供更新改造的区域较为稀少，尤其是在城市的主核心地区，新兴副中心的大规模改造潜力较大。

数量：因具有一定的区位优势，更新获益稳定，因此相对于其他类型的站点，此类站点更新意愿较强，但总量仍有待提升。

更新类型：目前的更新主要是针对城市道路系统的升级以及站点周边的微小项目改造。

更新壁垒：轨道交通站点的建造必然会面临部分建筑的拆除及道路的封闭性施工，造成现有城市道路被截断，交通流线不畅，直接导致商圈人流锐减，活力下降。如天津东南角站点，自2009为建设轨道交通2号线实施道路封堵，一直持续到2012年才全面恢复。在这漫长的"围困"中，虽然中途有乐天百货的加入以期为区域注入新的活力，但在消费人流长期骤减的打击下，远东百货和乐天百货相继离场，许多小型门店也纷纷关门。现在即使有轨道交通站点的加持，东南角的风光仍不复从前（图4-3）。

4.1.4 更新目标

总目标：使城市土地的综合利用效率达到高效的发挥；对城市空间进行多维度立体化扩展；保护和延续城市特色的文化风貌和景观环境；改善城市基础设施的服务水平；提升城市人居环境空间的舒适度和便捷性；提升社区活力。

图4-3 围挡下萧条的东南角商圈

(图片来源：自摄)

功能目标：强化城市中心区的区位优势，实现各种功能业态的协同发展，进而增强地区的吸引力，吸引更多的功能业态的聚集，实现连锁反应，互相促进，协同发展。[136]

空间发展目标：结合轨道站点的城市更新可以实现城市土地资源的二次开发，不仅在多维度、多层面对城市空间进行扩展，更使空间资源得到合理配置，对功能失调区域进行综合环境整治和空间资源再配置，从而实现城市空间的良性发展。

土地利用：轨道交通建设后，能够对城市的功能空间和土地利用进行再调整，实现城市土地的集约化利用，促进城市存量土地的优化。

交通组织：以城市公共交通为骨架，轨道交通为主体，常规公交配合，限制中心城区内的小型机动车的出行和停车，优化停车空间的集约化、立体化发展。

环境品质：将城市的公共空间、景观绿化和广场合理进行空间组织，形成整体、复合的外部空间环境系统。

商业区的特殊需求：结合商业区的功能布局，构建以慢行交通为主导的立体化交通系统，有利于商业气氛的营造，形成尺度宜人的街坊式购物空间。

4.2 居住生活型站域

4.2.1 站域特征

区位：居住生活型站点在城市分布中最为广泛，但随着各大城市紧缩政策的相继推出，许多城市核心区很难再新增居住型站点，出现向外发散的趋势，原有的居住型站点在城市更新中也可能会发生功能置换，逐渐改变其性质。如北京市规划和国土资源管理委员会在2018年下发的88号文件《建设项目规划使用性质正面和负面清单》中明确指出以长安街为中轴线的"首都功能核心区"只鼓励"传统文化，传统商业"和"图书馆、博物馆"，禁止"新建普通商品住宅"。

用地：100m圈层内集中开发商业与绿地，商业类型以服务于居民日常生活的小型服务业为主。500m圈层内居住用地占比较高，居住空间类型有旧城遗留老住宅区、城中村、单位大院及新开发商业住宅，配以少量商业以及街道办事处、派出所等公共服务设施，交通设施用地占比较低。[137]

开发强度：老城区的部分区域建筑密度较大，但以多层建筑为主，容积率并不高，但在一些新建居住片区，高层住宅占比更大，开发强度相对较高。

交通：轨道交通线网密度较大，周围接驳的公交站点、公共自行车站点较多，通勤人流量大，呈现规律的潮汐式现象。[138]

综合开发：业态较为单一，以生活服务为最高，超过35%，房产中介服务占21%，这是在其他类型站点地区很少出现的业态，且客群消费活动时段主要集中在夜晚，无明显季节变化。

影响范围：居住属于内向型功能，同时缺乏大型商业对综合性交通体系的支撑，故影响范围有限，基本集中在站点300m范围内。

典型案例：天津市西康路站域

对西康路站域用地构成数据分析可知，居住用地比例为71%，公共设施与商业用地比例为16%，道路用地比例为8%，绿地及其他用地比例为5%。站域内多为建于20世纪八九十年代的老旧住宅，尺度较小，出入口分布均匀，道路呈网状分布且较为密集，街道生活丰富。少量商业以街道底商为主，满足周边居民的日常性消费需求。公共服务设施与绿化较少，无法满足更新扩容后的新需求（图4-4）。

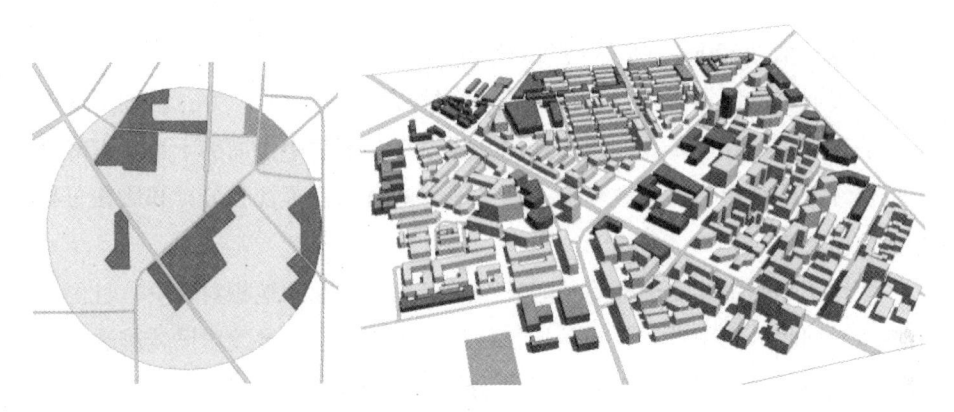

图4-4 天津市西康路站域用地及布局模型

（图片来源：作者自绘）

4.2.2 存在问题

建筑老旧：老城附近经过多年的城市发展变迁依然遗留下来的一些一直使用或加建的居住区，居住人口密度大，建筑老旧，以低层为主，建筑容积率极大，居住环境与卫生条件也较差。

车辆停放困难：中心区的许多居住小区都是老旧小区，空间尺度较小，往往内部道路狭窄，一般在3~5m，只能供一辆小汽车单向行驶，会车困难，一些胡同区在其道路最宽处才能勉强会车。随着居民生活水平的提高，小汽车的日渐普及，老旧小区的小汽车数量的日益增长与停车位严重不足的矛盾越来越突出。在调研中，经常看到汽车占据步行道的现象，这样原本就不宽敞的道路有效步行通行宽度更为拮据，整个步行系统的连续性与舒适性都受到影响。

公共设施匮乏：除了停车场，老旧小区还往往缺乏公共绿地或者公共广场。在一些具有历史保护价值的居住区中，这类问题已经得到了些改善，如北京雍和宫站附近的胡同区，在原本线性的巷道交通空间添加了一些可供居民停顿的扩大节点，界面处理成中国传统长廊，为居民休憩娱乐提供了内部去处。

街道界面封闭单调：我国居住小区多为封闭小区，而且小区规模较大。比如天津翠阜新村站周边的新建商业小区，一个城市街区即为一个居住小区，规模一般在600m^2，小区均为封闭小区，所有外部车辆都不能穿行。非小区居民通行的话需得绕行，步行的连续性和便捷性不足，并且增加了周围干道的通行负荷，使步行、自行车以及机动车全都集中在周围干道上，降低了步行环境的吸引力，导致车辆通行不畅，同时加剧了社会分异和居住分异的现象。

职住不平衡引起交通拥堵：居住型站点周边产业用地相对较少，且由于经济效益回收的效率性，住宅用地往往最早实施完毕，导致居民较难选择在居住地附近就业。站点范围内往往百分之八十甚至九十以上都是居住用地，商业和工业用地只占极少的部分，而且多是为居民日常生活服务的餐饮和零售等商业，可供居民就业的岗位有限，更多的居民都是职住分离。因此，此类站点通勤交通量较大，但是轨道交通运载量有限，也由于通勤的周期性特征，在早高峰时段居民经常要排队候乘甚至需要人工疏导才能进站乘车（图4-5）。据统计数据表明，北京市所有地铁站进站客流量前10名，集中在回龙观、天通苑、定福庄、通州、南三环东段等几个居住型站点，其中进站量最大的霍营站，每小时高达1.6万人。

图4-5 职住不平衡造成的早高峰交通拥堵

（图片来源：自摄）

4.2.3 更新现状

居住型轨道交通站点的更新开发是城市更新中最为复杂、投入成本最高的一类，最典型的情况莫过于对城中村的改造。城中村往往位于城市中心区，建筑密度大，居住环境差，并且由于缺乏统一的规划，建设管理混乱，公共服务设施配套不完善甚至是缺乏，是城市中急需更新改造的用地，但是又由于其经济利益主体多元，建筑产权关系复杂，拆迁成本过高，拆改建方式复杂，也成为地区再开发中的难点问题。轨道交通站点的开通打破了这些街区原有的稳态，成为更新的难得契机。

区位： 考虑到城市整体面貌的统一提升，由政府参与主导，城市核心区域的更新项目较多，而偏向外围站点周边的更新项目较少。

数量： 虽然居住型轨道交通站点在总数上占比最大，但由于街区开发相对成熟，短期内缺乏大范围彻底开发的可能，政府与开发商对此类站点更新开发的态度都持谨慎态度，因此更新数量增长缓慢。

更新类型： 对一些政府有明确更新意愿的城市核心区域老旧小区，一般考虑对地块进行整体改造或拆除重建的模式。轨道交通建设提供了重建的契机，在充分了解相关法规的基础上，根据现状情况制定切实可行的政策和落地方案，对其进行收储并重新开发利用，但此类站点数量不多。另一种较为普遍的模式是自发性小规模的"微更新"，从理论上看，这种调整是自下而上的，更注重城市机能的改善及人与环境的平衡，值得推广与提倡。

4.2.4 更新目标

城市更新总目标： 以城市轨道交通建设为依托和契机，改善地区交通区位条件，以用地置换的方式优化土地利用结构，构建新型的公交社区。

空间布局： 居住生活型站点无需布置大型集中商业，应以与居民日常生活密切相关的小型商业为主，可因地制宜灵活地布置在居住区的生活性街道两侧，娱乐、社区民事政务服务、社区医院、活动场所等综合设施也无需圈层布置，以小区的出入口附近为宜。同时，允许一部分临近道路节点的居住用房向商住混合型、快捷酒店等兼容性功能过渡，进而改变站点周边用地性质单一的问题，加强功能混合度，以达到提高轨道交通客流均衡性的目的。

交通组织：优化站点与居住区间的接驳整合，提高可达性。抓住轨道交通带来的公共交通升级契机，以公交优先为总目标，对站点周边地区现有的交通网络进行梳理，合理布局交叉节点。开放部分街区，从而减少绕行，缩短步行到达站点的时间，同时可将一些商业设施、便民网点布置在这些街区两侧，重塑慢行系统，提高步行吸引力。

环境提升：根据各站点人流量及使用者的需求设置广场、休憩、报亭、卫生间、自行车停车场地等公共设施，并建立清晰完整的标识系统，使居民获得良好的空间体验。借助站点周边的开放空间设置，为居民提供良好的交往环境。

社区活力：增加轨道交通站点周边地区的就业岗位数量，鼓励功能多元化，促进客流在时间与空间分布上的稳定，提升街区活力。

4.3 历史文化型站域

4.3.1 站域特征

历史文化型站点影响区内具有古代或近代建成的综合性街区，其商业或居住功能保存至今，且仍具有历史风貌、历史特色与价值，与周边城市环境区别明显，已形成了自己独特的风貌。在某些站点地区，历史建筑的保护利用有可能使其原有功能发生部分改变，导致分类不甚明确，应根据其主要影响因素作为判定依据。如小白楼站点，虽然周边目前多商业开发，但鉴于其站点周边的第五大道作为天津市的知名历史街区景点，文化带动作用巨大，故仍将其归类为历史文化型站点。

区位：基本位于城市核心的老城区，个别以工业遗产为主要业态的站点地区可能会更靠近城市外环，如在天津市中心区的7个历史文化型站点（天拖站、鼓楼站、建国道站、和平路站、小白楼站、营口道站、鞍山道站）中，天拖站明显离城市核心区较远（图4-6），因此其商业化痕迹较弱。[139]

第4章 轨道交通站域更新主体解析

图4-6 天津市历史文化型轨道交通站点

(图片来源：作者自绘)

用地：站点周边用地以历史街区、名胜古迹、宗教寺庙、名人故居、博物馆、展览馆、工业遗产等城市文化活动区域为主。

开发强度：建筑高度控制严格，故建设强度较低。

交通：由于地域文化宣传或相关旅游开发，造成区域吸引力较强，大量观光人群汇集于此，给城市交通带来巨大压力。

综合开发：业态多样，以历史建筑、风貌街区的参观游憩为主，辅以大量展示地域特色、文化、风貌等文化产品的零售业，供以休闲娱乐的广场、绿地等公共空间也较多。

影响范围：历史文化型站域地区功能以游憩休闲为主，因此以人的合理步行距离为核心影响区，基本在站点500m范围内。在某些具有多个历史景点的区域，站域影响区也会随着景点的扩散适当扩大。

典型站点：天津和平路站。

4.3.2 存在问题

物质设施老化：历史性建筑年代久远，有些建筑年久失修，或是风化腐朽呈破败之相，街区路网密度小且建筑容积率较低，交通通行不便且土地利用率低下。基础设施落后或缺乏，生活服务配套设施不足，致使居住环境不佳，难以吸引年轻人常驻，人口活力不足。另有一些历史建筑虽不至破败，不到报废阶段，物质形态上还可以勉强使用，但因其结构落后，内部空间已无法适应现代人群的居住生活习惯，或是建筑风貌无法满足游览体验需求，亟待改善。

交通环境差：历史文化型站点地区道路大多分为两个层面——宽阔平直的现代化道路和街区内蜿蜒曲折的街巷，两者之间尺度相差较大，缺乏过渡，而且缺乏有效衔接，机动车辆通行不畅，同时又由于缺乏停车设施，进而严重影响城市环境质量。站域内交通接驳不便，公交车数量少，虽然共享单车盛行，但是缺乏有序管理，甚至会降低慢性系统舒适性和可达性，人们出行十分不便。

公共空间活力衰退：由于街区空间尺度较小，功能单一，旅游旺季外来客流量较大，对当地居民生活会造成干扰。同时公共空间又以游览观赏空间为主，缺乏居民日常生活所需的必要公共设施和活动空间，比如公共广场、公园等公共活动空间，或者虽有公共活动空间，却无法承载居民现代化的文化休闲娱乐需求，公共空间活力不足，居民日常生活极为不便。

特色丧失：在对历史文化型站点地区的更新开发中，为了满足使用者的物理舒适度，建筑物往往会进行大规模修缮，这就导致其历史原真性很难存留。[140]历史街区的过度商业化更是会严重破坏街区内原有的文化氛围，使其丧失场所精神。如北京的南锣鼓巷站、成都的宽窄巷子站，随着景区开发与原住居民的迁移，越发浓厚的商业气息取代了老情怀，历史街区逐渐沦为一种城市符号。

4.3.3 更新现状

目前我国对历史文化型站点周边的规划设计与更新尚处于探索阶段，无论是对站点地区旧城文化特色的辩证认知，还是更新手段的适应性创新都亟待提升。现阶段站点周边更新的突出问题主要体现在如下几个方面：

数量：由于历史文化型站点的区位优势明显，往往位于城市核心区，可达性高，加上特有的历史或文化价值，对客流的吸引潜力巨大，因此市场对其进行更新开发的兴趣是比较高的。但由于限制条件较多，造成真正更新实践的项目非常有限，仅在个别风貌特别突出的站点进行了探索性的实践。

更新类型：为了保证城市历史文化和特色城市风貌的存留，相关规划部门在区域的更新开发中（建筑保护、建筑限高、空间格局、街巷尺度等）制定了严格的限定条件，如天区津市规划局2008年公布的《天津市中心城区主要河流、公园及历史保护区周边建筑高度控制导则》中严格规定了历史街区周边的建筑高度与道路中心线距离比值应控制在1∶1范围内，原则上不宜建设高层建筑。即使由于轨道交通站点的介入引发了一定的建筑工程量，也只能是在不改变区域既定空间格局与风貌特征的大前提下，进行小规模的适度空间整治，很难套用传统TOD中的高强度高密度开发原则。

更新壁垒：历史文化型站点主要呈单点开发模式，仅单纯的作为交通设施使用，地上地下空间离散，各自为政，与城市的其他功能缺乏互动。[141]轨道交通站点作为新介入的城市功能，其建筑形态与历史街区中的传统建筑之间易产生差异，以往更新经验的不足造成设计语言贫乏，站点无论在内部空间还是外部形象上与所在的区域风貌少有呼应，或仅做简单的仿古装饰，导致与整体历史风貌的对立。如北京的鼓楼大街站，该站是轨道交通换乘站点，离后海与鼓楼步行街等旅游景点较近，站域范围内有大量的文物保护建筑，多为典型的老北京传统胡同和四合院。[142]然而该站点并没有利用好现有优势，充分发挥交通节点的触媒作用，站域空间活力未能被激发。

4.3.4 更新目标

总体目标：采用保护与开发相结合的模式，依托轨道交通建设的良好契机，在延续历史街区的特色文化风貌、空间肌理的同时，引入多样化的功能业态，激发区域活力。

功能：强化历史街区的原有功能定位，同时合理引入新型业态，避免街区成为单一的居住区或仅供游客参观游览的旅游区，缓解客流在时间分布上的不稳定，保持街区的持续活力。

土地利用：严格控制历史街区的地面开发规模，对于历史价值较大的部分以局部改造和建筑修葺为主，根据实际需求增加公共服务设施、景观绿地、广场等相关设施。在保护历史街区的同时充分挖掘地下空间的开发潜力。

交通组织：在轨道交通站点及周边区域合理安排交通接驳方案，在历史街区内部营造适宜步行、自行车等慢行交通的空间。

形象塑造：通过对站域历史文化元素的提炼与重构，实现对传统空间格局的延续、社会文化风俗的继承，使站点建筑与周边建筑街区在尺度与风格上高度融合，实现整体环境风貌的和谐统一。

4.4 交通枢纽型站域

4.4.1 站域特征

交通枢纽型站点更突出其交通属性，一般位于两条或两条以上的轨道交通线路交叉处，并与城市的多种交通方式贯通互融，综合多种交通设备及空间形成一体化的站区。

区位：早期轨道交通建设的目的多为客流追随的SOD（Service-Oriented Development）型，即解决城市人口拥挤地区的疏散问题，因此枢纽型站点多集中在城市中心或副中心。

用地：此类站点用地以交通为最大占比，在城市型枢纽地区甚至能达到50%以上，圈层200m以外以商业或居住为主。

开发强度：早期的交通枢纽型站点可能仅仅是一个功能单一的城市交通节点，为了疏散及使用的便捷，周边可能存在着广场、货物堆场或一些生产用地，开发强度不大。随着现代站点功能的复合化趋势，交通枢纽型站点的开发已由单体建设转向多元统一的群体开发，强度显著提高。

交通：承载着轨道交通、公交、私人交通、步行等多种交通体系的换乘，客流情况复杂，且站点周边或存在着火车站、公交换乘枢纽等其他交通枢纽，与城市外围地区或其他城市联系密切。

综合开发：随着城市生活的复杂化，交通枢纽型站点的功能也越来越丰富多样，除了基本的交通换乘外，在一些大型的综合性枢纽站点往往还融合了商业、文化、餐饮、零售、旅游、咨询等综合服务功能，体现出功能复合化的趋势。[143]

影响范围：此类站域交通用地占比较大，往往造成站点与城市空间的割裂，且人流在此停留时间有限，需求单一，故核心影响区较小，不足500m；辐射影响区较大，可达到站点周边1000~2000m范围。

典型站点：北京南站

北京南站汇集了轨道交通4号线、14号线、高速铁路、城市公交、出租车、社会车辆等多种交通系统，是一座大型的换乘枢纽站（图4-7）。[144]站点开发以交通和商业为主，占比达到19.7%和38%，其中商业开发的业态以综合性商业和酒店占比最大。[131]

4.4.2 存在问题

产业结构落后：在经济发展的大背景下，城市经济结构必将经历由第一、二产业向第三产业转型的

图4-7 北京南站站域平面图
（图片来源：参考文献[135]）

过程，高端制造业和服务业的占比将越来越大。而交通枢纽型站点周边区域的仓储或工业用地已经无法适应城市产业结构的调整，出现功能性衰退现象，与站点地区优越的区位及可达性优势严重不匹配，造成土地价值的浪费，必须做出及时调整。[145]

物质性老化：早期交通枢纽型站点地区功能发展单一，除了枢纽建筑之外往往仅剩站前广场，单调乏味，难以满足现代乘客的多样需求。站点周边用地由于年代久远，也出现与时代发展相脱节的功能，如随着互联网的发展，枢纽站点的自动售票空间在空间与数量上的分布都大大超过传统的人工售票窗口；轨道交通的提速使一日化异地商务活动成为可能，站点周边的高端商务客房需求猛涨，低端小旅馆的市场迅速萎缩。即使有些站点周边存在一定程度的功能混合，但由于缺乏系统的组织，商业和服务业的规模和质量都不高，彼此之间缺乏联系和协调，显得杂乱不堪，很难形成规模效应。

交通组织不畅：交通枢纽型站点需要在有限的空间内整合多种交通系统，尤其当轨道交通后期介入原有的交通枢纽时，空间及人流的组织难度更大，很容易造成各系统换乘连接不紧密，大大削弱了轨道交通的便捷特性，对以便捷出行为原则的高端商务人流吸引力下降。如郑州火车站在改造之前，进出站人流、出租车、公共汽车、私人汽车全部通过地上进行集散，各种流线在站前广场空间交织冲突，造成站点区域经常拥堵。

形象枯燥乏味：交通枢纽型站点一般规模较大，作为区域的地标性建筑，不仅要确保功能的完备性，还应强调其标志性和门户意向，但目前我国交通枢纽型站点地区常呈现高层与低层建筑、新建筑与老旧临时建筑交错混杂的局面，造成站点地区天际线无序凌乱，整体风貌与品位较差，可识别性不高，再加上人员的混杂，共同造成混乱不悦的观感，与站点的区位重要性严重不符，亟待改造。

场所匮乏：场所即人的活动与空间的总和，场所品质的丰富与否直接决定着其对城市人群的吸引与支持。我国目前的交通枢纽型站点地区虽然也具备宽阔的站前广场地区，但往往人车混杂、少有绿地与休憩设施、环境品质低下，对城市人群的吸引力很弱，除了必要的交通需求外，其他功能鲜少有人问津，即使具备一定数量的商业和服务设施，其利用率也十分有限。场所的匮乏阻碍了站点地区与城市的融合，极大约束了交通枢纽型站点地区商业价值的发挥。

4.4.3 更新现状

区位：城市核心区的交通枢纽型站点区位优越，周边用地基本已建设开发完毕，周边道路与建成环境已形成结构上的稳态，很难轻易变更。除了车站建筑本身外，仅剩余很少的老旧废弃建筑或工业用地可供开发，开发潜力非常有限。因此，在有限的土地上进行充分的土地利用及空间再设计，是此类站点更新改造面临的挑战。在靠近城市外环的交通枢纽型站点，周边的开发程度并不十分完备，可供利用的土地面积较大，优化区域的空间结构、构建基于站点的TOD集约型片区是此类站点的更新重点。

数量：早期的城市轨道交通建设通常结合火车站、高铁站、公交枢纽等既有城市交通节点设置交通枢纽型站点，随着城市轨道交通的网络化发展，城市中心区将出现越来越多的线路交叉换乘站，需要更新的站点数量也将进一步增加。

更新类型：现有的交通枢纽型站点周边更新多采用功能整合和拆除的方式。当站点周边功能与片区定位基本相符时，一般采用功能整合的方式来进行更新改造，即在现有建筑结构和功能的基础上，结合环境整治使整体空间品质得到提升，同时强化区域产业功能。如郑州火车站地区，在现有商业、餐饮业的基础上，引入河南特产的经营如汴绣、唐三彩、南阳玉雕、灵宝肉夹馍等，并逐渐提高经营档次；对站点周边的天泉酒店、红珊瑚酒店、中原宾馆等老旧建筑进行装修升级改造，用如家、锦江等规范化的连锁酒店取代原有的低端廉价小旅馆。当站点周边用地与片区定位严重不符时，常采用拆除重建的方式，如拆除利用价值较低的工业仓库及废弃建筑。

更新壁垒：虽然交通枢纽型站点更新开发具有明晰的前景预测，必将带动周边区域的各项发展，但城市中心区现有建成环境十分复杂，涉及的利益受众群体具有很强的复杂性和矛盾性。如通常的利益群体包括政府、土地所有者、轨道交通部门及市民。政府更希望站点地区的更新取得经济效益的同时注重城市公共空间的品质，更强调更新项目的公益性与社会公平性；土地所有者更关注其土地经济利益的最大化；轨道交通部门一方面要与土地所有者协商合作，另一方面要考虑站点的综合开发，推进周边土地的持续性开发。更新开发并不是万全之策，更新侧重点的不同必会损害某类群体的利益，群体的不满及反抗在一定程度上或将成为区域更新的制约因素。因此，如何平衡各方利益是交通枢纽型站点地区更新改造中必须面对的棘手问题。

4.4.4 更新目标

总体目标：借助轨道交通的建设，锚固枢纽与城市环境的联系，达到紧凑的土地开发，多元化的功能聚集，无缝化零换乘的交通体系。打破多利益群体需求壁垒，寻求多元合作的空间开发，使站点周边成为市民乐于前往并停留的城市生活区域。

功能：根据站点的功能定位，通过置换、分解、植入等方式实现站点区域的功能更新，将零售、餐饮、商业与换乘、集散、等候等交通功能在同一空间进行整合，满足现代人群对城市公共服务和多样环境的诉求，提高站点的空间利用率及乘客认同感，并合理利用枢纽建筑的附属空间提高经济效益。

土地利用：采用圈层分级开发的模式，充分利用交通枢纽型站点的可达性优势，在站点周边尽可能布置一些高强度的商务办公、商业居住等用地，以服务更大范围的城市人群。在距离站点稍远地区，也可以综合布置住宅用地，适宜中高强度开发，以更好地利用站点的可达性优势，同时反哺站点的客流需求。

交通组织：在站点的核心圈层内实施交通的一体化开发，使乘客不用出站就可便捷的换乘各类交通工具，实现零换乘，提高交通效率。在外围圈层，完善片区路网，通过设置地下通道、打通环路、加密路网等方式合理引导人车分流，减少片区交通压力。

城市环境：重视交通枢纽型站点的社会职能，梳理城市步行系统与站点公共空间的关系，利用中介空间的联系，使站点与城市空间相互渗透延续，趋向一种面向城市的开放系统，塑造出尺度适宜、气氛融洽的站点场所空间。

4.5 本章小结

本章是对研究主体的重点分析章节，在对大量轨道交通站点进行调研的基础上，根据场所导向的原理对站域类型进行分类，并依次分析了中心商务型、居住生活型、历史文化型、交通枢纽型这四种类型的轨道交通站域特征，对其目前存在的问题、更新现状、更新目标进行了梳理分析，以便下面章节在提出普适性的更新策略中，针对不同的站域类型有所侧重。

第5章 轨道交通站点带来的更新触媒因子解析

轨道交通站点作为城市空间中的新成员,其兼具交通与城市功能,为站域的城市更新带来了多种影响因素。要进一步探讨轨道交通对站域更新的触媒作用,首先要理清站点带来的触媒因子,对轨道交通站点带来的触媒因子进行分类,明确不同的影响方向,再结合站点的等级规模,对站点进行触媒分级,确定不同等级站点具备的触媒因子数量及种类,预测其触媒强度和影响范围。

5.1 轨道交通站点带来的更新触媒因子分类

轨道交通的建设带来大量新元素,按照对城市更新内涵产生影响的主要方面可分为物质性触媒因子、经济性触媒因子、社会文化性触媒因子三类。就轨道交通建设本身来说,其属于物质形态的触媒元素,但其建成之后给城市中心区的经济、政治、社会等方面带来改变,又属于经济性及社会文化性触媒的范畴。因此从表面上看,轨道交通的建设是外在、短期、影响力有限的,但其给城市中心区带来的正面更新动力和影响,将是内在、长期、深远的。

5.1.1 物质性触媒因子

物质性触媒即城市空间中的实体因子，如城市结构、交通设施、建筑物、公共空间等，是城市存在的外在化基础，轨道交通的建设为站域的物质形态带来多样化的新元素，在城市更新中合理利用这些元素可显著扩大站点甚至周边区域的影响力。按照各因子的触媒作用范围，可将轨道交通带来的物质触媒因子分为宏观层面的城市空间结构嬗变，中观层面的土地利用调整，区域交通重整[146]，及微观层面的轨道交通综合体建设和一体化的公共空间。下面将对其特征进行分类详述（表5-1）。

表5-1 物质性触媒因子分类

三大尺度	宏观	中观	微观
物质性触媒因子	城市空间结构嬗变	土地利用调整、区域交通重整	轨道交通综合体兴建、一体化的公共空间

5.1.1.1 宏观层面

城市空间结构嬗变

城市空间结构意为城市各要素在空间范围内的分布状况及其之间的联结状态，它是一个城市的经济结构及社会结构在空间要素上的直接投射。轨道交通与城市空间结构变化关系密切，其对城市空间结构的影响体现为外部扩展与内部重组。外部扩展变现为城市规模的扩大及宏观形态的变异；内部重组多指通过轨道交通与城市基本功能单元的联系优化，促使城市元素重新排列组合，以扩大城市空间容量，提升城市整体机能。就城市中心区而言，轨道交通站点建设对其内部结构的变化重组作用更为显著，可分为集中与分散两种作用类型。

一方面，轨道交通运载能力大，运行速度快，居民出行成本低，大量城市人口就业与生活在站点附近聚集，各种公共服务设施及相关办公场所随之兴建，形成高强度、高混合度的"TOD组团"，有效抑制城市的无序蔓延。如20世纪90年代，美国波特兰进行的"LUTRAQ"增长概念规划：在规划的公共交通轴（轨道交通，BRT）沿线布局高强度的商业、住宅、办公开发，使城市65%以上的新增人口与78%以上的新增就业岗位聚集于此，并根据站点的等级进行分级开发，形成大型混合中心、城市型TOD、社区型TOD三种模式，在控制城市精明增长、引导土地开发与轨道交通配合方面都取得了较大成功，被誉为美国其他城市控制引导城市空间增长的"模板与典范"（图5-1）。[147]

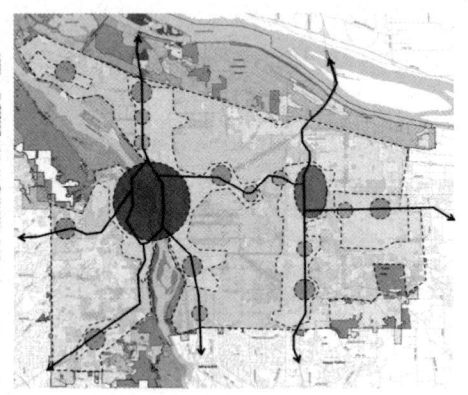

图5-1 美国波特兰以轨道交通为引导的空间结构重组

（图片来源：参考文献[140]）

另一方面，在一些单中心型的大城市或特大城市以轨道交通为引导，分散了城区的主要功能，综合平衡了城市的开发强度，变"空间距离"为"时间距离"，带动城市由单中心向多中心的布局模式发展。如日本东京，东京都心三区是城市化最为集中的区域，面积仅占东京都的2%，就业人数却占到东京都的31.07%，面临着地价昂贵、人口拥挤、交通拥堵等诸多城市问题。从20世纪90年代起，政府致力于通过轨道交通来引导城市中心区人口及功能的有机疏散，在中心型与多条非中心型轨道交通线路交叉换乘站点建设大量商业、办公建筑，并以此为中心向外圈层式布置休闲、文化、教育、居住等功能，形成新的城市功能中心（图5-2）。[148]经过几十年的建设发展，如今东京城区已形成了以轨道交通为骨架的"一核七心"多中心城市结构[149]，即以东京站附近的银座、千代田地区为核心，承担城市政治中心、金融中心、文化

第5章 轨道交通站点带来的更新触媒因子解析

中心的职能;以山手线、半藏门线及其他外围线路上的新宿、涩谷、上野、池袋、大崎、临海、锦糸町等7地区为城市副中心(图5-3),承担次一级的商业、商务、信息、服务等职能,重点服务站区所在的城市片区。

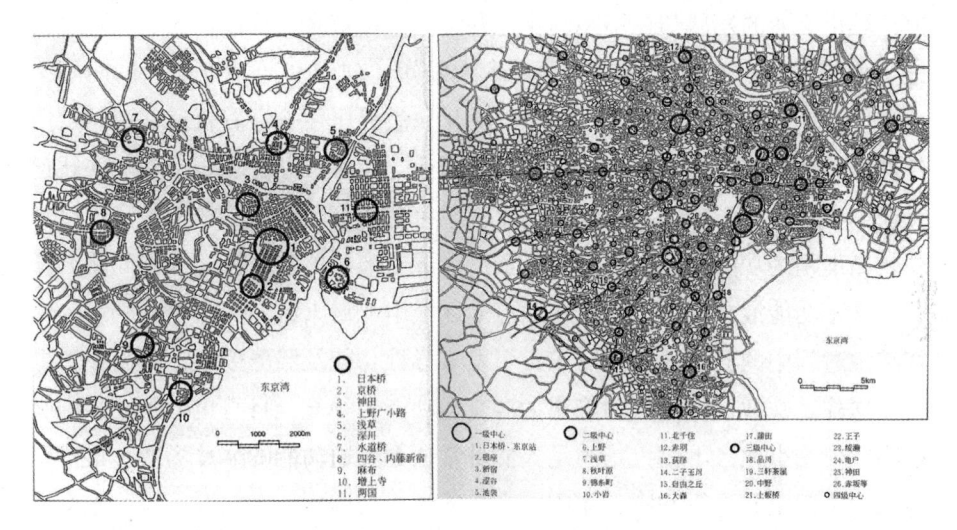

图5-2 东京的城市商业中心发展(明治维新前1865年—全盛时期2000年)

(图片来源:参考文献[142])

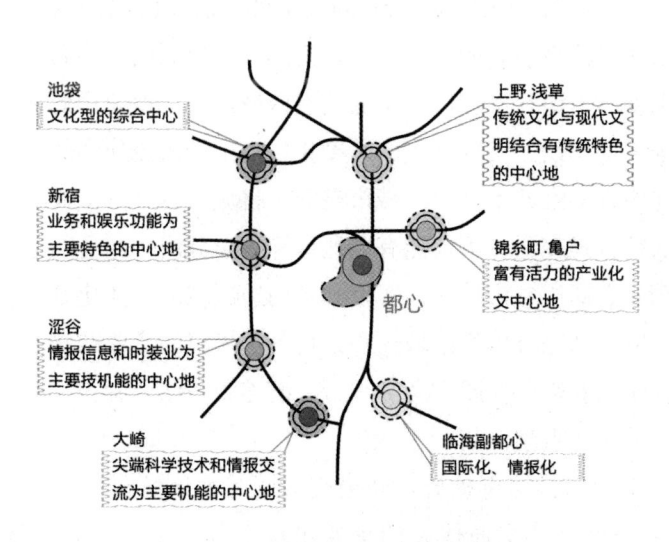

图5-3 东京副都心的扩张及发展目标

(图片来源:作者改绘)

5.1.1.2 中观层面

（1）土地利用调整

①用地性质置换。在城市中，区位的不同导致土地产生不同的使用价值，城市交通的发展却在不断弱化这种空间区位带来的价值差异，特别是轨道交通的发展，使土地的时间距离大大缩短，轨道交通站点强大的向心引力，使得商业、商务、办公、工业、文化、教育居住等沿着轨道交通站点向外圈层式分布，能够负担起较高地租的商业、商务、办公、城市功能向轨道交通站点周边地区聚集，工业、文化、教育居住等对区位要求不高且难以承受较高地租的功能沿外圈层分布，最终形成土地整体收益较高的空间格局。

②多功能混合。轨道交通在站点地区吸引大量人流，客观上需满足人流在疏散过程中的各种功能的需求，引发多样性功能及服务聚集，且商业、办公、居住、文教、休闲等功能作为对交通功能的补充，自身也具备较强的吸引力，使站点地区不仅仅是满足人们日常通勤交通功能的冰冷场所，也可以是人们专门至此进行购物、休闲、文娱的城市会客厅，在有效减少区域交通量的同时分摊公共服务设施成本，从而增强区域活力。由此可见，多功能混合是站域地区功能布局的重要特征。相关研究表明，站点周边0～500m范围内对商业、办公的吸引力较强，500m范围外对居住用地的吸引力最大，故通常各城市功能按吸引力的大小以站点为圆心，呈圈层状分布。

③高强度的土地开发。轨道交通站点区域由于土地使用效率的升值，必然引发高强度的建设，实现城市的紧凑化，且由于人流换乘的需求，地下空间与空中连廊等多维元素被引入城市空间，将城市的水平交通丰富为水平与垂直交错的综合式交通，不仅能有序地引导人车分流，避免交通混乱，还能良好地协调站点周边城市功能，实现站点周边区域的一体化开发。如香港九龙交通城，以车站综合体为区域核心，将各个楼层的商业购物、公共活动空间、楼台花园以及娱乐休憩空间和步行系统连为一体，容积率高达12。

（2）区域交通重整

①公共交通出行比例提升。轨道交通因其大运量和准点、快速、安全的特性成为城市公共交通体系的重要组成部分，是城市客流运送的大动脉，其建成运营后，可显著优化城市公共交通出行条件，提升公共交通在

第5章 轨道交通站点带来的更新触媒因子解析

城市综合交通体系中所占比重，形成以轨道交通为骨干、常规公交为主体、出租车等多种交通方式互相补充的立体城市公共交通体系，大大提高了市民的出行效率及出行质量，进而吸引了更多市民选择公交出行。而在城市建设中，如有意识地将轨道交通站点与城市更新相结合，可形成以轨道交通为导向的城市发展模式，促进地区繁荣复兴的同时又可良好地反哺轨道交通。

如香港地区，截止到2018年5月，全港人口744.89万[①]，陆地总面积1111 km^2（包括高水位线下约4km^{2}的红树林和沼泽），其中城市建设用地面积271 km^2，仅占总面积的24.4%[②]，建设用地人口密度达2.748万人/km^2，居世界第三，城市交通却十分顺畅，这主要得益于以轨道交通为骨干的高效公共交通系统。香港每日出行人次1260万，其中约1100万人次选择乘坐公共交通，公交出行率达到90%，且比例仍在继续增加（图5-4，图5-5）。轨道交通系统共运营10条线路，网络覆盖香港岛、九龙及新界，人均乘客量为477.9万人次，占公共交通客运总量的43.2%，且沿轨道交通站点进行集约式土地开发，城市中心区枢纽站点周边土地容积率甚至达到10以上，据全港人口及就业情况调查，目前轨道交通步行范围内聚集了全港约70%的人口和80%的就业岗位，方便居民出行的同时，也保证了轨道交通客流的稳定性。

②机动车系统调

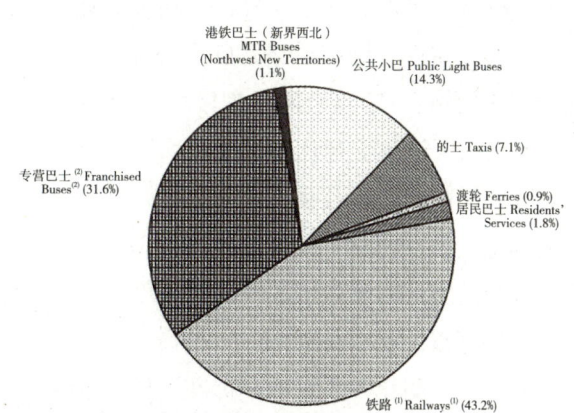

注：（1）铁路包括港铁线路、机场快线、轻铁及香港电车。
（2）专营巴士包括九巴、城巴、新巴、龙运及新大屿山巴士。

图5-4 香港按公共交通分类的平均每日客流量
（图片来源：香港特别行政区政府交通署2018.6）

---

① 来源：香港特别行政区政府统计处
② 来源：香港特别行政区政府规划署

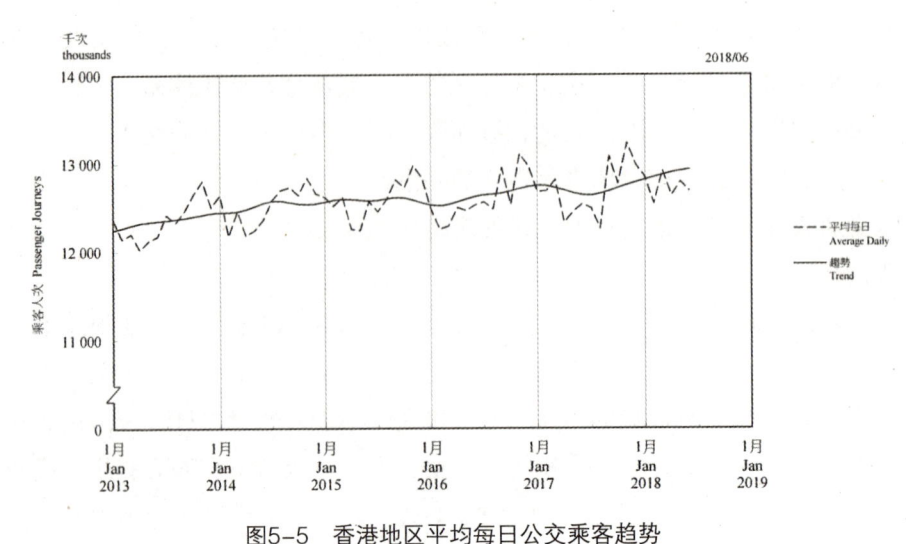

图5-5　香港地区平均每日公交乘客趋势

（图片来源：香港特别行政区政府交通署2018.6）

整。由于城市中心区轨道交通站点地区往往面临建筑密度大、人车流密集、交通事故易发等现实问题，故在更新中更强调公交优先、步行优先的策略导向。一方面在现有城市道路基础上叠加城市支路，形成间距约400~500m的城市交通网络，"窄路密网"为区域人流的出行提供了多种可选路径，可有效分流城市干道的交通压力，避免交通过分集中于个别道路引起的拥堵，并扩大区域整体交通承载量；另一方面，支路断面设计较窄，与车行相比，更重视其他公共交通出行方式的出行，如设置公交车专用道、绿色步行廊道等，这些措施可明显缓解车辆行驶速度，缓解人车矛盾，提高步行环境的安全性与舒适度，营造出便捷宜人的城市慢行系统（图5-6）；在机动车的终端服务方面，弱化停车场配建标准，停车场导向设置在站点的边缘影响区或辐射影响区，减少车流对核心影响区的影响，为步行道、自行车道、绿廊等预留更大的空间，使机动车的服务首位度下降，从而鼓励人们更多采用公交出行。

③步行系统优化。轨道交通站点地区普遍高密度开发、多功能混合、步行优先等发展特性对其周边的空间品质也提出了相应的新要求：一方面，轨道交通站点的核心疏散功能，如换乘、到达等需要顺畅便捷的步行系统来支撑，提高站点的可达性；另一方面，站点的一些附属衍生功能，如商业、

餐饮等也都依赖于步行系统的优化为其带来充足人流及宜人环境，促进区域的繁荣。因此在步行系统的规划上，往往更加广泛而立体，不仅考虑站点内部的人流容量，还将通行容量的协同设计扩大到整个街区甚至更广阔的区域范围，通过地上步行平台、地面步道、地下通道、地下商业街等为乘客提供多方位的动线选择，以此增加轨道交通系统与城市系统的联系，将换乘集散功能分散解决，缓解站点的交通压力，同时串联起各个城市功能，促进了站点地区的复兴。

如香港地区围绕轨道交通站点设置了发达的人行系统，拥有1000多座行车天桥和桥梁、6000多条行人天桥和400条行人隧道。在1998年香港机场快线建设推动下，中环地区逐渐建成绵延数公里的立体化步行交通网络，连通站点周边重要办公建筑、商业中心、交通枢纽、城市公共空间等，行人可舒适快捷的通达站点周边的各重要场所（图5-7，图5-8）。人车分流还解决了混合交通的争道问题，改善了香港市民及游客的出行环境（图5-9）。[150]

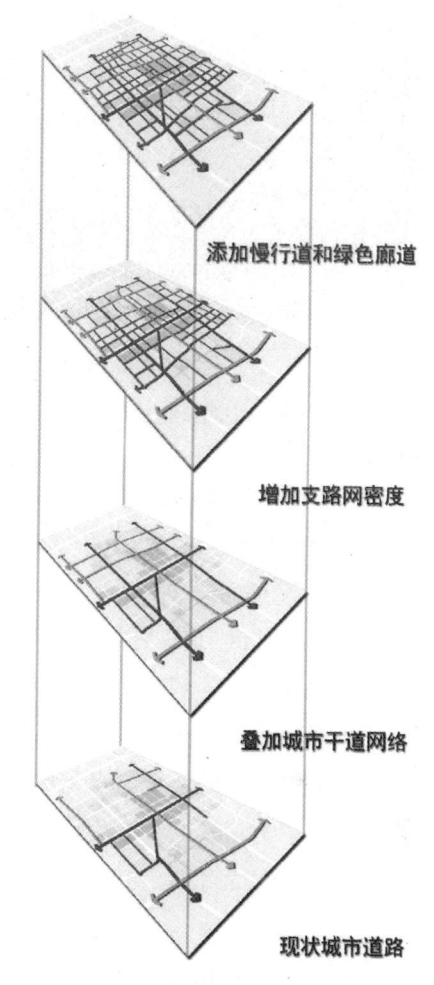

图5-6 轨道交通站点周边道路调整
（图片来源：参考文献[73]）

5.1.1.3 微观层面

（1）轨道交通综合体的兴起

交通功能是轨道交通站点最基本的功能，但随着城市经济的发展、城市生活节奏加快，城市居民对轨道交通站点复合化的一站式服务需求愈加强烈。许多大城市开始在轨道交通站点周边兴建综合体，通过地下通道、中

图5-7 湾仔至中环空中走廊
（图片来源：自摄）

图5-8 中环立体步行体系
（图片来源：作者改绘）

庭、空中连廊等连接方式丰富站点与城市之间的联系，实现轨道交通、汽车、公共交通等多种交通方式的高效换乘，同时也为乘客提供良好的环境及购物、餐饮等多样化顺路消费选择，使轨道交通与城市发展深度融合。在某些重要的枢纽站点地区，甚至联合了多个建筑群，成为更凸显城市功能的大型综合体集群，带动整个区域的开发建设。

如日本东京站交通枢纽，其结构非常复杂，整个站区线路由北向南依次排列，占地约26万平方米，包含了地区铁路的20条线路、新干线的10条线路以及城市地铁的2条线路，由地下通道将人流从站台疏散至西侧的丸之内、东侧的八重洲和东北侧的日本桥三个出入口，周边环绕了车站站房、高层建筑、多层建筑及地下商业街等多种类型的建筑群体。其中车站站房有西侧的丸之内站房、东侧的八重洲站房，在八重洲站房的南侧是地上41层、地下4层的"Gran Tokyo南塔"，北侧矗立着地上43层、地下4层的"Gran Tokyo北塔"，在"Gran Tokyo北塔"北侧是地上35层、地下4层的萨皮亚塔楼"Sapia Tower"，是一幢集商业、办公、文教、宾馆于一体的多用途摩天楼（图5-10）。

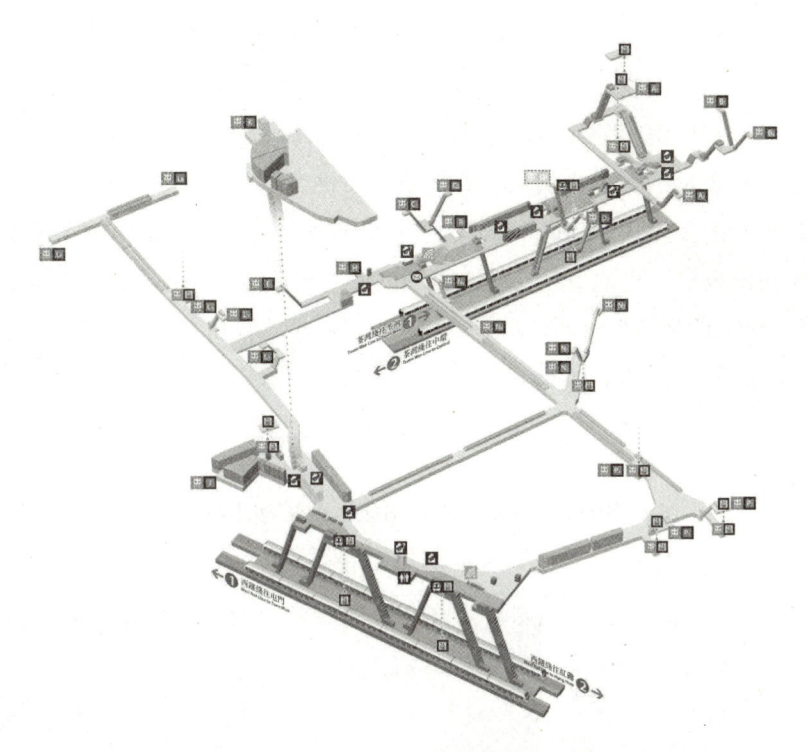

第5章 轨道交通站点带来的更新触媒因子解析

图5-9 香港尖沙咀尖东站出口示意图

(图片来源:香港MTR主页)

图5-10 东京站轨道交通综合体构成

(图片来源:作者自绘)

2007年JR东日本公司联合其他公司在此区域进行了一项庞大的城市再开发项目，即"东京车站城"，提出通过一系列改扩建工程，将城市变为车站，车站亦是城市，使东京站成为东京具有引领作用的城市场所（表5-2）。包括修复历史性的丸之内站房，在原有八重洲站房基础上建设以"光之帆"为设计理念的大屋顶"Gran Roof"，连接萨皮亚塔楼、"Gran Tokyo"南北塔及日本桥出入口。将地下一层的八重洲商业街与原有车站地下通道相连，并在平行于新干线与八重洲之间建设地下二层的"第一大街"，引入"拉面街""电子街"等流行元素，吸引年轻客户，以打破东京站略显保守与古板的商务定位[151]。

表5-2 东京站"车站城"改扩建工程

丸之内站房修复	"光之帆"大屋顶	地下"第一大街"

（表格来源：作者自制）

通过东京站点地区的更新开发，我们可以看出轨道交通综合体的功能已由建筑本身蔓延至周边的城市空间中，使城市空间变得多意丰富，车站入口即是商业入口，网络复杂的地下商业空间亦是一种候车空间。站点功能与城市功能深度整合，使得站点综合体像一座城中之城般高速运转，吸引力倍增。

（2）一体化的公共空间

作为多种交通方式换乘的中心，城市快速轨道交通站点需设置较大型的公共空间，以满足交通和集散功能。通常这类公共空间会从地下延续到地上，通过地下通道、中庭、下沉广场等来进行连接和过渡，形成有机的一体化设计（图5-11）。[152]

①地下

换乘节点——为避免大量人流聚集，保证人流快速便捷地疏散到目标

第5章 轨道交通站点带来的更新触媒因子解析

场所，地下换乘节点通常具有空间尺度大、与各类交通衔接良好、利用效率高等特点。在单一功能的站点中，地下车站空间需要疏散的客流相对单一，只需要做好地下与地上的交通衔接以及与其他交通方式的连接。而当有两条或两条以上的轨道交通线路交汇时，客流目的复杂且流量倍增，地下换乘节点的压力陡增，不仅要组织不同线路的换乘，还涉及各条线路与地面交通的整体衔接问题，如何设计得当，将能很好地体现轨道交通的高效性与人性化。如香港的轨道交通站点，当遇到线路交叉的情况时，换乘空间多采用同台换乘或平行换乘，尤其是同台换乘，可有效减少人流交通量，提高换乘效率，节省地下站内空间，对一些出行不方便的老人病残孕乘客来说，更是一种人性化的体现。

地下商业街——为了尽快回笼投资资金，节约

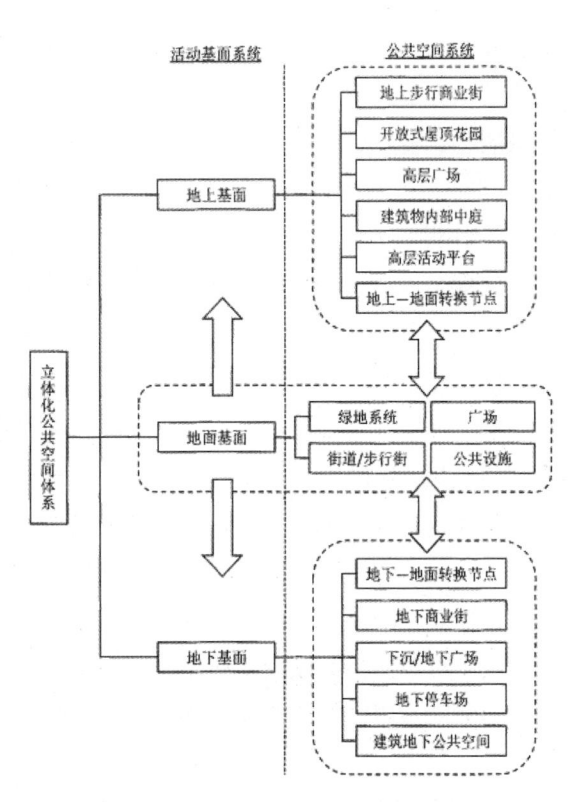

图5-11 立体化的公共空间体系
（图片来源：作者自绘）

图5-12 上海五角场地下商业街
（图片来源：自摄）

轨道交通建设成本，近年来，一些中大型轨道交通站点地区地下空间常常在安全和谐的前提下，充分利用轨道交通的过境人流，结合轨道交通的疏散通道或其他地下空间，建设公共服务性商业设施，服务类型多种多样，为乘客提供购物、餐饮、文教、休闲娱乐等一条龙服务，获得了良好的社会经济效益，同时有利于提高站点地下空间的综合服务水平。[153]如上海五角场地下商业街，将重要办公楼宇、公共休闲活动区、轨道交通枢纽等设施连为一体，使乘客和广大市民不用过街、不用等红绿灯，就可以风雨无阻地在地下自由穿行。

地下停车场——我国大城市中心区停车位不足是目前一个十分突出的城市问题，这不仅给人们的出行带来不便，大大降低了地区的可达性，还会造成乱停现象，影响城市形象。轨道交通站点、地下商业及地下车库的结合开发是解决这一问题的有效措施。在轨道交通站点周边地下集中布局停车场，一方面可以节约地面土地资源，保护地面建筑群体或景观的完整性；另一方面，在空间布局上考虑其与地上、地下通道及其他交通方式的无缝对接，可避免因停车不便而造成的客源流失，为城区活力聚集人气，同时促进交通与商业的共同发展，充分发挥彼此优势（图5-13）。

图5-13 轨道交通站点与地下停车场的结合

（图片来源：2018西安城市地下空间专项规划）

第5章 轨道交通站点带来的更新触媒因子解析

下沉广场——下沉广场是地下与地上空间联系的重要纽带，通常与地下商业和轨道交通出入口直接相连，将大量人流吸引至地下，缓解了城市中心区轨道交通站点可能出现的地上人车流混行与交叉，提供了更加安全舒适的步行环境，而阳光、绿树、清风、白云等自然环境的引入，将获得丰富的城市景观，大大缓解了人进入传统封闭式地下空间的压抑情绪。如北京奥体中心站下沉广场，将商业、餐饮与轨道交通出入口有机结合，丰富了地上地下的过度层次，并用统一的建筑语汇贯穿东西界面，从南到北设置了御道宫门、古木花亭、礼乐重门、穿越瀛洲、合院谐趣、水印长天等六个主题、七个院落，充分体现了北京恢弘、气派的城市文化（图5-14）。

御道宫门	古木花亭	礼乐重门
穿越瀛洲	合院谐趣	水印长天

图5-14 北京奥体中心站下沉广场

（图片来源：自摄）

周边建筑地下空间——在早期的轨道交通站点建设中，地下车站空间大多只关注于自身的建设，与周边建筑缺乏必要的联系，往往需要人流疏散至地面，通过地上道路再进入周边建筑或地下室，路线迂回冗长，虽说利用了地下资源，却壁垒重重，对城市空间的贡献有限。在后期实践中，一些站点逐渐将地下车站空间与周边建筑的地下连通作为城市一体化开发的重要环节，通过地下通道、垂直交通核、中庭或立体集散广场等中介空间，将交通功能与城市生活的其他功能有机串联，既无形中增加了站点的疏散空间，缓解了地面交通压力，客流的穿行也增加了与周边商业类建筑的接触面，带来竞争力的提升。如墨尔本中心站周边设置横跨两个街区的大型商场，近年来已发展成为市内最大的商业中心，其繁荣与轨道交通所提供的人流密不可分。

②地面

出入口——出入口是轨道交通站点由地下向地面疏散人流的重要节点空间，是轨道交通与城市空间沟通的纽带与桥梁。出入口空间通常体量不大，散布于城市的道路或交叉口四周，但其对城市环境的影响作用却不容忽视。每天各种人流、物流、信息流在此处大量聚集，以保证轨道交通的高效运转；同时，出入口空间与周边城市空间联系便利，通过人行道、车行道、通往出租车站点、公交接驳点通道等多向流线引导，满足不同乘客的目的到达需求。便利的"聚与散"无形中增强了出入口空间所在地块的吸引力（图5-15）。

图5-15 杭州地铁湘湖站出入口
（图片来源：自摄）

站前广场——在一些重要的大型枢纽站，人流动线非常复杂，常设置站前广场来保证人流集散的顺畅，是轨道交通与其他城市交通顺利对接的重要设施，对地区的通达性起着重要作用。同时，由于集散广场的规模较大，在目前城市重要节点"和谐发展""协调复合"的需求背景下，其还承担着防灾减灾、交流娱乐，以及为人流提供舒适、符合大众审美景观等多种城市功能。通过合理的规划，可使大众在疏散通过之余，还可以进行多种城市活动，成为人气旺盛的交往空间，对区域独特空间魅力的塑造具有不容忽视的巨大引导潜能（图5-16）。

街道——轨道交通站域周边多呈现放射状街道，以形成与站点的直接联系，强化直达性。同时，轨道交通便捷的可达性提升了周围地块的地价，

第5章　轨道交通站点带来的更新触媒因子解析

越靠近站点土地价值越高，必然引发高密度的建设，容积率越高，其街廓尺度越小，多条道路穿插减少了过于集中的交通冲突点，小街块可减少绕行，缩短步行到达站点的时间，形成人性化的步行空间，同时可形成大量的临街面，使区域商业利益最大化（图5-17）。

图5-16　嘉义火车站站前广场改造
（图片来源：沈庭增建筑师事务所）

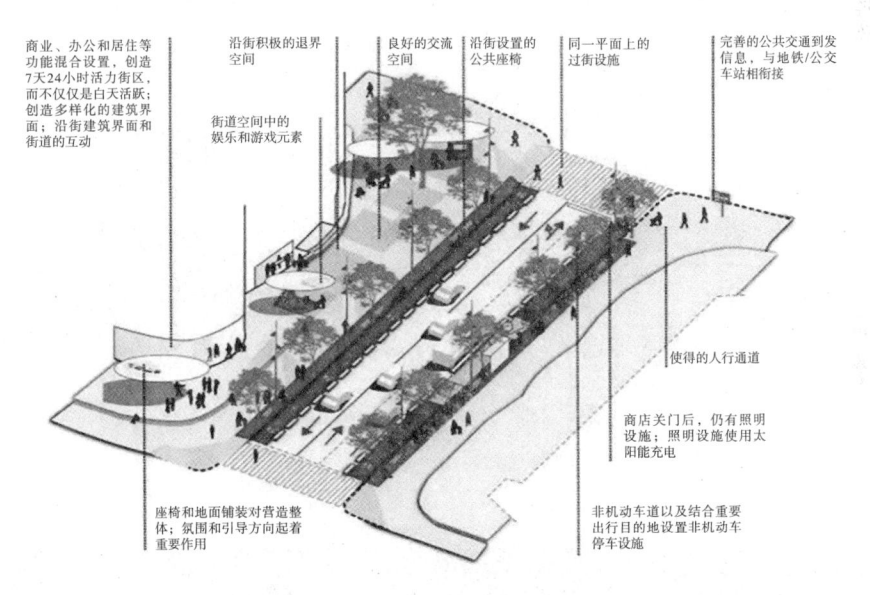

图5-17　街道设计要素
（图片来源：上海市城市规划设计研究院）

集中绿地——集中绿地等自然区域的设置体现出对人们健康与乐趣的重视，同样在经济与社会效益上也带来了可观效益，靠近绿地或公园的土地价值自然提升，一些设计精巧的景观小品更是令人留下深刻印象，吸引民众在此处徘徊留连。大面积的公共花园和规模袖珍的绿地都是近年来轨道交通站点地区建设常用的选择，将大自然引入城市的设计理念仍将继续。

③地上

空中连廊——在站点周边建筑群之间设置空中连廊，意味着在地上空间构建出一个新的联系层面，将极大便利行人在此种密集开发空间的自由活动。由于其功能较为纯粹单一，故设计开发难度小、建设成本低，是一种理想的交通组织手法。同时，由于被架高于空中，行人通过时亦具有良好的景观效果。大多数的空中连廊被加在原有的城市结构中作为建筑物的一部分，其尺度和造型如经过精心设计，将产生令人愉悦的视觉效果（图5-18）。

屋顶花园——设置不同高度与尺度的空中花园，将自然环境引入空中，并与垂直交通紧密相连，使人们可以很方便地到达，既丰富了站域建筑的空间元素，又可为人们在换乘、购物、办公之余提供一处静谧的休憩空间（图5-19）。

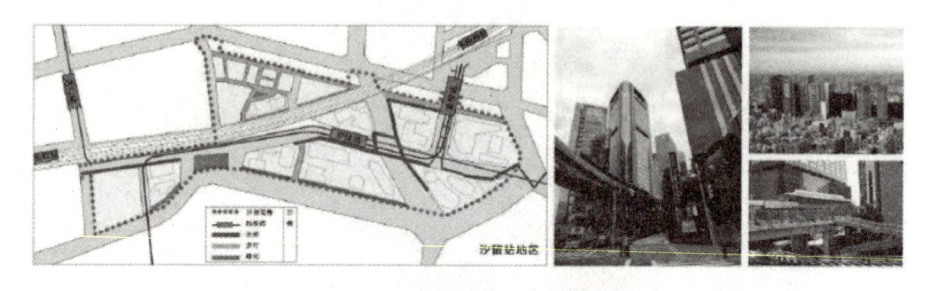

图5-18　日本汐留步行天桥设置

（图片来源：参考文献[28]）

图5-19　大阪Grant Front屋顶花园

（图片来源：http://www.360doc.com/content/15/1219/11/28743029_521477000.shtml）

中庭——轨道交通站点建筑中的中庭空间有别于普通的商业建筑中庭，它除了承担不同层面的交通连接外，还是一种理想的功能整合模式，将地下站点空间的交通功能与地上综合开发的办公、餐饮、商业、文化等功能深度融合，并将阳光、绿化、空气等自然元素引入室内空间，缓解多种功能聚集带来的拥挤压迫感，创造出良好的空间环境，形成一种集多种功能于一体的多义空间。如德国柏林波茨坦广场的索尼中心，用可自动调节光线的玻璃顶覆盖形成了一个巨大的中庭，中庭与建筑底层密切相连，有多个出入口，同时，建筑底层多处架空，中庭空间与建筑室内空间逐步过渡。中庭与城市空间融为一体，不管是从城市街道，还是从地铁站，都可以直接进入中庭之中，成为"有顶的城市广场"（图5-20）。[154]

图5-20 索尼中心中庭空间

（图片来源：参考文献[147]）

5.1.2 经济性触媒因子

5.1.2.1 宏观层面

（1）城市土地资源的集约利用

城市轨道交通的建设所带来客流量与它所产生的潜在经济需求，为城市轨道交通沿线经济资源的形成提供了潜力和机遇，在城市轨道交通沿线的土地规划中，往往会从功能业态、空间布局、景观环境等方面统筹考虑，通过对土地资源的整合和互补，形成综合效益共同体[155]，通过功能业态的叠合、使用空间的优化以及景观环境的引导等手段，实现对城市轨道交通沿线区域的土地资源的高效、集约的利用，为城市经济的可持续发展提供了客观条件。例如，上海莘庄综合交通枢纽以轨道交通站及其核心商业为中心，在地块范围内将交通、办公、商业、文教、居住、公共空间等功能混合布置，通过对功能业态进行合理的空间布局，实现城市土地资源的集约利用，以及城市功能的完善，从而为远期经济效益的提升奠定坚实的基础（图5-21）。

图5-21　上海莘庄综合交通枢纽
（吕元祥建筑师事务所，2007）

（2）投资的引入与优势产业的高度聚集

轨道交通作为一项重要的交通基础设施，在我国多由政府投融资进行开发建设，政府财政状况及信誉良好，可快速简便地筹措建设资金，可靠性大，风险小。其作为一种先导诱发性投资，可以诱导民间资本进入，如能源、通信、医疗、教育领域等，增加全社会的产出，实现"乘数效应"。据国外相关资料显示，在轨道交通建设上投入1美元，将带动10美元的GDP产出，在国内的调研中显示，北京、上海、广州的轨道交通投入产出比为1：8～1：2（即投入1元拉动8～12元的GDP增长）。由此可见，政府对轨道交通站点的建设投资具有明显的风向指示性。

同时，轨道交通吸引城市人流、物流、信息流、资金流的集中，并提供优质的有形载体，两者作用下勾勒出良好的商业前景与投资回报预期，吸引零售、餐饮、娱乐等商贸资源纷纷向站点区域聚集，以获取更好的发展与收益。新宿站始于明治18年（1885年），当初只是连接赤羽与品川，即山手线的原型，明治22年（1889年），中央线的前身甲武线（新宿—立川间）开通，之后，逐渐开通了半藏门线、京王线、银座线、丸之内、JR中央线等9条轨道交通线路，成为东京中心连接各地的"心脏"。轨道交通的大规模介入，使新宿魅力大增，各服务行业积极涌入，尤其是金融业，160多家银行聚集在新宿站周边7000m范围内，成为日本"银行战争"的缩影。

5.1.2.2 中观层面

（1）城市区域资源的共享

城市的产业资源及公共资源的空间分布往往受城市核心区域与外围区域分布圈层的影响，城市轨道交通将城市的核心区与外围组团连接起来，增加了全局可达性，一定程度上强化了城市中心与周边区域的联动效应，也使得不同功能定位的城市区域资源的共享成为可能[156]，对城市经济结构的优化起到促进作用，一定程度上为城市各区域和片区的自发的城市更新过程提供了重要的支撑条件。

（2）产业升级与协调发展

城市中心区历来是第三产业集中的区域，尤其是零售、餐饮、文娱等具有较强吸引力与辐射力的商业服务功能。轨道交通带来的持续大量的人流，不仅可为站点地区的各商业设施提供充足的消费能力，同时也促使商业体系发生改变，有机会获得更高层次的发展。由于可达性的限制，传统的商圈形式多为一个相对封闭的圆形区域，商业设施与活动在其中心高度聚集，轨道交通的时效性可打破原有消费人群的空间距离界限，无形中扩大了商业中心的服务范围与消费总量，客流群体消费需求的多元化也增加了商业的服务层次，商业活动规律亦随着轨道交通的运行作息而调整，使原本仅满足区域居民生活的小型商业逐渐发展成为面向更广泛人群的商业街区。

5.1.2.3 微观层面

（1）空间使用效率的提升

城市轨道交通的建设使站点区域的空间使用效率得到提升，主要体现在：首先，通过建设大运量的快速公共交通，减少了城市土地中城市道路用地的占用，节约了城市的用地，使每出行人次占用的道路面积能够大大降低，据统计，轨道交通的人均占用道路面积约为0.2㎡，而公共汽车、自行车和私家汽车的人均占用道路面积分别为9.2㎡、10㎡和23㎡；其次，城市轨道交通的建设往往在车站区域进行空间的立体化开发，例如结合站点的地下空间布置商业空间、汽车库等公共设施，在车站上盖进行物业开发，将居住、商贸、办公等功能和业态统筹开发，使站点区域的城市空间从平面结构向地上、地下相结合的立体结构转变，结合潜在的交通客流量进行合理的空间布局，可以显著提升空间的利用率，促进经济资源的优化配置。

（2）沿线土地价值的提升

随着轨道交通的发展建设，依托于传统公共交通方式的空间距离首位度下降，时间距离成为衡量地块区位优劣的首要因素。轨道交通的介入缩短了到达相同空间距离所需的时间距离，使站点周边地区的可达性显著增强，经济运行的需求主体更容易集中于站点区域，同时，结合轨道交通建设进行的城市空间一体化开发，引入大量的混合功能和业态，二者的互馈效应将继续刺激开发商和商业企业对轨道交通沿线土地的需求量，直接带动了站点周边土地价值的快速提升。

以与土地价值密切相连的房地产业为例，紧邻郑州轨道交通1号线的锦艺国际华都2012年7月开盘价为7800元/㎡，2013年12月1号线开通后，价格上涨至9800元/㎡，涨幅高达25.6%，明显高于中原区整体房价涨幅。而与城市轨道交通的结合开发建设，也成为房地产销售的重要买点之一。

5.1.3 社会性触媒因子

5.1.3.1 城市环境可持续性的提升

轨道交通是一种环保型的交通方式，轨道交通车辆运行一般靠电力牵引，是一种绿色环保交通工具，不会产生废气污染环境；同时，轨道交通一般是在地下或者高架运行，与地面城市行人不冲突，可有效缓解城市交通拥堵，减少因汽车缓行和怠速期间所产生的尾气及车辆行驶噪声对环境造成的不良影响；另外，作为大运量的公共交通方式，轨道交通的运能是道路交通运能的近10倍，轨道交通承接了大量的客流量，成为居民主要的出行方式，机动车的出行量所占比重随之降低，轨道交通每百公里的人均能耗仅为机动车的5%，机动车交通的发展所衍生的一系列环境保护、资源消耗等问题可以随着轨道交通的发展而得到一定程度的缓解；最后，由于机动车出行量的降低，轨道交通站点外围区域可减少相应的机动车道路面积，可适当扩大城市公共绿化面积，提高人均绿化占有率，利用绿地调节地区微气候，提升市

第5章 轨道交通站点带来的更新触媒因子解析

民的生活环境品质。轨道交通作为一种真正意义上的绿色交通方式，有助于可持续性社会的构建和发展，正在被当今世界各国所推崇，也与我国能源结构调整与节能减排的战略相契合。

5.1.3.2 城市文脉的保护

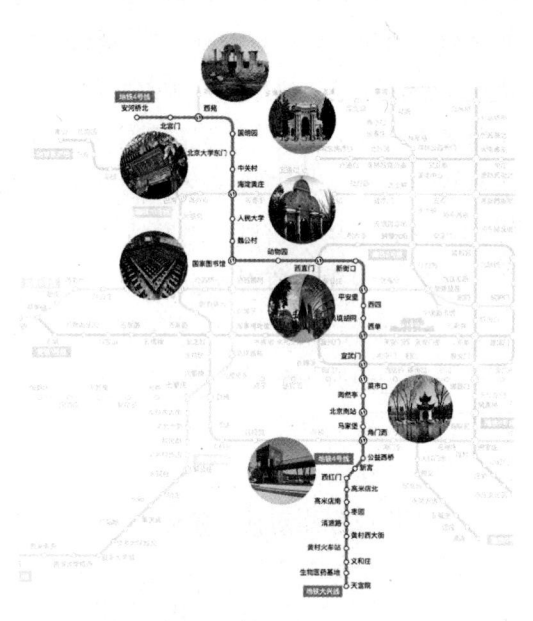

轨道交通站点周边的地下开发模式，可减少城市道路对地上土地的占用，节约城市土地资源，增加城市空间容量的同时并不破坏历史街区的城市肌理，且许多市政管道亦可通过地下空间有序布置，避免对市容的破坏，有利于形成和谐统一的街区氛围。[157]另外，城市轨道交通的线网规划往往与城市的主要发展轴所契合，一条轨道交通线路，往往可以将城市不同区域的地理、人文、历史等元素串联起来，形成

图5-22 北京地铁四号线与城市文脉的结合
（图片来源：作者自绘）

独具特色的文化廊道，例如北京地铁四号线的线路从北向南依次连接颐和园、圆明园、北京大学、中关村、人民大学、国家图书馆、北京动物园、北京天文馆、护国寺、繁星戏剧村等具有不同文化要素的场所（图5-22），形成了贯穿城市的文化走廊，承载了城市不同地域的主题文化，使传统、科技、时尚与人文相交融，形成特殊的文化生态。城市轨道交通不仅仅是满足客观出行需求的交通工具，更成为了当代社会人与人、人与社会的信息交流和文化情感的载体，具有一定的社会意义。

5.1.3.3 城市景观环境的特色化

轨道交通作为一种重要的城市公共交通工具，它使用群体范围广泛，乘客可来自城市、国家乃至世界的各个角落，从文化传播的角度出发，轨道交通是展现区域地方特色与文化导向的重要载体，可在乘客的搭乘过程中对其进行潜移默化的文化熏陶与宣传。[158]就外部特征来说，城市中心区的轨道交通站点往往集多种功能于一身，因此通常具有较大体量或串联起来形成建筑集群，从而表现出标识性强烈的形象特征，从某种程度上可反映出区域的整体发展风貌；在站点内部，极具特色的室内装潢、车辆内部装饰等亦会给人留下深刻印象，进而促进城市文化的传播，展现城市区域地方特色，为城市凝聚丰厚的无形资产，提高城市其他资产的价值，对城市综合实力的提升起到促进作用。[159][160]如日本难波公园，其原址是大阪棒球馆，紧邻难波火车站，该站是从关西机场出发后的第一站，考虑它重要的地理位置，难波电气铁路公司邀请捷得建筑事务所创建一个可以彰显大阪特质的门户（图5-23）。因此捷得事务所以美国亚利桑那州的羚羊峡谷为灵感，把该片区设计成一个大型城市公园，将城际列车、地铁等城市交通功能与商业、办公、酒店等完美融入其中。从远处看去，建筑呈斜坡状，8层高的体量从街道逐渐升起，流畅圆弧的建筑形体配以绿树成荫的屋顶花园，与周围建筑严肃冷酷的风格形成强烈对比（图5-24）。内部用溪水、山石、植物、岩洞等空间

图5-23 难波公园平面	图5-24 难波公园鸟瞰
（图片来源：作者改绘）	（图片来源：参考文献[154]）

体验要素，打造出一个打破了室内外界限的"人造峡谷"，避免了传统商业街枯燥乏味的体验感，吸引人流向深处探索的兴趣。在人造峡谷内，有一条"8"字形步行通道，曲折迂回的通道缓慢升起，使访客们步移景异，慢慢看到一层层如梯田版的退台、架空层及岩洞、河谷等新奇空间，带给人们神秘、奇幻的旅程体验（图5-25），在增加站域吸引力的同时也成为大阪地区的重要"城市名片"。[161]

图5-25　难波公园内部节点空间

（图片来源：参考文献[110]）

5.1.3.4　城市就业岗位的增加

轨道交通建设引起的高密度产业聚集可提供更多就业岗位，在轨道交通开通运营后，也会增加相应的就业岗位，如安检、售票、卫生、管理等，共同实现了整体区域就业机会的增加，区域就业人口的增加又反哺了商业与轨道交通的客流需求。根据塞韦罗（Cervero）2004年对加利福尼亚的27个TOD的研究发现，每英亩增加100名就业员工，会使轨道交通客运量增加2.2%。1995年时，东京都心区区内的居住人口仅为11.36万人，发达的轨道交通网络所带来的就业人口却高达253.19万人。其中，千代田区的居住人口为3.478万人，就业人口93.79万人，为居住人口的26.97倍；中央区的居住人口6.39万人，就业人口76万人，为居住人口的11.9倍；港区的居住人口为1.48万人，就业人口83.3万人，为居住人口的55.98倍（表5-3）。就业人口与轨道交通站点周边商业用地的比例呈正相关性（表5-4）。[162]

表5-3　东京都心区居住与就业人口占比分析（1995年）

地区	居住人口（万人）	就业人口（万人）	就业人口/居住人口
千代田区	3.478	93.79	26.97
中央区	6.39	76.07	11.90
港区	1.48	83.32	55.98

（表格来源：参考文献[155]）

表5-4　东京都心区轨道站点周边距离与商业、居住、就业关系（2004年）

与站点距离（km）	商业用地比例(%)	居住用地比例(%)	就业岗位密度（人/km²）
0.5	24.95	8.67	74047
1.5	23.21	9.15	71008
2.5	16.82	18.98	45353

（表格来源：参考文献[155]）

5.1.3.5　居民生活品质的提升

随着城市的不断扩张，人们生活与工作之间的距离越来越远，城市交通量不断攀升，堵车已成为城市交通的常态，私家车与常规公共交通已不能满足人们在通勤时间与准点率上的要求，轨道交通的出现成功开启了"一小时通勤圈"生活模式，居民出行所花费的时间和精力均减少，不仅使出行更为方便，也更为经济、安全。[163]另一方面，在非工作时间居民可通过轨道交通到达更远的地方会客、购物、休闲，生活服务半径扩大，居民生活质量得到显著提高。

5.2 轨道交通站点的更新触媒分级

在规划轨道交通系统的线路时,一般会按照线路的需求与发展目标,确定轨道站点的位置分布与等级规模。等级不同决定其承载的人流量的多寡,所承载的更新触媒因子种类和数量也有明显差异,形成了不同等级的触媒组团,对站域城市更新的触媒作用范围及强度也不尽相同。根据站点的规模及影响范围的不同,可将城市中心区轨道交通站点分为城市中心级触媒、片区中心级触媒和普通级触媒三大类。

5.2.1 城市中心级触媒(A级)

城市中心级触媒站点通常汇集三条及三条以上的轨道交通线路,就城市对外层面而言,或与火车站、长途汽车站等结合,共同形成大型城市综合枢纽,无论是站点建筑规模还是各项综合服务设施规模都比较庞大,客流密集且没有明显的时空分布差异,如天津站;就城市对内层面而言,或位于城市级别的商业、商务、文化或行政中心,与周边大型公建或商业建筑整合,形成人流密集的中心站,如文化中心站。由于多种交通线路的交叉衔接在同一平面很难完成,此类站点通常利用三维空间对交通线路进行整合,配合立体化步行系统,对各方人流进行集散与疏导,并结合通道、集散大厅等交通空间布局各种城市服务功能,一体化开发程度相比较高。对城市人群的吸引力相当于多条线路的叠加,因此使站点具有重大吸引力。此类站点所带来的触媒因子数量最多,强度最大,对片区的触媒影响范围可达站点周边的多个街区甚至整个城市,且随着城市轨道交通的网络化发展,此类站点后续增建线路的可能性很大,对站域地区的更新具有时间上的持续推动作用。

如天津站,位于天津市中心城区的几何中心处(图5-26),是集既有铁路、京津城际高铁、城市轨道交通、城市公共交通、地下停车等为一体的大型综合性交通枢纽,其负责输送进出天津市域的主要客流,占全市总客流的50%以上。站点以南北疏散广场为核心,东至李公楼立交、西至五经路,南至海河东路,北至新开路,规划总占地面积约94.46hm^2。站点具有五大功能分区：铁路客站，景观广场（南广场），交通广场（北广场），北公交中心，南公交中心（图5-27），各分区之间均设置相互联系的通道。其中天津轨道交通2号、3号、9号线交汇于交通广场地下，地下一层为综合交通层，布置公共区、服务区、出租车候客区和停车等功能空间；地下二层为2号、3号、9号线的站厅层，中部为公共服务区，两侧和北部为设备管理区；地下三层为2号、9号线的站台层及3号线的设备层；地下四层为3号线的站台层，2号、3号、9号线的客流通过地下通道、疏散大厅、广场等

图5-26 天津站区位示意图
（图片来源：作者自绘）

实现线路间及与其他城市交通的换乘（图5-28）。[164] 在站点建筑的设计上，主站房建筑面积2.15万平方米，用新古典主义整合各部分建筑，形成三层通高的柱廊空间，向广场开放，沿用了天津站老站房的标志性构筑物——钟塔，给人们留下深刻印象，成为市民认知城市的显著性地标（图5-29）。在景观设计上，滨河公园和林荫道强化了站点的向心地位，使站前广场与海河滨水广场融为一体，成为一个充满生机与活力的场所（图5-30）。[165]

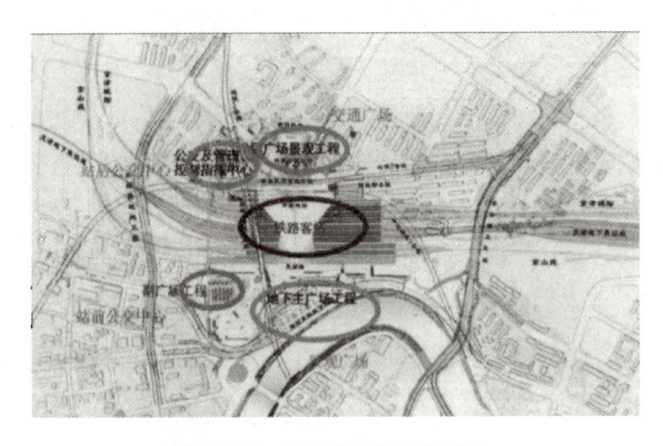

图5-27 天津站功能布局分区
（图片来源：参考文献[157]）

第5章 轨道交通站点带来的更新触媒因子解析

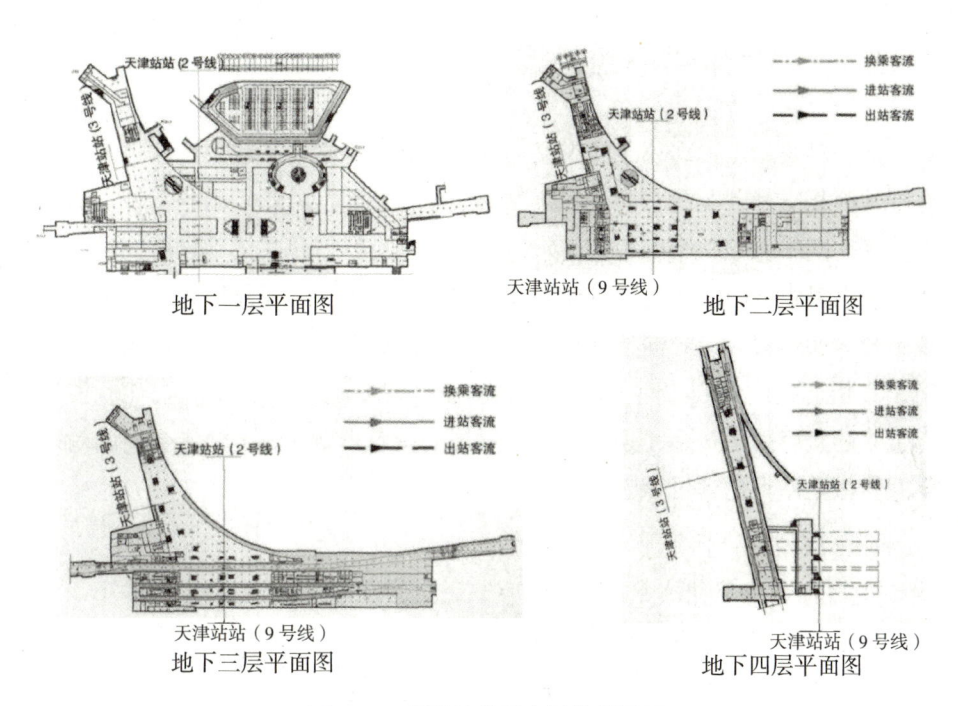

地下一层平面图

天津站站（9号线）　地下二层平面图

天津站站（9号线）　地下三层平面图

天津站站（9号线）　地下四层平面图

图5-28　天津站轨道交通换乘平面

（图片来源：参考文献[157]）

图5-29　天津站站点建筑

（图片来源：参考文献[158]）

图5-30　天津站站前广场平面图

（图片来源：参考文献[158]）

5.2.2 片区中心级触媒（B级）

此类触媒站点大多位于轨道交通的转角处或终端处，或主城区边缘或与外围地区相交处，至少有两条轨道交通线路在此交汇。站点服务于城市的各个分区，同时兼顾整个城市的需求，周边或具有城市公共活动场所、大型公建、著名景点或CBD等重要专项职能，客流量较大。站厅规模较大，除了常规的疏散通道将人流导向地面层外，有些站点还会通过地下通道或地下商业街，直接连接站点周边重要的商业设施或公建或进行整合开发。[166]此类站点带来的触媒因子较多，强度较大，对周边城市更新的影响通常会借助衔接空间扩散至站点更远区域。

如金钟河大街站位于天津市河北区，东北毗邻外环线和京津塘高速，南接育红路，西北临近新开河，为5号线、6号线和Z2线的三线换乘车站（图5-31），车站建筑面积5.8万平方米，宽度达到54.4m。6号线与Z2线为东西走向的地下二层岛式站，可实现同台换乘。5号线为南北走向的地下三层岛式站，与6号线和Z2线呈十字换乘。站点设置9个出入口，均匀分布在车站周围（图5-32），并规划建设两个6000㎡下沉广场，在5号线南端两侧对称分布，后期配建商业等综合服务设施。站

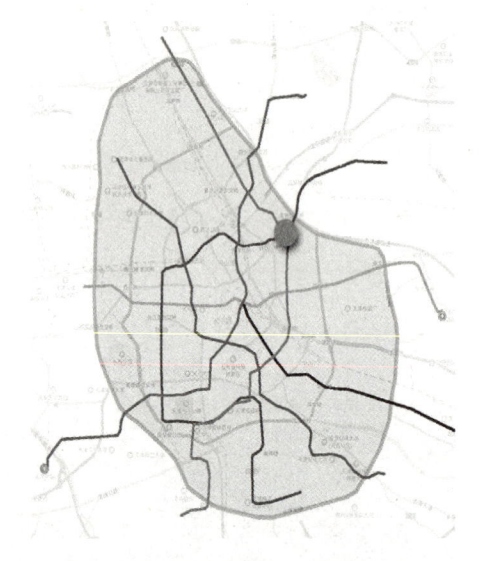

图5-31 金钟河大街站区位示意图

（图片来源：作者自绘）

点周边教育设施完善，天津著名红光中学坐落于此，商业氛围浓厚，有大型的购物超市如华润万家，各种各种配套设施也一应俱全，还承托着康桥里、福桥里、贵桥里、乐桥里、桥园里等大量居民社区的通勤。该片区升值潜力巨大，更新可依托天津市片区规划，充分利用好绝佳的地理位置优势，将该地块打造成集居住、商务办公、酒店功能于一体的综合区域中心。

图5-32　金钟河大街站触媒因子

（图片来源：自摄）

5.2.3　普通级触媒（C级）

普通级触媒站点在整个城市轨道交通站点中数量占比最高，通常只有一条轨道交通线路通过，日均客流量不大，仅服务于片区的交通，附属的城市服务功能较少且品种单一，因此站点规模通常不大，多由一个政厅层和一个站台层构成。普通站所服务的城市区域功能以居住为主，虽然日均客流总量不大，但时间分布十分不均，通勤产生的潮汐现象明显，因此在个别高强度开发片区中，普通站点的疏散及换乘空间规模明显不足。当轨道交通线路位于地下时，通过地下通道将乘客疏散至地面；当轨道交通线路为高架时，多采用天桥或自动扶梯将乘客疏散至地面，并在交界区域对周边城市空间产生影响。此类站点所带来的触媒因子种类及数量最少，对城市更新的影响范围和强度都比较有限。

如王顶堤站，是天津轨道交通3号线的一座普通站点（图5-33），位于天津市南开区迎水道与苑中路交口处，附近有王顶堤商业中心、南开大学迎水道校区以及林苑居民区等，站点规模较小，人流量不大，因此只在迎水道南侧设置了两个简单出入口（图5-34），没有开发上盖建筑与下沉广场，站台层位于地下，由地下通道及步梯将客流疏散至地面，仅作单纯的交通功能，与商业、餐饮等服务功能并无结合。随着区域的发展，目前在迎水道和苑中路交口西南侧规划一座建筑面积达5万平方米的商业金融兼居住综合体（图5-35），后期有可能与站点实现地下连通。

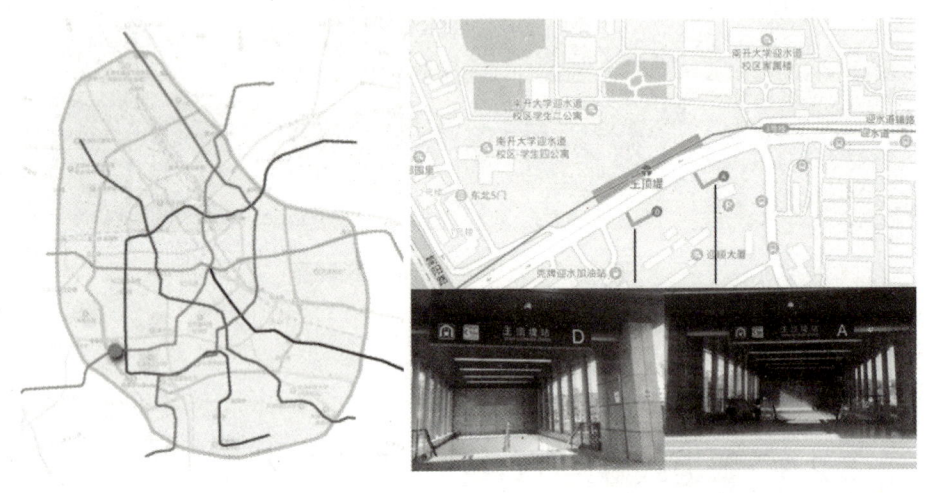

图5-33　王顶堤站区位示意图

（图片来源：自绘）

图5-34　王顶堤站点规模及出入口

（图片来源：自摄）

图5-35　王顶堤站点后期规划综合体

（图片来源：www.tj.zhaoshang.net）

第5章 轨道交通站点带来的更新触媒因子解析

5.3 本章小结

　　本章对轨道交通站点建设带来的更新触媒因子进行了分析。首先是触媒因子的分类，按照对城市更新内涵产生影响的主要方面，可分为物质性触媒因子、经济性触媒因子、社会性触媒因子三类。物质性触媒因子从宏观的城市结构、中观的土地利用与交通调整、微观的轨道交通综合体和多样公共空间三方面阐述；经济性触媒因子包括土地资源集约利用、投资引入与优势产业聚集、资源共享、产业调整升级、空间使用效率提升、土地价值上涨等方面；社会性触媒因子可被分为环境可持续提升、文脉保护、景观特色化、居民生活品质提升几个方面。随后根据轨道交通站点的规模及其影响范围，将其分为城市中心级触媒、片区中心级触媒和普通级触媒，不同等级的触媒组团对站域城市更新的触媒作用范围及强度也不尽相同。本章解释了作为城市触媒的轨道交通站点的"有什么"问题，为下一章研究站点在站域更新中的触媒运作模式打下基础。

第6章 轨道交通站点在站域更新中的触媒运作模式解析

触媒式站域更新有别于传统更新的优势在于其长期性与可控性,其并非是单一的最终产品,而是可以持续、刺激后续开发的过程。从触媒反应动力学来看,运作过程的顺利与否决定了触媒的"活力"及其对周边元素的"影响力"差异。因此,理清轨道交通站点的触媒运作模式对触媒过程的控制具有重要意义。轨道交通站点在站域更新中的触媒运作模式可以概括为三个步骤:(1)触媒因子附着于介质,达到加速催化、扩大范围的活激发效果;(2)触媒因子改善站域城市元素,通过点状激活与线状传导发挥连锁反应;(3)与不同的更新主体结合,导向激发、强化、修复、创造等多种触媒效应。

6.1 轨道交通站点的更新触媒介质

根据城市触媒理论,触媒通过介质(元素间的相互作用力、与现存元素的联动、与既有环境的联系)产生触媒效应。介质具有双向连接、传播和反馈的特质,它犹如触媒因子伸向城市的多个锚固导体,其传导性的高效通畅与否深刻影响着触媒效应的作用过程,在城市更新中主要体现在梯度性衰减与方向性两个方面。梯度性衰减指的是站点对其周边站域的人流、物流、信息流、资金流等影响作用,随着距离的增大而逐渐衰减;方向性是指触媒效

第6章 轨道交通站点在站域更新中的触媒运作模式解析

应的传递通道，既有不同触媒因子之间的连通，又有触媒因子对现状元素的作用，性能优良的通道可有效减缓触媒影响力的衰减速率，从而引起范围更大强度更高的共振。轨道交通站点对周边区域的更新触媒介质，可以延续上面的触媒因子分类方法，从物质、经济、社会三个方面进行分析。

6.1.1 物质介质

6.1.1.1 空间开发模式

轨道交通作为物质性的更新触媒，对周边城市的作用力首先取决于相互之间的关系，按照轨道交通站点地区综合开发对城市空间的作用方式，可分为三类。

（1）"点"状——高强度竖向开发

以高强度竖向开发的模式本质为：城市空间的立体化运动，是将轨道交通站点的交通空间与城市其他功能空间、公共空间等垂直叠加，置于一个巨型的高层空间中统一组织管理，形成具有标志性的城市有机体（图6-1）。

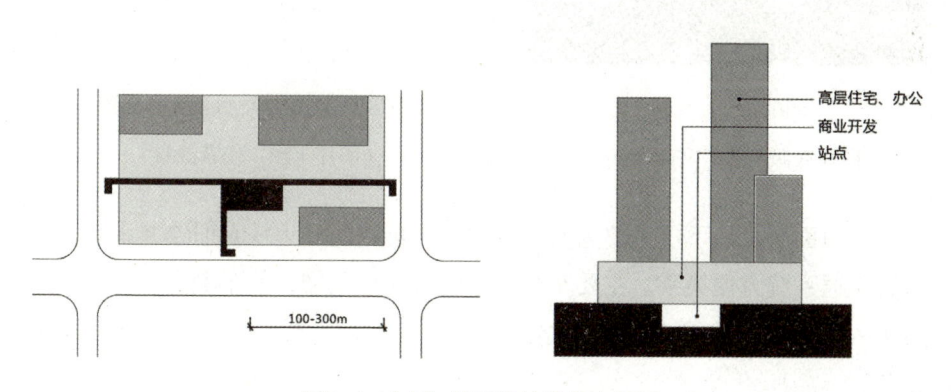

图6-1 "点"状开发站域基本特征

（图片来源：作者自绘）

特点：这种模式常见于城市中心或次中心地区，其充分发挥了轨道交通站点地区土地利用综合、高强的特点，提高了土地利用率，打破了中心区高地价带来的开发桎梏，使更多的城市绿地和公共空间建设成为可能，有效提升了站域环境品质。另一方面，各种城市功能高度聚集，人流互动频繁，有利于增强城市活力，形成更大的激发效应。此类站点功能多以商业、办公、公寓为主，更新影响范围多为站点周边100m以内，在某些大城市核心站点，为平衡土地高强复合利用与人流疏散的问题，采取站点上盖大平台的形式，使影响范围进一步扩大至站点周边300m。

如中国香港地铁的九龙站交通综合体，用地面积13.5hm^2，建筑总面积170万平方米，最高建筑高度达483m，容积率高达1∶12。九龙站在竖向上分为三个层次（图6-2至图6-4）。

图6-2　九龙站
（图片来源：参考文献[160]）

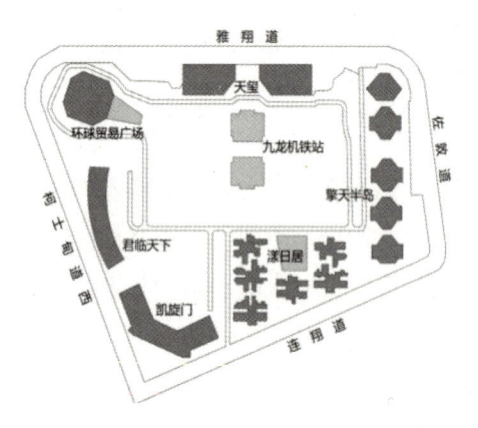

图6-3　九龙站项目物业布局图
（图片来源：作者改绘）

①地面层及地下层主要为交通空间，机场快线和地铁东涌线共用同一个垂直交通系统方便换乘。主要车行交通设置在地面层，使车辆容易从周边道路进入并方便乘客到达地下车站。其上设置人行天桥，使人行与车行线路分开。

②二层为商业拱廊及步行街，一些廊桥甚至延至周边街区，行人步行系统与商业空间高度整合。在购物层之上高出首层地面约18m，形成平台层——联合广场，这一层包括露天空间、广场、花园和大厦的入口，人们可步行进入塔楼，车辆也可以进入此平台，而入口根据它们对私密度的要求关联到不同的流线上，使得街区内部公共街道与周边车行交通完全分隔。

第6章　轨道交通站点在站域更新中的触媒运作模式解析

③联合广场上部为高层建筑，包含了商务、办公、娱乐、居住等多种业态和功能。建筑尺度巨大，在一个巨型建构中高密度的叠加了各种功能与设施，如一座微型城市般运行。[167]

（2）"线"状——横向轴线开发

横向轴向发展的模式为：以轨道交通站点为中心，业态布局以"线"状向周边区域扩散延伸，其主要的发展轴与轨道交通线路的走向关系不大（可平行可垂直），而与片区中现有吸引点关系紧密。[168]

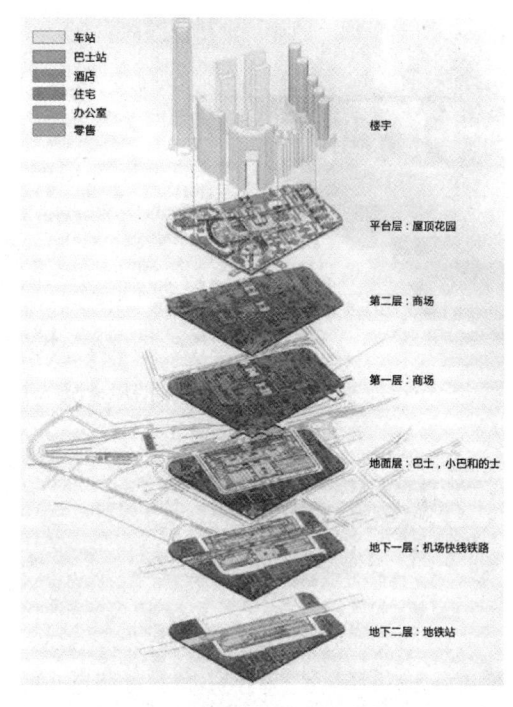

图6-4　九龙站功能分层示意图

（图片来源：根据参考文献[160]改绘）

特点：主要依托于地下通道、下沉广场等组织空间，在我国是最常见的一种站点开发模式，一般被用于次级站点或普通站点的发开。对次级站点来说，利用地下通道形成地下商业街，与城市平台的各层相连，形成功能集聚的城市综合体，与轨道交通站点的步行区域范围耦合，扩大触媒影响面[169]；就普通站点而言，服务受众相对单一，难以支撑大规模的复合开发，故在更新过程中更关注与既有交通方式的接驳和转换，形成整体性较强的小型站域，此类站点更新影响范围可达站点周边500m范围内（图6-5）。

如美国旧金山跨海湾交通综合体，地下二层是轨道交通站台层，地下一层是乘客大厅，地上二层是公交换乘层，顶层是城市公园，地面层是商业区，设有各类售卖店面、餐饮及公共走廊，一个约36.6m的光柱结构从下层的轨道交通站台空间延伸至顶层城市公园，结合采光穹顶形成一个布满阳光的中庭，将不同标高层面的各功能空间整合，实现了轨道交通设施与城市功能的整合与衔接（图6-6，图6-7）。[170]

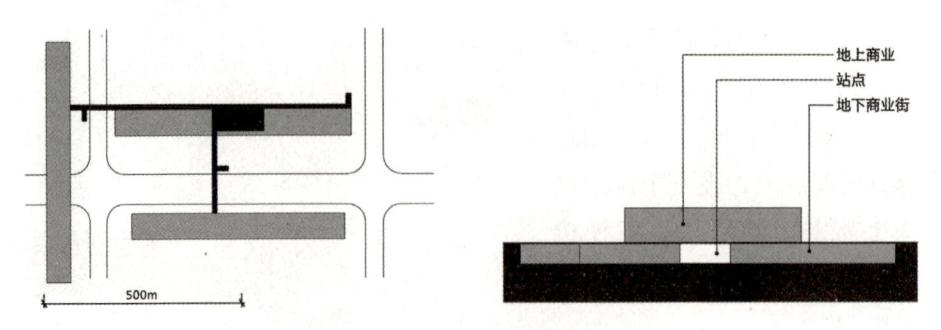

图6-5 "线"状开发站域特征

(图片来源：作者自绘)

图6-6 美国旧金山跨海湾交通综合体剖透视图

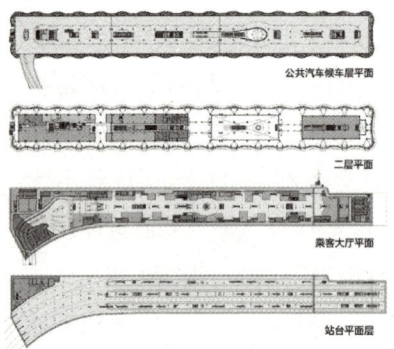

(图片来源：参考文献[162])

图6-7 美国旧金山跨海交通综合体各层平面示意图

(图片来源：参考文献[162])

(3) "面"状——网络开发

网络开发的模式为：在城市的中心区或其他重要节点地区，以轨道交通站点为中心，将多种城市功能以圈层扩散的形式进行分强度开发。

特点：此模式一般由多幢建筑物综合构成，通过地下通道、地上平台、中庭及天桥等方式紧密连接，形成规模庞大的综合集群[171]，其范围不仅可覆盖以轨道交通站点为中心的500m步行合理区，在某些特大城市中心区，经过后续的持续开发，有可能使附近的街区多个站点串联在一起，引起更大范围的共振（图6-8）。

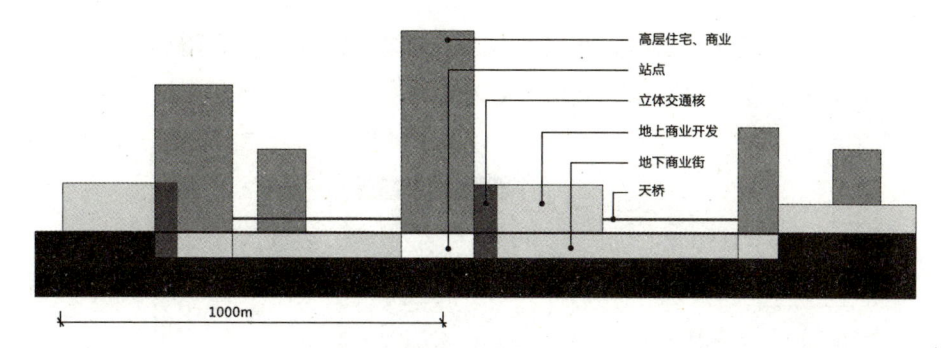

第6章 轨道交通站点在站域更新中的触媒运作模式解析

图6-8 "网"状开发站域特征

（图片来源：作者自绘）

加拿大蒙特利尔地下城始建于1962年，为改善中心火车站的通达性，由贝聿铭在维尔·玛丽广场及其建筑下方设计建成与之相连的步行网络系统；1966年，蒙特利尔市轨道交通建设完成，地下城建设的速度加快，功能逐步完善；70年代，在蒙特利尔市中心区，形成了多功能的地下建筑综合体的雏形；80年代，在政府和企业的努力下，大多数地下商场能够连接起来，形成了地下商业走廊；到了90年代，蒙特利尔市中心地区的大型公共建筑和轨道交通设施基本上能够连接起来。目前地下城连接了10个轨道交通站点（图6-9）、2个综合公交站、2个长途汽车站、2所大学、31个地下停车场、60多个住宅单元和商业综合体、7家大型酒店、三个展览厅，形成一个极为庞大的地下城市（图6-10）。

6.1.1.2 交通联系模式

城市交通涉及面十分宽泛，从以步行、小汽车为主的私人交通到出租、公交等为代表的公共交通，在轨道交通站域范围内都广泛存在着，甚至在某些枢纽站点的综合开发中，共同呈现出错综复杂的交织状态，很难用单一的变量准确地划分出其对城市空间产生的影响类别。而近年出现的共享单车、共享汽车更是难以界定其究竟属于公共交通还是私人交通。本章研究的轨道交通站域更新中的交通联系模式是对普遍性城市交通的甄选与细化，主要关注与轨道交通站域范围内各种交通方式的接驳与协同。轨道交通站域的交通系统强调与城市功能的互动，对站域内各城市子功能的支持大多依赖以步行为主的城市慢行交通系统，而这种活力的持续及良性反作用于轨道交通的发展，则重点在于轨道交通与其他交通方式的换乘衔接。

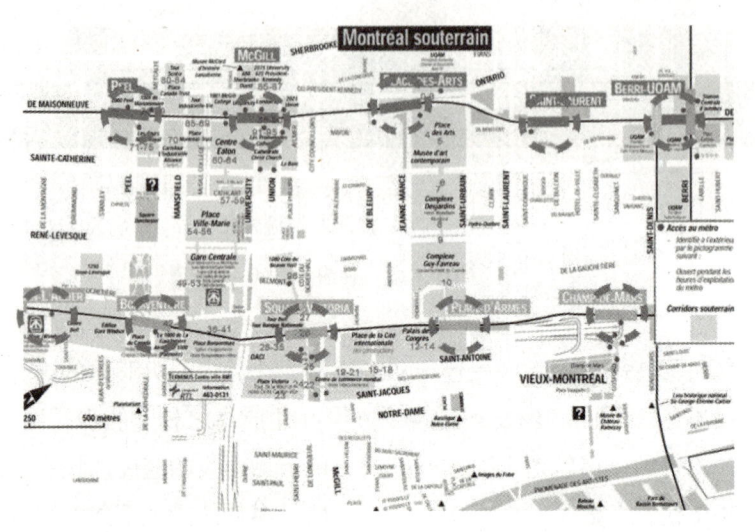

图6-9 加拿大蒙特利尔地下城平面及轨道交通站点布局

（来源：作者改绘）

图6-10 加拿大蒙特利尔地下城轨道交通站点衔接空间概况

（来源：http://blog.sina.com.cn/s/blog_7139bb510100ohqe.html）

第6章　轨道交通站点在站域更新中的触媒运作模式解析

（1）与城市功能相连的慢行系统

据统计数据表明，在轨道交通的众多接驳方式中，以步行为主的慢行系统是选择比例最高、影响范围最广的出行方式，尤其是在站点周边1公里范围内，步行占有绝对优势。

轨道交通站域的综合开发有机会重整城市区域的交通系统，乘客从出发点到乘坐轨道交通再到最终目的地，慢行系统在这一完整过程中承担着过渡、缓冲、缝合的关键作用，是轨道交通站点发挥触媒效应中不可或缺的重要介质。慢行系统按照出行方式可分为步行和自行车通行，按照其通过及作用的空间可分为路径空间与节点空间。慢行系统对站域的活化过程可描述为：步行和自行车的高频使用形成物化的慢行廊道或特色线性空间，串联起轨道交通站点与各城市要素，并通过广场、中庭、交叉口等节点空间实现交通接驳、空间转换、功能切换，形成层级分明、循环有序的慢行网络，将轨道交通站点的集聚效应及扩散效应辐射至周边更广的区域（表6-1）。

表6-1　轨道交通站域慢行系统的方式及空间形态

出行方式	路径空间	节点空间
步行	人行横道、商业步行街、人行天桥、地下通道、换乘通道、绿地步道、滨水景观道、历史文化街	下沉广场、中庭、站前广场
自行车	非机动车道、城市支路、社区道路、商业街	道路交叉口、建筑出入口

（表格来源：作者自制）

慢行交通对内承担轨道交通到站人流的疏散，对外串联多项城市功能，集合了交通与城市的双重需求，因此舒畅便捷的系统组织就显得尤为重要，由于每个地区的路径空间与节点空间不尽相同，因此组合方式与呈现形态也多种多样，主要有以下四种组织模式：

①节点串联。在地下步行街、换乘通道或地上人行道等线性要素组织中，通过站域内数个休闲广场、景观小品、绿化庭院等公共节点空间进行分段串联，以求消除长时间行进中的枯燥感与疲惫感，形成富有节奏的线性空

间。此模式的特点是节点布局较为均质化,没有明显的主次,方向单一,导向性较强。各种城市业态可延伸至公共节点,形成较为丰富的空间环境,商业功能又相对集中,不易干扰通行人流,但灵活性略显不足,任何一个节点的修缮或不畅都可能会影响整个慢行系统的完整性与可达性(图6-11)。

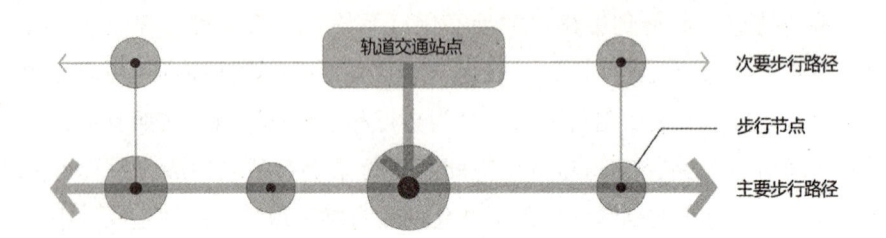

图6-11 节点串联模式

(图片来源:作者自绘)

如日本大阪虹之町地下街,长约1000m,在地下商业街的人行组织中设置了五个主题节点——爱之广场、镜之广场、光之广场、水之广场与绿之广场,这些节点为地下行走的人们提供了自然采光通风,增加了地下空间的可识别性,而且调节了地下步行过程中的枯燥与乏味感(图6-12)。

②线性并联。此模式通常以某条线性空间为主干,通过多个通道与周边地下节点或地上建筑相连,分级疏散人流。主干线性空间一般为与商业结合的大型商业街,或枢纽大厅,也可是线性中庭空间,规模与疏散级别都占绝对的主导,而与其连接的直线通道或节点相对次要,可以是商业业态向周边的延伸,或是站域其他重要空间的衔接转换(图6-13)。日本东京、中国香港等高密度发展地区常常在地下通道的基础上进行扩展与丰富,形成覆盖范围广泛的地下流通网络,同时结合地下空间的开发进行一体化设计,将沿线商业有机串联,使其成为城市活力的有效驱动面。此种慢行系统简洁明了,具有明确的方向性与导向性,可有效避免乘客在地下空间的方位感迷失。在与地块衔接时,亦可通过出入口的数量和位置设定,控制体系内区域的发展(表6-2)。

第6章 轨道交通站点在站域更新中的触媒运作模式解析

（a）光之广场　　　　　　（b）水之广场

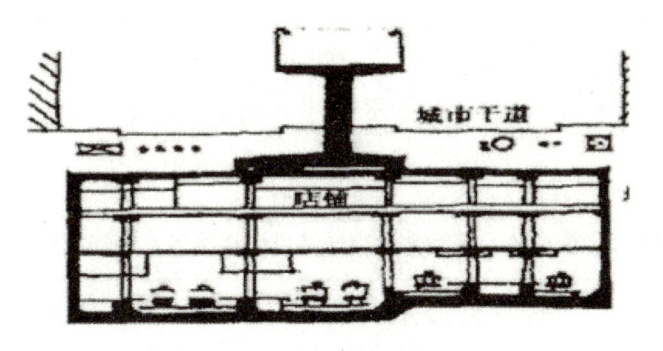

（c）剖面

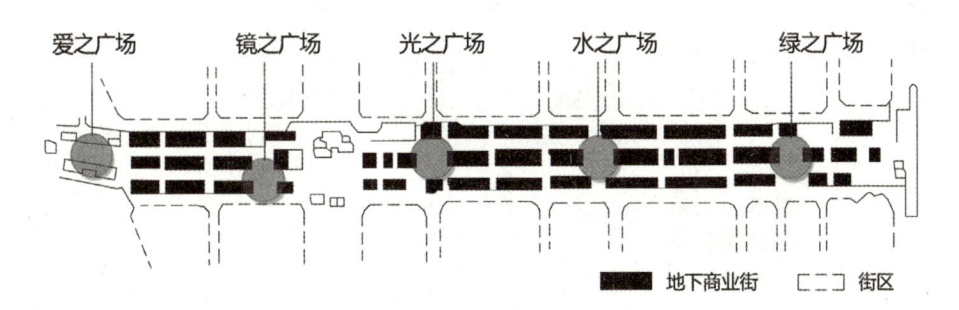

（d）地下慢行系统平面图

图6-12　日本大阪虹之町地下街

（资料来源：https://wenku.baidu.com/view/3bb39d2358fb770bf68a5501.html）

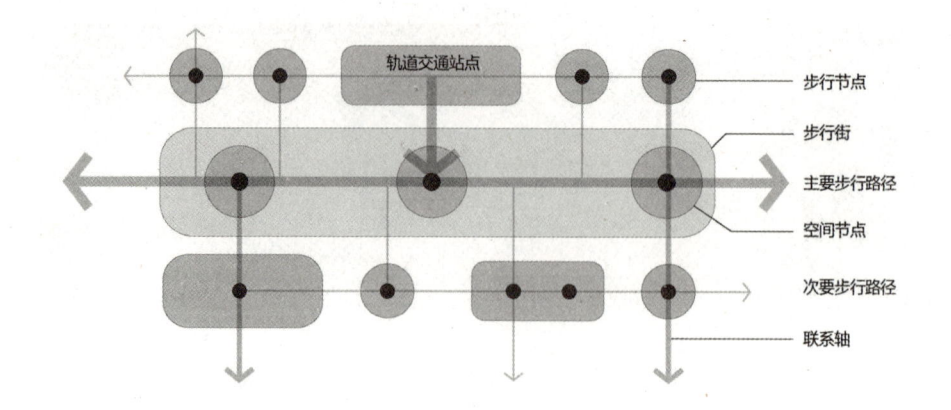

图6-13 线性并联模式

（图片来源：作者自绘）

表6-2 慢行体系控制轨道交通站点周边区域发展的博弈模式

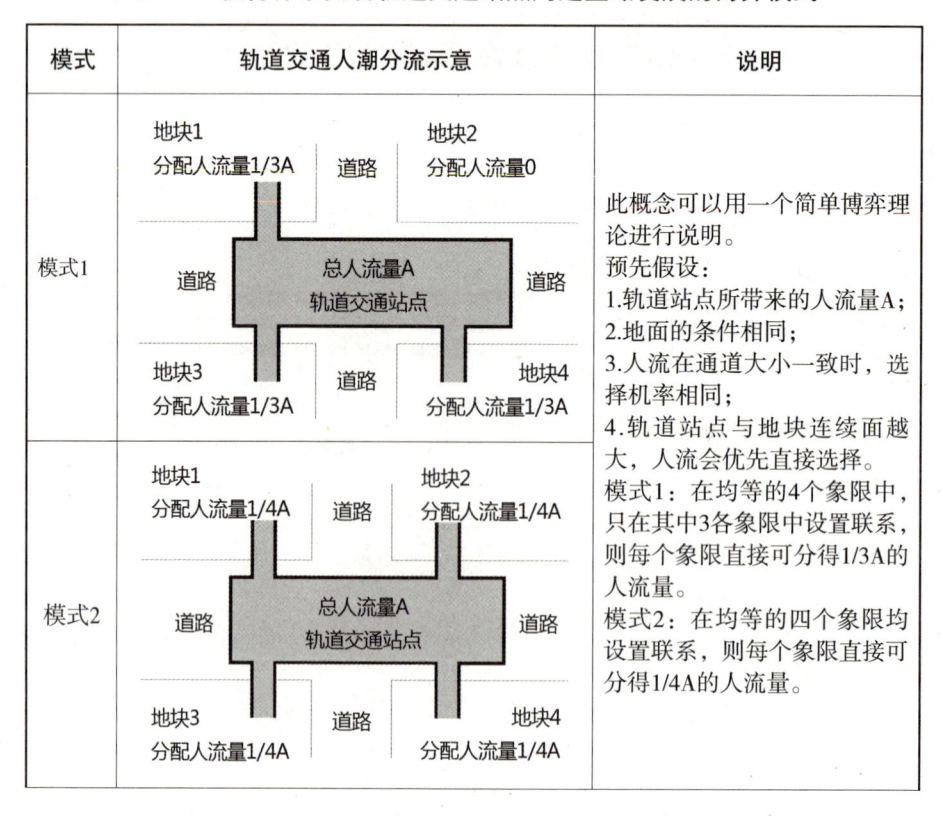

模式	轨道交通人潮分流示意	说明
模式1	地块1 分配人流量1/3A　道路　地块2 分配人流量0 道路　总人流量A 轨道交通站点　道路 地块3 分配人流量1/3A　道路　地块4 分配人流量1/3A	此概念可以用一个简单博弈理论进行说明。 预先假设： 1.轨道站点所带来的人流量A； 2.地面的条件相同； 3.人流在通道大小一致时，选择机率相同； 4.轨道站点与地块连续面越大，人流会优先直接选择。 模式1：在均等的4个象限中，只在其中3各象限中设置联系，则每个象限直接可分得1/3A的人流量。 模式2：在均等的四个象限均设置联系，则每个象限直接可分得1/4A的人流量。
模式2	地块1 分配人流量1/4A　道路　地块2 分配人流量1/4A 道路　总人流量A 轨道交通站点　道路 地块3 分配人流量1/4A　道路　地块4 分配人流量1/4A	

续表

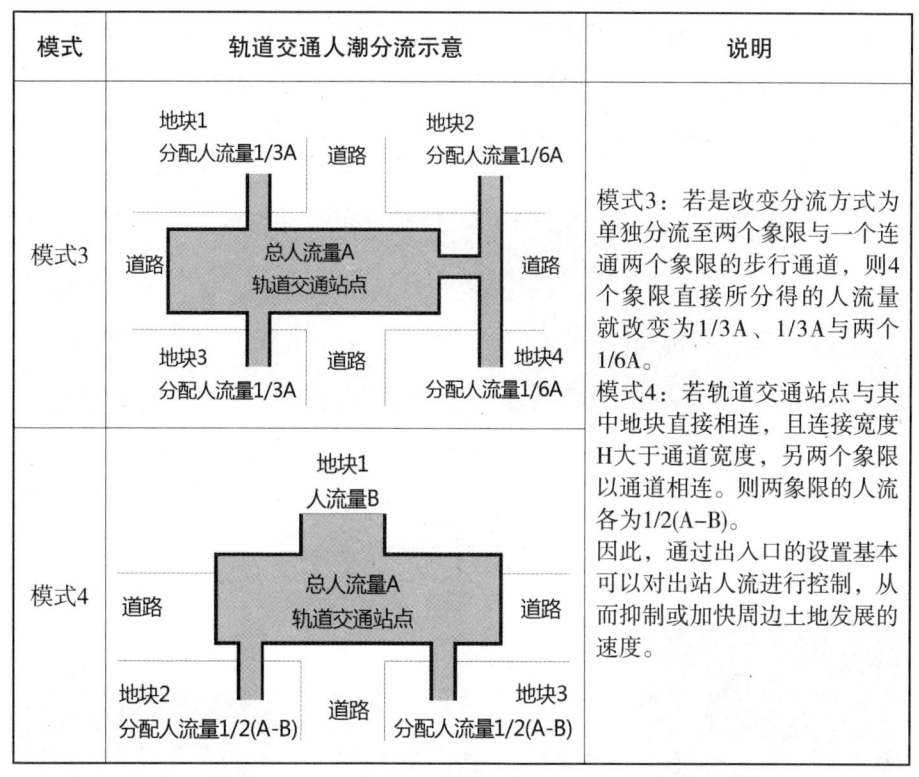

模式	轨道交通人潮分流示意	说明
模式3	地块1 分配人流量1/3A；地块2 分配人流量1/6A；地块3 分配人流量1/3A；地块4 分配人流量1/6A；总人流量A 轨道交通站点	模式3：若是改变分流方式为单独分流至两个象限与一个连通两个象限的步行通道，则4个象限直接所分得的人流量就改变为1/3A、1/3A与两个1/6A。
模式4	地块1 人流量B；地块2 分配人流量1/2(A-B)；地块3 分配人流量1/2(A-B)；总人流量A 轨道交通站点	模式4：若轨道交通站点与其中地块直接相连，且连接宽度H大于通道宽度，另两个象限以通道相连。则两象限的人流各为1/2(A-B)。因此，通过出入口的设置基本可以对出站人流进行控制，从而抑制或加快周边土地发展的速度。

如深圳福田区的连城新天地，项目全长1.5公里，占地面积约5万平方米，横贯三个轨道交通站点（购物公园站、会展中心站、岗厦站），无论在交通疏导还是商业消费方面都是该区域发展的核心空间，配合完善的导视系统，具有较强的人流导向功能。该区域共设置28个出入口，与周边15幢高端写字楼无缝衔接，便利人流的导入，同时，其还与四家大型商业紧密相连（购物公园、星河COCO PARK、皇庭广场、中心城广场），形成商圈、交通、购物街三种驱动，共同推动区域的经济发展（图6-14）。

③核心放射。此模式是以一个空间节点为核心，通过发散式的步道联系轨道交通站点及站域周边其他空间要素（图6-15）。此核心节点通常是枢纽大厅、上盖建筑中庭、下沉广场、站前广场等公共性及综合性较强的大型空间，可吸引周边的节点要素向心聚集，而非核心的其他节点则联系相对较弱。此模式的优点在于功能与空间均高度聚集，交通换乘及与城市功能的转

换都比较高效，具有较强的立体导向，但其核心空间的均质化导致可识别性减弱，人流导向性较差，需借助一些显著标识对人流进行引导。此类模式常见于土地资源紧缺、地面价值高昂的城市中心区开发，周边通常聚集大量商业、文教、公共设施资源等，有利于快速疏散及空间使用效率的提升。

（a）线性商业街　　（b）节点空间　　（c）接驳口

（d）地下通道及出入口

图6-14　连城新天地地下商业街

（图片来源：https://wenku.baidu.com/view/a49bc3b685254b35eefdc8d376eeaeaad1f316ac）

如无锡轨道交通1号线胜利门站，在三角形绿地内设置大型下沉广场，与站点直接进行空间衔接与整合，同时在站点周边地区的东、西、南三个方向的商圈交接处设置小型下沉广场，这些下沉广场与地上建筑一体化连通，

第6章 轨道交通站点在站域更新中的触媒运作模式解析

方便地面人流从远端进入地下,缓解站点核心区的人流压力,并与站点中心区的大型下沉广场相连,形成辐射广泛的地下步行系统(图6-16),避免穿行道路时受到机动车干扰,使胜利门站的周边区域得以形成一个从轨道交通站点延续到周边商圈的城市中心商业圈。[172]

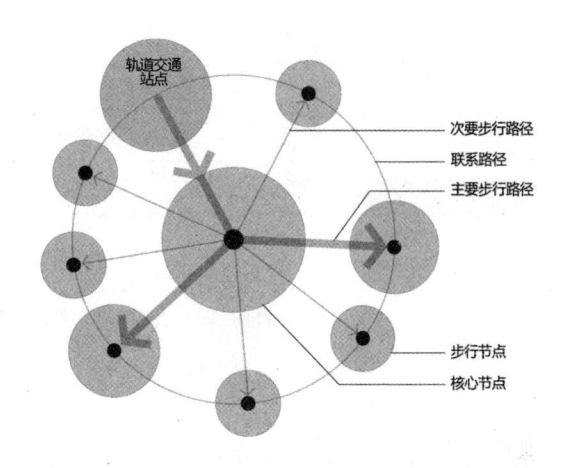

图6-15 核心放射模式
(图片来源:作者自绘)

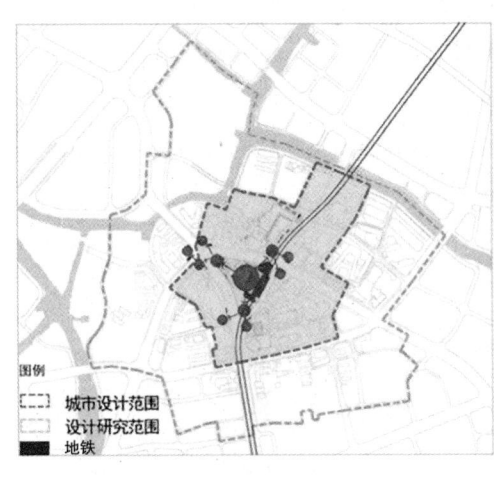

(a)区位及慢行系统组织模式    (b)地下层总平面图

(c)下沉广场    (d)中心节点内景

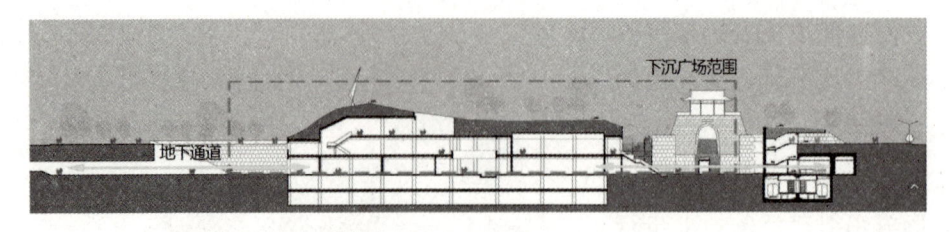

(e) 剖面

图6-16 无锡轨道交通胜利门站

（图片来源：参考文献[164]）

④混合模式。混合模式是前三种模式的补充与升级，在目前土地利用效率最大化与城站一体化建设的目标背景下，慢行系统往往呈现出多层次穿插的复合模式。交通空间、公共空间及各城市业态在水平和竖向相互融合，组成一个多元化、多功能、多要素的综合开放系统，实现站域的功能与信息一体化发展（图6-17）。混合模式组成方式多样，根据不同的地域特点，采用适宜的联系方式，多用于城市中心区枢纽站点或商业型站点的站域更新开发中，对场地适应性较强，结构相对复杂。

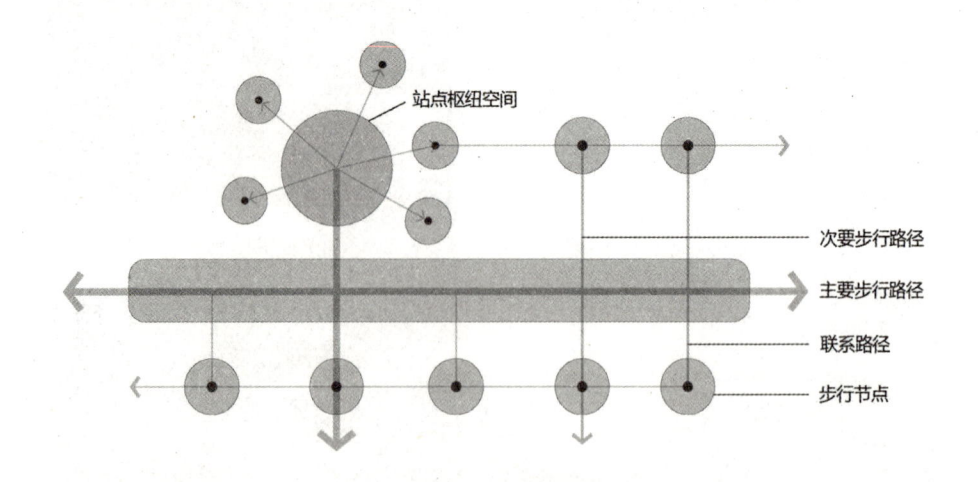

图6-17 混合模式

（图片来源：作者自绘）

第6章 轨道交通站点在站域更新中的触媒运作模式解析

如日本横滨港未来站就采用了"轴线+放射"的慢行系统组织模式，首先在街区的中央贯穿了一条步行者网络的主轴线，从横滨LANDMARK TOWER开始，穿过QUEEN'S SQUARE横滨，通向PACIFICO横滨的一条全长260m的室内步行廊道（QUEEN MALL）[173]，另外在街区面海的一侧，设置与滨水空间合为一体的皇后公园（QUEEN'S PARK），在这样的布局中，可以便捷地通过室内廊道到达街区内部各处。在垂直交通方面，打通了地下3层到地上5层，设置了被称为"车站核"的纵向空间，联络街区中央地下的港未来站与皇后商场，组织到达办公、宾馆与商业的各种流线。在中庭设置的座椅、雕塑、绿化小品等也方便了人们在此聚集、购物、休闲或举办各式各样的城市活动，共同形成一个以皇后商场、车站核为中心的活跃且具生命力的公共空间（图6-18）。

（a）区位及平面图　　　（b）站核空间　　　（c）主商业街空间

图6-18　日本横滨港未来站

（图片来源：参考文献[165]）

（2）与地上其他交通方式的换乘与衔接

区域联动开发模式的推动，能够借助区域中不同节点的开发整合，使轨道站人流的可达性能够有效扩大至周边地块，甚至是更远的地块，最终形成以轨道交通站为骨架和核心的区域城市系统。

①轨道交通与公交的换乘与衔接。目前，公共汽车仍然是我国大多数城市最主要的常规公交方式，因其运量大、机动灵活，所以成为轨道交通换乘的最佳选择。目前，在我国的轨道交通与公交换乘中通常采用水平展开的方式进行，但这种方式往往导致换乘点分散，换乘距离过长，标识导向性较

差，实际的换乘效率和效果欠佳，因此适当引入立体化的接驳是必要有效的。轨道交通与公交的换乘接驳大致分为以下四种模式：

模式一，公共汽车与轨道交通位于不同平面，公共汽车直接在道路边停靠，利用地下通道或人行天桥与轨道交通车站相联系（图6-19）。该形式是最常见的换乘模式，工程量小，资金投入少，但随着公交线路的增多，容易出现换乘拥挤，甚至干扰其他道路交通的现象。

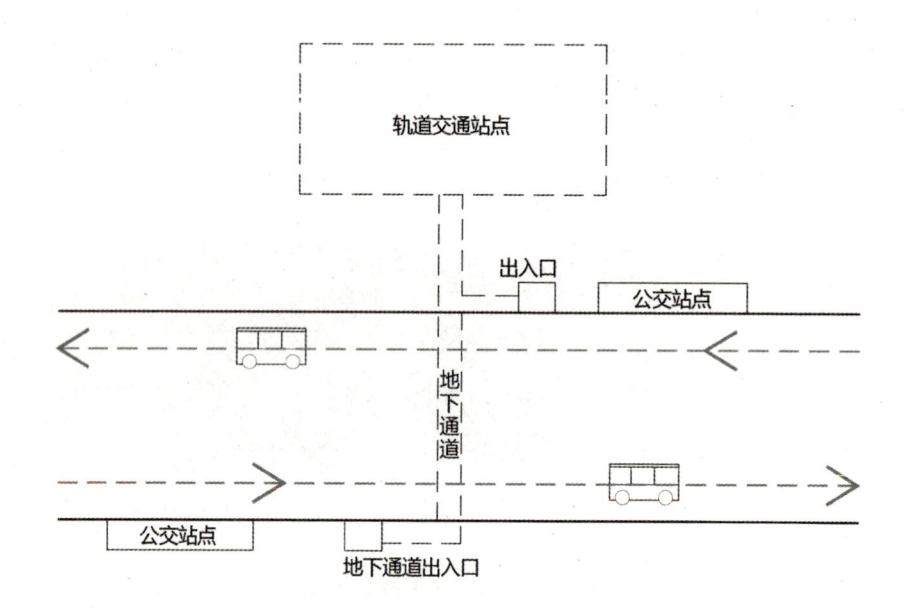

图6-19 路边停靠接驳

（图片来源：作者自绘）

模式二，公共汽车与轨道交通处于同一空间平面，站点互相靠近，轨道交通到达，乘客需要通过地下通道到达出发站台完成换乘。该模式有一侧的换乘比较便捷，且另一侧的换乘步行距离较短（图6-20），但客流换乘不均衡系数较大，目前已经较少使用。

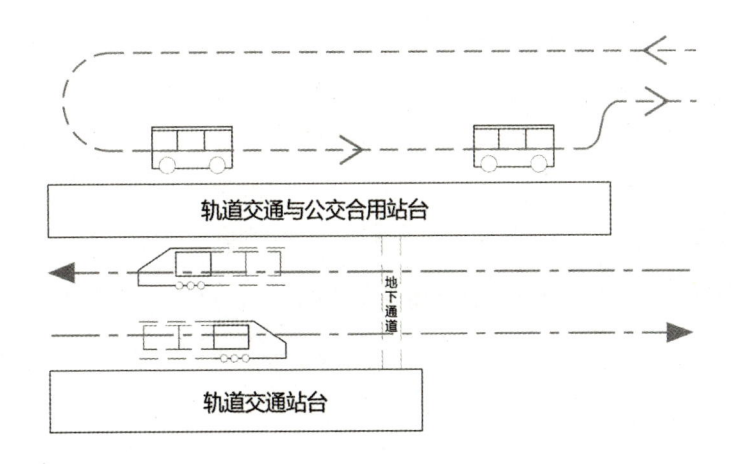

第6章 轨道交通站点在站域更新中的触媒运作模式解析

图6-20 单向合用站台接驳

（图片来源：作者自绘）

模式三，轨道交通与公共汽车处于同一平面，但公共汽车的站点位于轨道交通站台的两侧空间，乘客通过地下过轨通道穿越站台就可以实现换乘，步行距离较短，且两侧均可实现良好的换乘条件（图6-21），但轨道交通与公共汽车流线会发生交叉，虽然可通过立交设施解决，但会显著增加总体造价，故国内较少采用此模式。

模式四，在重要的交通枢纽站点，入站的公共汽车线路较多，往往采用多站台岛式布局，可有效扩大接驳面积（图6-22），解决轨道交通接驳人流与公共汽车进出站人流的相互干扰问题，还可通过地下通道或天桥直接到达各个站台。

以上四种模式各有优缺点，其中模式二方式的换乘距离最短，乘客使用最便捷高效；模式二结构最简单，适用范围最广，即使前期未能与轨道交通站点同时开发，后期也便于增建；模式三虽然换乘条件良好，但由于要设施环行车道，故占地面积过大，适用性受限；模式四适用于重点交通枢纽站点，可同时容纳多条公交线路进站，可满足多目的地的换乘需求。

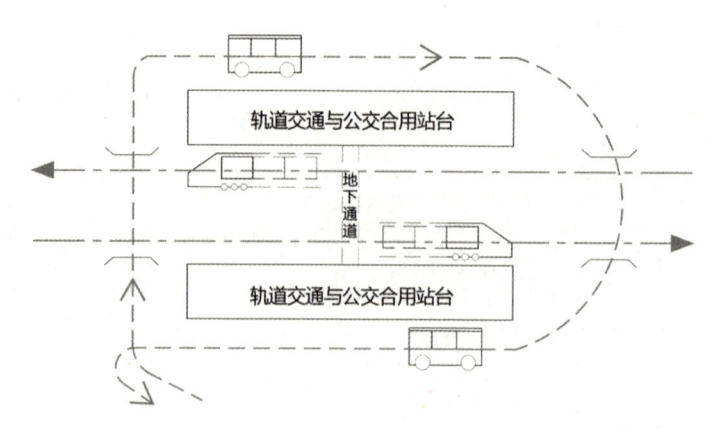

图6-21 双侧合用站台接驳

(图片来源：作者自绘)

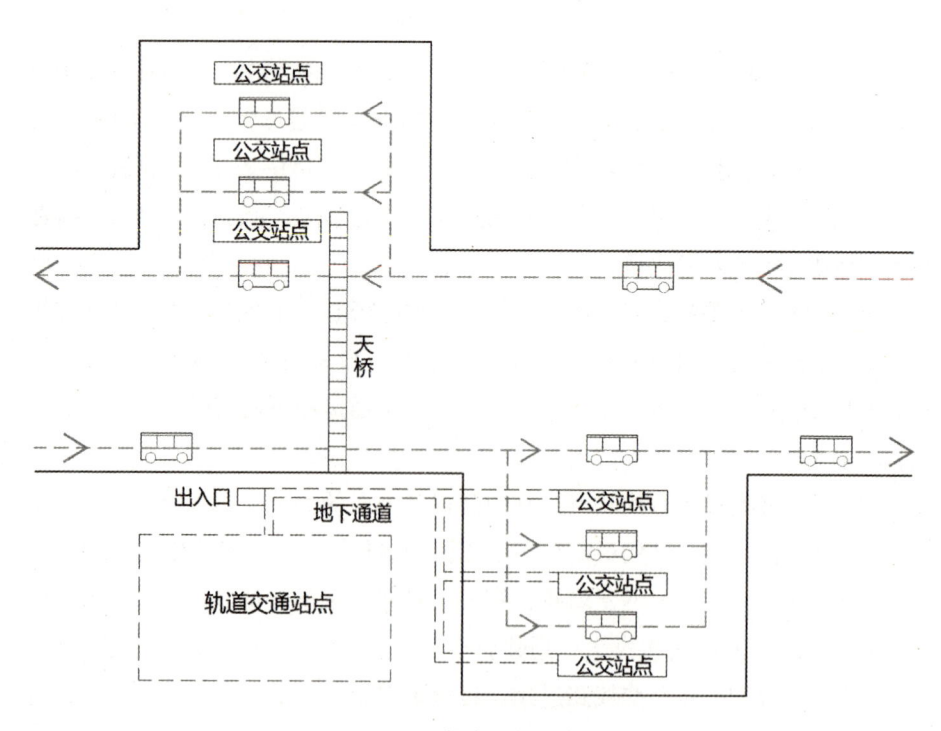

图6-22 多站台岛式接驳

(图片来源：作者自绘)

第6章　轨道交通站点在站域更新中的触媒运作模式解析

②轨道交通与私人交通的换乘与衔接

轨道交通与小汽车的换乘：

随着近几年来私家汽车保有量的不断攀升，小汽车出行也成为城市居民的一种重要出行方式，小汽车与轨道交通的换乘也逐渐引起了相关规划者的重视，在国外郊区化较为明显的城市，小汽车与轨道交通的换乘在城市边缘区域十分普遍。如在美国的波士顿市，一共规划建设了117个"停车+换乘"（P+R）枢纽，将小汽车引导至边缘区停放，有效缓解了城市中心区因小汽车过多而引发的拥堵问题。轨道交通与小汽车的换乘方式主要有以下两种：

方式一，停车换乘，简称P+R。驾车者停车后换乘轨道交通，完成活动后（如上班、购物）回到停车地点开车返家。这种轨道交通枢纽通常位于中心城区与外围地区的交叉处，在站点周边设有停车设施和场地。[174]

方式二，接送换乘，简称K+R。设置大量临时停车空间，乘客上下车后需马上离开，如美国规定车辆的停靠时间不得超过3分钟。我国主要城市的部分地铁站出入口区域也自发形成此类转运空间，主要供出租车接送乘客。[175]

在我国大城市中心区轨道交通站域规划中，第二种方式更符合我国的国情。目前我国城市中心区各站点周边区域难以设置专门的P+R换乘停车场，主要因为我国城市中心城区的建筑密度较大，单纯设置停车场会造成土地资源的浪费，对于老旧城区而言，土地拆迁成本较高。另外，中心区道路容易拥堵，私家车停车极易影响换乘效率。

轨道交通与自行车的换乘：

虽然我国私人机动车的保有量在逐年上升，但我国大城市居民的自行车出行仍占有较大比例，平均可达36％。据调查显示，自行车的骑行舒适范围大致为500~2000m，通过骑行实现轨道交通的最后一公里换乘不失为一种低碳环保的方式。[176]因此，在城市轨道交通站点的规划布局中，也应该将自行车与轨道交通的衔接纳入规划范围中。目前城市中心区的用地普遍较为紧张，在轨道交通出入口周围设置自行车停车场地并不具有可持续性，比较可行的措施如下：

措施一，利用轨道站站内的夹层空间设置自行车停放点。

措施二，利用与轨道站毗邻的既有市政交通设施的剩余空间，如充分利用地面的立交桥下的空间。

措施三，轨道交通站点周边建筑的灰空间或地下一层的夹层空间。

6.1.2 经济介质

6.1.2.1 功能互馈关系

多元共生是将不同性质的功能与空间通过相互联系与利好的关系组合起来，共同发展获得效益最大化，是目前可持续背景下城市建设的重要表达形式。轨道交通站点作为多功能混合的典型代表，同时具有交通与城市服务两大功能，城市服务功能最初可能只是交通功能的衍生产物，但合理、系统的功能组合关系可对站点地区的后续经济振兴产生积极的触媒作用，反之则可能产生消极影响。[177]根据站点功能各个子系统配置及相互间的组合方式可分为以下三种类型：

（1）直接支持型

轨道交通站点在满足自身客流集散的基础上，也为周边城市功能提供了人流支持，站点类型的不同，其支持的功能子系统也有明显差异。如在交通型轨道交通站域地区，即食类餐饮、小型零售、报刊杂志、宾馆住宿等功能占比较大，而在历史文化型站域中，广场、公园、展览、娱乐等文化休闲设施相对集中。

（2）间接支持型

间接支持是借由其他功能子系统营造的良好环境来实现的，如零售和餐饮本身并不足以提供大规模人流以反哺轨道交通，但可以为上下班人群提供便利的服务和良好的消费体验，从而提升站点地区的吸引力。而另一些功能，如休闲、文化、教育等可以优化站点周边环境品质，间接提升区域商业、办公的竞争力。

（3）混杂共生型

混杂共生是在限定的空间中将各种不同城市功能集中整合起来，通过在各子系统间建立多方高效联系机制，满足土地高强度使用背景下的要求。混杂意味着功能的多样性，各功能子系统间优势互补以实现轨道交通客流利用最大化，如以通勤为目的的消费者会有餐饮、购物的需求，而以文化、娱乐为目的的消费者在休憩、吃饭之余也会有顺道购物的行为发生。在空间组织上，混杂体现出兼容共生的特点，如购物与步行交通、参观游览、休闲社交等行为可相互兼容与渗透，形成紧凑高效的组织模式。同时，混杂还意味着功能子系统重合叠加的密度和有机混合的规模，作为一种重要的物化形式，在轨道交通站点周边综合体中常常以大尺度大规模的形式出现。

6.1.2.2 投资建设的保障系统

长期以来，政府在城市更新领域一直占据着决定性的核心地位，因此其采取的措施或相关政策直接决定着城市更新的实施效应与实施结果。轨道站点周边的城市更新是城市更新多样形式中的一种类型，城市更新本身就是一项复杂的系统工程，包括政府、开发商、土地产权人、房屋产权人等在内的多主体参与其中，涉及政策、法律、法规等内容[178]，自我国城市更新进入实践阶段以来，轨道交通站点建设作为一项重要的民生工程，政府应该更加重视其法律法规建设及实施过程管控，通过完善的法律法规制度来约束参与主体的行为，同时，理顺轨道交通工程建设、资金筹措、综合开发、运营管理等流程，为站点地区的持续更新发展提供顺畅高效的保障系统。

（1）轨道交通站点地区开发政策法制建设

2000年以前，我国轨道交通建设发展缓慢，未引起足够重视，政策及法规主要针对建设标准、技术规范、安全运行等方面。2000年以后，轨道交通发展迅猛，站点建设对城市空间的影响力不断显现，国家和地方政府开始逐步完善对轨道交通发展前景、建设规划、土地使用等与城市空间相关政策的制定。[179]

目前我国在轨道交通站域规划建设的法律法规大致可分为两级：中央层面的法律法规及地方层面的法规制度。中央层面的法律法规指由原建设部颁布的《城市轨道交通运营管理办法》以及由各部委颁布的法规性文件[180]，见表6-3。

表6-3 中央层面轨道交通站点地区更新相关政策汇总一览

分类	法律法规	部门规章	法规性文件
综合	—	—	《国务院办公厅关于进一步加强城市轨道交通规划建设管理的意见》2018.7
规划建设	《城乡规划法》2008.1	—	—
土地开发	《中华人民共和国土地管理法》2004.8	—	—
投融资	《国有土地上房屋征收和补偿条例》2011.1	—	《国务院关于投资体制改革的决定》2004.7 《关于优先发展城市公共交通若干经济政策的意见》2006.12

（表格来源：作者根据资料整理）

目前，我国地方层面的轨道交通建设管理法规较为全面，很多已开通运营轨道交通的城市相继出台了一些相应的地方性法规，分别从城市轨道交通规划建设运营、安全、土地开发和投融资等方面进行了详细规定（表6-4），便于在建设实施中有据可依，形成更规范的操作流程。

表6-4 各地方层面轨道交通站点地区更新相关政策汇总一览

分类	法律和规章	法规性文件
综合	《上海市轨道交通管理条例》2014.1 《广州市城市轨道交通管理条例》2008.1 《南京市轨道交通条例》2014.7 《深圳市轨道交通条例》2010.3 《重庆市轨道交通条例》2011.3 《成都市城市轨道交通管理条例》2017.6 《天津市轨道交通管理规定》2015.2 《大连市轨道交通条例》2015.8 《苏州市轨道交通条例》2016.6 《郑州市轨道交通条例》2018.2 《西安市城市轨道交通条例》2018.8 《昆明市城市轨道交通管理条例》2018.10 《长沙市轨道交通条例》2013.5 《长春市轨道交通条例》2015.7 《无锡市轨道交通条例》2014.1 《沈阳市地铁建设与运营管理条例》2018.1	《郑州市人民政府关于进一步加快轨道交通发展的意见》2018.4 《中共杭州市委、杭州市人民政府关于进一步加快城市轨道交通建设发展的若干意见》2017.11 《武汉市人民政府关于进一步加快轨道交通建设发展的意见》2013.2 《天津市关于落实进一步加强城市轨道交通规划建设管理重点任务的工作方案》2018.12 《宁波市人民政府关于关于推进城市轨道交通可持续发展的实施意见》2016.8

第6章 轨道交通站点在站域更新中的触媒运作模式解析

续表

分类	法律和规章	法规性文件
综合	《南宁市城市轨道交通管理条例》2016.2 《合肥市城市轨道交通管理办法》2017.1 《南昌市轨道交通条例》2016.1 《青岛市轨道交通条例》2015.9 《石家庄市轨道交通管理条例》2017.6 《厦门经济特区轨道交通管理条例》2018.5 《福州市轨道交通条例》2017.1 《哈尔滨市城市轨道交通管理办法》2013.9 《佛山市城市轨道交通管理办法》2010.10 《乌鲁木齐市轨道交通管理条例》2018.3	《南宁市人民政府关于加快推进城市轨道交通建设的若干意见》2011.7 《石家庄市人民政府关于加快推进城市轨道交通建设的决定》2016.2 《济南市人民政府办公厅关于加快推进轨道交通建设与发展的实施意见》2018.8 《中共哈尔滨市委、哈尔滨市人民政府关于加快推进地铁建设的决定》2009.3
规划建设	《南京市轨道交通站点换乘及服务设施配套规划标准》2016.2 《成都市轨道交通场站综合开发专项规划》2018.11 《东莞市城市轨道交通建设管理办法》2018.2 《东莞市轨道交通站场地区规划管理办法》2018.2 《武汉市轨道交通规划管理办法》2011.5 《杭州市城市轨道交通建设规划管理办法》2015.7 《西安轨道交通与城市融合设计导则》2019.2 《贵阳市城市轨道交通建设管理办法》2015.7 《宁波市轨道交通建设管理办法》2016.4 《青岛市轨道交通建设管理办法》2014.3 《青岛市常规公交与轨道交通衔接导则》2017.12 《石家庄市轨道交通建设管理办法》2013.9 《福州市轨道交通建设管理办法》2013.11	《郑州市人民政府关于轨道交通工程建设征地拆迁补偿安置的意见》2011.7 《福州市人民政府办公厅关于做好地铁一号线管线拆改工作的通知》 《成都市人民政府关于推动城市轨道交通加速成网建设计划的实施意见》2015.10 《杭州市城市轨道交通沿线建筑原址复建规划管理办法（试行）》2015.4 《杭州市城市轨道交通上盖物业预留工程前期审批指导办法（试行）》2018.9 《东莞市轨道交通TOD规划建设工作实施方案》2013.11
土地开发	《关于推进上海市轨道交通场站及周边土地综合开发利用的实施意见》2014.4 《南京市轨道交通场站及周边土地综合开发利用的实施意见》2015.10 《广州市轨道交通场站综合体建设及周边土地综合开发实施细则》2017.3	《武汉市关于支持地铁建设的土地资源筹集意见和方案》2014.10 《郑州市人民政府办公厅关于印发郑州市轨道交通段(场)及沿线站点毗邻区域土地综合开发建设导则(试行)的通知》2018.6

续表

分类	法律和规章	法规性文件
土地开发	《成都市轨道交通场站一体化城市设计导则》2018.11 《杭州市城市轨道交通地上地下空间综合开发土地供应实施办法》2018.6 《青岛市轨道交通土地资源开发利用管理办法》2017.1 《南宁市城市轨道交通综合开发建设用地使用权作价出资管理暂行办法》2016.11 《东莞市轨道交通站点周边土地专项储备管理办法》2018.2.2	《昆明市人民政府办公厅关于加快昆明轨道交通首期工程沿线土地开发整理工作的通知》2010.1
投融资	《北京市轨道交通政企合作项目政府补偿资金预算管理暂行办法》2017.12 《南京市轨道交通发展专项基金管理暂行办法》2004.9 《杭州市城市轨道交通资金筹措与平衡办法》2017.6 《郑州市人民政府关于加强轨道交通项目资金筹措实施以地筹资的办法》2010.10 《南宁市轨道交通建设资金市区共担暂行办法》2018.3 《东莞市轨道交通建设投融资管理办法》2018.2 《东莞市轨道交通建设发展专项资金管理办法》2011.3 《武汉市轨道交通建设发展专项资金管理暂行办法》2008.9 《贵阳市轨道交通建设专项资金管理暂行办法》2018.5 《福州市轨道交通建设发展专项资金管理暂行办法》2010.7 《佛山市轨道交通专项资金管理办法》2007.10 《乌鲁木齐市轨道交通建设发展专项资金管理暂行办法》2014.10	《哈尔滨市人民政府关于印发哈尔滨市地铁一期工程建设多元化引资若干政策的通知》 《重庆市人民政府关于我市轨道交通项目财政扶持政策的通知》2011.2 《昆明市人民政府关于印发推进基础设施BT融资模式建设工作方案的通知》2011.11 《贵阳市轨道交通3号线一期工程PPP项目实施方案》2018.10

（表格来源：作者根据资料整理）

由上表可看出，目前已建成通车的33个城市在近些年都对轨道交通站域建设制定了相关性政策，但其针对性并不强，超过半数城市只是在总的管理办法或条例中提及宏观的原则性规定，有些甚至未提及轨道交通站域的综合

第6章　轨道交通站点在站域更新中的触媒运作模式解析

开发,只有上海、广州、南京几个城市颁布了指导性与操作性较强的场站开发、投融资等专门性政策,这将导致大部分城市轨道交通站与地区的综合开发建设受到严重制约,成为区域发展的瓶颈。

（2）城市更新政策法规建设

我国目前并没有国家层面的城市更新政策,各大城市更新中所依据的只有少数地方性法规。

（3）开发管控流程

轨道交通站域地区的更新开发不是单一部门,或依靠简单手段就能够实现的,而是一个复杂交错的综合体系,其在规划、管控体系、实施主体与发展策略方面都提出了较高要求。从投入与产出角度看,轨道交通建设带来的经济性产出主要有四类：轨道交通营运收益、附属资源收益、沿线未出让的土地增值收益及沿线物业和已出让土地的增值收益。在实际建设运营中,常规的轨道交通企业往往只能获得前两项收益,而后两项的收益虽远远大于前两项,却被外部化了,或因为未能有效利用而白白流失了。这对公众的集体利益是十分不公平的,站域的更新建设也因得不到及时的资金反哺而失去了可持续的重要动力。因此,如何尽可能地把外部化的利益转向内部或实现经济效益的可持续返还,是站域土地开发模式的重要议题。目前国内外比较成熟的有以下几种模式：

①香港"R+P"模式。香港地下铁路公司于1975年建立,2000年上市为股份公司,2007年合并九广铁路业务,并正式更名为港铁公司（MTR）。作为公共交通的骨干,其运营线路长达230.9m,在各个站点地区共持有1399个零售店铺,总面积达57300㎡,自持出租的物业中,商业为212500㎡,办公为39400㎡,其他类型为15300㎡,其旗下的物业公司担负着758000㎡商业和96000套住宅的日常运营管理。近年来,港铁积极开拓内地市场,在北京、深圳、上海等地亦有不少轨道交通综合开发合作项目。

轨道+物业（Rail+Property,简称R+P）是港铁公司提出的香港轨道交通沿线发展的重要思想,在政府的支持下,用土地溢价收益和物业租金回报平衡轨道交通的建设与运营费用[181],同时由于政府控股,在开发中更关注社会效益,强调站点与周边土地开发的联系与空间关系,通过适时的规划调整,从点、线、面各层次灵活操作,以保证轨道交通站域地区更新开发的科学有序。

具体开发流程为：首先，香港特区政府组织港铁公司等相关部门进行线网规划，预测客流及物业收益，制定沿线物业开发规划及发展大纲蓝图；其次，政府将站域土地划拨给港铁公司，并与其签订协议书，明确港铁公司对轨道交通沿线物业的优先开发权，港铁公司根据市场情况制订物业开发计划，自行开发或寻找合适的第三方联合开发，或通过公开招投标选择开发商；再次，由所确定的物业开发主体对项目进行全资建设，包括协调物业开发的总体规划设计、施工监理及后续的策划销售环节，与轨道交通线路建设密切相关的物业开发问题则随时与港铁公司协调解决；最后，根据前期签订的合同进行物业销售、物业移交及利润分成，由港铁公司负责站域开发物业后期的经营与管理（图6-23）。

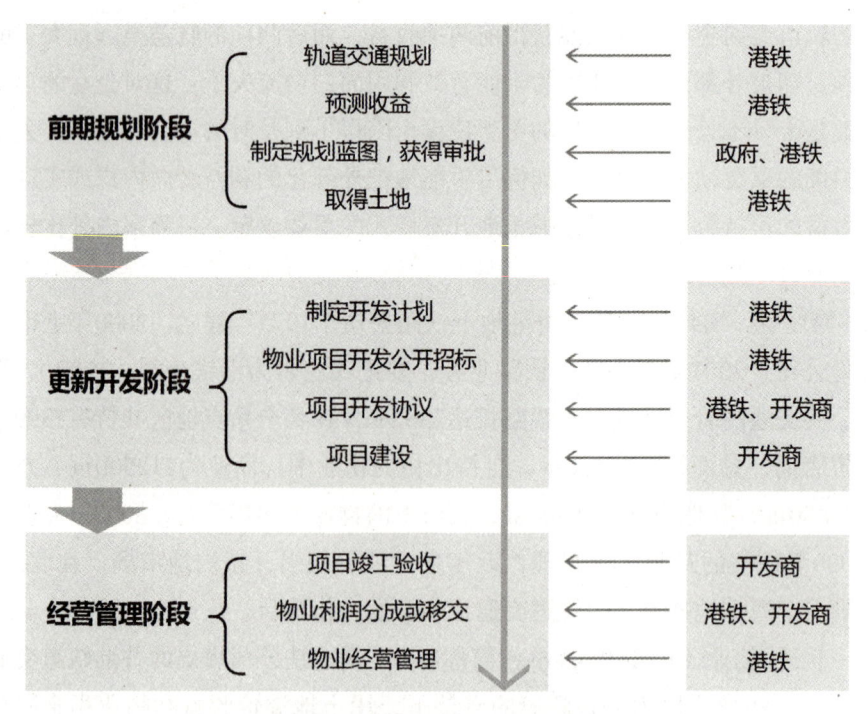

图6-23 香港轨道交通站点地区更新开发流程

（图片来源：作者自绘）

第6章　轨道交通站点在站域更新中的触媒运作模式解析

②日本多主体合作模式。日本对轨道交通站域的综合开发更新具有悠久的历史，在发展过程中形成了由多种投资建设主体联合开发经营城市轨道交通的良性模式，主要可分为民间资本、民间与国家或地方公共团体（相当于我国各级地方政府）的组合、国家或地方公共团体三类。其中，由各级政府等公营部门和私营部门共同出资组成的轨道交通企业被称之为第三部门，属于半公半私型轨道交通企业，主要为某些特殊情况的轨道交通线路建设而设立，如某些线路社会效益较好，但私营企业因难以自负盈亏而不愿涉足。轨道交通建设的筹融资途径主要有政府补贴式、利用者负担、收益者负担、发行债券和贷款五大类。站域的开发建设流程主要分为以下三个阶段：

首先，项目的策划阶段：由当地政府、开发商、各领域专家学者、项目当地权益人、社会商会参议员、都市设计机构等进行多种提案的征集与讨论，最终确定项目的综合定位。随后，项目的规划设计阶段：在相关法律及纲要的约束下，对站域地区进行综合设计，包括交通系统的整体规划及站点核心影响区的城市设计，涉及配套的站点设施、步行换乘系统、物业开发类型、景观空间等多方因素。然后，项目的建设运营阶段：根据设计策划的具体内容对土地的权属进行协调并最终确定开发主体，通过多主体协商制定分期开发策略，由私营部门和公共部门共同出资或做融资担保吸纳其他金融机构的投资，对项目进行开发建设。在项目完成后，进入多主体共同运营阶段，站域物业产生的商业收益将为后续分期开发及环境优化提供资金支持，从而使站域的更新建设进入可持续的良性模式，并使多主体均取得较高收益。

③中国模式

A. 市场运作模式：由统一的土地储备中心征收土地，并通过政府委托轨道交通综合开发公司进行初级设计开发，然后将区域土地合理划分为多个地块，进行市场化交易，收入交由城市轨道交通公司，以支撑城市交通设施建设。这一模式虽然能在最短时间获得大量资金，减轻政府和轨道交通开发公司的经济压力，但后期缺乏持续性回馈，且由于轨道交通公司与开发商没有任何关联，开发过程的合理性和站域的一体化均未纳入考虑，容易造成站域地区功能与空间的割裂，对城市发展产生消极影响，并不是一种理想的开发模式[182]。

如广州轨道交通1号线站域建设策划，1992年由轨道交通筹建处和市规划局组成工作小组对沿线土地进行了摸排调研，最后共划出27个地块供沿线综合开发建设之用，总用地面积达34.8万平方米，然后由市城乡建设委员会、国土局、房地产管理局、规划局和轨道交通筹建处共同举办"广州市轨道交通沿线物业发展项目介绍会"，通过招商把土地推向市场，共收回22亿资金投入轨道交通建设。然而由于缺乏统一的规划、设计、建设，后期站域建设效果并不理想，截止到2004年，出让的27块土地中，只有3块在开发建设，4块已投入使用，建成物业38万平方米，仅占开发总量的19%。土地的大量闲置对社会资源造成严重浪费，也错过了轨道交通站域开发的最佳时机，影响了原定区域更新目标的实现。

B. 轨道交通公司自行开发模式：这种模式由政府与轨道交通公司两方合作，政府将土地出让给轨道交通公司，同时减少对轨道交通的财政补贴。轨道交通公司自行对站域地块进行物业开发，建成后通过物业出售或出租获取收益，以反哺轨道交通运营。这种模式虽然可实现轨道交通与物业的同步规划与建设，但由于轨道交通公司并非专业的地产开发公司，建设经验与管理水平较差，造成物业开发收益无法最大化，实际投入产出往往低于市场正常水平，无法较好地达到预期的社会与经济效益。

如广州市轨道交通2号线，由广州市轨道交通公司自行开发了金道花园、金兰苑、富康新村等大中心居住区，档次都较低，销售困难。金道花园2000年开盘，直到2004年才售完；金兰苑2001年开盘，到2003年仅销售56%，裙楼部分也一直空置，直到2004年一期才出租完毕。

C. 混合开发模式：混合开发模式指政府和企业合作，在项目的建设期或运营期引入社会资本，实现与私营企业共享投资收益，共担投资风险。该模式能够有效降低项目建设和运营成本，提高建设效率和开发品质，目前已开展尝试的有PPP、BOT、BT等。

6.1.3　社会介质

习近平总书记在定义现代化城市时，给出了三个定语：和谐宜居、富

第6章 轨道交通站点在站域更新中的触媒运作模式解析

有活力、各具特色。离开了人在城市中健康多彩的生活,哪一个都无法实现。人与人之间的分享与欣赏,是个人获得存在感与价值肯定的主要途径,恢复和重塑空间的社会互动性,是城市更新的重要议题。在轨道交通站域的更新中,要避免站域成为仅供人们匆忙换乘的冰冷空间[183],利用场所营造、全时利用、事件引导等社会触媒介质实现站域的特色塑造及优化,增强区域的可识别性,提高区域居民的社会认可度与活跃度,实现区域的持续更新。

6.1.3.1 公共空间承载多样社交活动

在轨道交通站点地区的多种空间类型中,公共空间是社会生活产生与发生的重要容器,它能作为一个中介体将不同的人群引入同一空间场所之中,支持他们的行为,同时又能反过来影响他们的行为乃至生活方式。

公共空间的公共属性有两方面的内涵,首先,它要能满足居民的社交活动需求;其次,它还是展示城市文化的载体。居民社交的首要需求就是相互认识的需求,并且获得身份认同,这就要求公共空间面对的是整个社区、全体成员,需要营造"温暖"的氛围,让居民有安全感和归属感,促进邻里交往,同时还得兼顾一定的私密性。公共空间作为城市文化的重要展示空间,不同阶级、不同年龄、不同种族的城市居民聚集于此,在交往活动中了解自己现有认知之外的领域。公共空间为这些不同社会关系的沟通互融提供了可能性,不同文化于此碰撞、交融、重叠、理解,居民彼此尊重,和睦相处。

6.1.3.2 功能混合促进丰富多元的社会结构

社会结构是社会生活中不同的人群活动组织环环相扣形成一种稳定的链条或网状结构,而线型的链状结构相对于网状的连接结构来说,更容易遭到破坏,出现社会危机的可能性更大,因此在轨道交通站点地区的更新中,应充分通过土地的混合利用来丰富链接社会结构,使每个人都可以找到适合自己的活动和发展机会,给人们以安全稳定的环境,可以努力去实现自己的梦想,整体社会秩序也必将是稳定积极的,触媒作用会沿着良性的网络结构向外扩散。即便是有矛盾冲突,混合利用形成的网状结构也会通过其他相关的利益群体去协调，从而达到新的平衡。相反，如果站点地区的功能过于单一，人际关系线性连接，社会结构呈链状，那么这种不稳定的关系很容易遭到破坏，当社会矛盾和冲突发生时，就变得难以调和，甚至会加重冲突，导致社会结构彻底失衡（图6-24）。[184]

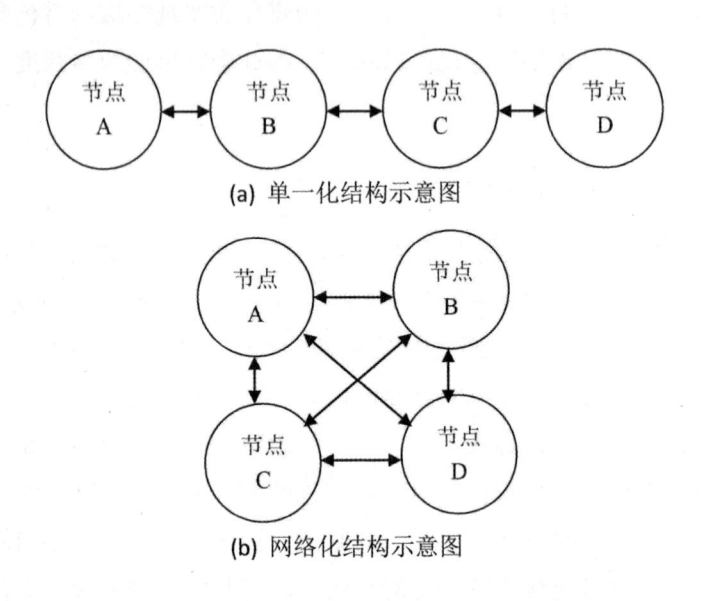

图6-24　社会单一化结构和网络化结构对比

（图片来源：https://www.docin.com）

6.1.3.3　渐进式的改造方式提高社会网络的稳定性

稳定性是指城市空间应与各城市功能相匹配，达到一个长期的相对稳定状态，以适应各类社会网络的形成和成熟。城市复杂的现状环境反映了人类行为深层次的复杂需求，体现了城市的文化价值。在站点地区的更新中，如果一味地大规模改造规划则否定了城市多样性价值，并将城市功能彼此分离，是不可取的。相对而言，根据区域的实际情况，配合灵活和渐进式的改造，能提高城市空间对各种社会关系的适应性和维持公共空间网络系统的稳定性。通常在轨道交通站点建设初期会经历大规模建设的跃进式更新，但轨道交通带来的社会触媒因子则是在后期持续性渐进式改造中慢慢深入城市生活，达到润物细无声的效果。而渐进式改造的关键是要制定共同遵守的原则，让各方力量按自己的需求、根据自己的能力执行。

6.1.3.4 对广泛大众利益的关注

从以往的城市更新实例研究可以看出，在更新建设过程中采用多元主体协作及公众参与的模式，可有效地维护社会网络的稳定，因为只有让大众参与到地区的保护和改造中，让站点地区的改造方向与社会公众价值观保持一致，才能够有效预防与解决站域地区在更新过程中出现的各种问题，使各方利益诉求得到最大化实现。

6.2 触媒作用机制

6.2.1 点状激活

轨道交通线路一般为封闭运行，仅依靠站点为媒介与外界沟通联系。大量客流在站点附近集散，同时也吸引着资金、信息、产业等在这些"点"上聚集，对附近区域形成强大的经济吸引力，形成一个高强度的岛式触媒区域。国内外一些城市常通过综合开发的手段，激发站点周边区域的连锁开发，使站点周边区域交通方式、用地布局、空间形态均发生改变，形成以站点为中心的城市功能组团（图6-25）。[185]

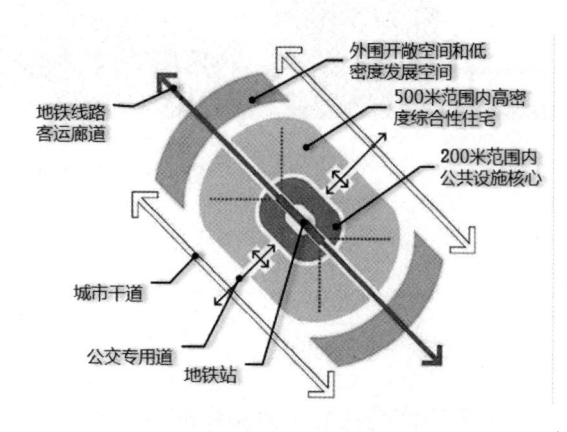

图6-25 站点开发圈层示意图

（图片来源：参考文献[119]）

6.2.1.1 "点"聚集

轨道交通站点的建设，极大改善了所在区域的开放性与可达性，不仅为本区域的人提供了集聚和疏散的场所，也方便了城市其他区域的人出行，大量的人流带来了大量的生活和服务需求，相关的配套产业与功能随之而来，功能的高强叠加要求高容量的城市空间承载，城市天际线在此处明显上升（图6-26）。大量的人流带来了顺畅通行的障碍、步行人流与机动车流之间的矛盾，因此轨道交通站域应该适当有效地控制机动车流量，营造舒适安全的步行系统。以上共同构成高容积率、高复合性、大体量、环境适宜的区域特性。如20世纪90年代的北京，虽然只有轨道交通1号、2号线建成通车，但其与主要城市道路的交汇点形成的节点效应仍明显清晰，如崇文门站（2号线与崇文门大街交汇处）、公主坟站（1号线与西三环交汇处）、国贸站（1号线与东三环的交汇处），这些节点集合了城市主要干道与轨道交通的双重优势，引起了相关产业的聚集，继而带动了区域的综合发展。

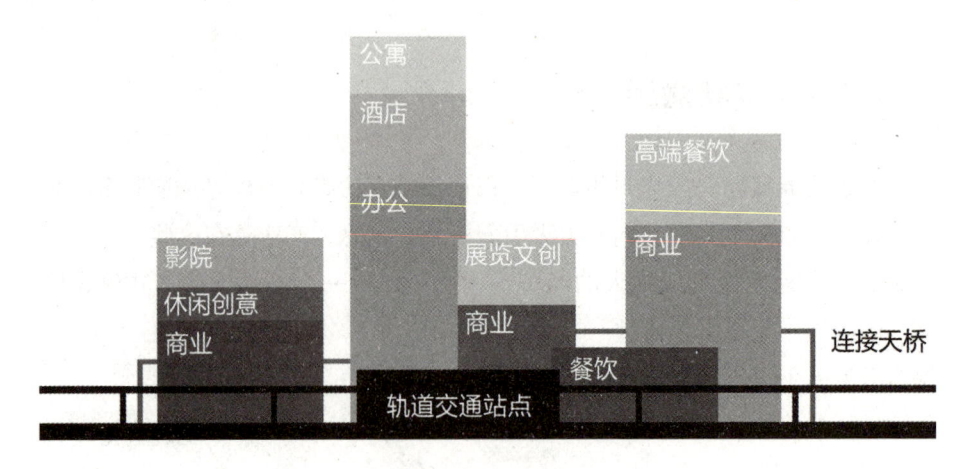

图6-26 "点"聚集

（图片来源：作者自绘）

6.2.1.2 连锁强化

城市空间是社会生活发生的"容器"，活动与场所相互依赖，一方面只有当区域空间能吸引人流并发生大量的社会活动时，该区域才能被认为具有

"活力";另一方面场所的容量、特质、到达路径也会对人流的活动产生抑制、引导作用。轨道交通站点的人流虽然大部分为通勤的必要性活动,但个体在对站点的使用过程中也可能发生相遇、交流、小憩、驻足等社会性和自发性连锁活动,而这种连锁活动对区域的物质更新作用巨大。[186]在站点建设中,可通过为社会性和娱乐性的活动创造合适的物质条件,逐步把之前被忽视且受限制的人流需求激发出来,而活动的增多,在某种程度上意味着空间活力的增强,整体区域功能的复兴。

6.2.1.3 圈层扩散

轨道交通站点触媒影响具有圈层扩散的特征。站点地区服务等级越高,其触媒影响的扩散范围越广,并且以站点为中心,向外圈层扩散,影响周边的城市环境,随着与站点距离的增大,影响逐渐减弱,而这种连锁变化的核心载体就是人流的扩散,不均等的人流分布将影响整体区域的商业价值。[187]交通工具载着人流出行,交通工具不同,传导特性也不相同,带来的触媒辐射范围和影响结果也不尽相同(表6-5)。步行交通是居民站点附近使用最高的交通衔接方式,在其影响范围内形成使用效率最高的核心区域;自行车的可达范围扩大,使圈层向外发展,但集中度下降;公共汽车则使站点的影响力向更广的地区延伸,形成若干发展带。

表6-5 不同接驳工具影响范围汇总

接驳方式	速度(km/h)	扩散影响半径(km)	最大影响区面积(km^2)
步行	3.6	0.6	1.1
自行车	10~14	1.8~2.3	10.2~16.6
公共汽车	15~25	2.5~4.1	21.2~52.8
小汽车	40~60	6.6~10	>60

(资料来源:根据资料整理)

6.2.2 线状传导

由于空间的可达性和极差地租的共同作用，城市高密度聚集区向周边区域的渗透与扩散并不是均质的，而是沿着交通、水源、能源等已有线状设施寻找最佳传递路径。轨道交通具有线性的特点，每条线路上均拥有多个可供开发建设的站点。在"点状"开发的基础上，可进一步利用线路将多个站点串联，形成轨道交通网络，促使每个站点都可达到充分的发展。

6.2.2.1 人流疏解，平衡发展

城市中心区由于产业及经济活动的集中而产生强烈的向心力，吸引城市人口、社会活动以及城市功能要素在此区域高度集中，聚集效应提高了城市资源利用效率。如居民的通勤效率提高，出行成本降低，对城市服务设施的使用效率提高，导致了对部分城市服务设施建设需求的减少。但随着城市区域经济的不断发展，集聚效应不断增强，当达到区域容量上限以后，过度的人口和经济活动的集中跟有限的资源总量之间的矛盾就会凸显出来，就会导致运转效率下降、设施损耗严重及环境质量恶化的负面效果。轨道交通以线路为载体，高效承担着城市人流和物流的交流与输送，既缓解了城市中心区的交通压力，又带来了其他城市区域的新兴资源，间接引导了相关产业及资金的转移。当多条线路交错成网时，更进一步推进了城市人流均匀疏散的可能。

以上海市为例，目前运行的16条轨道交通线路，在中心城区形成覆盖东西南北的网络状布局，为市民提供了出行的多种路线选择方式，十分便捷，也避免了某些重点站域人流量过于集中，将人流引导至城市的各个角落，有利于资源的均衡利用，为城市的多中心结构提供了支撑。

6.2.2.2 规模效应，资源共享

作为一种具有共享属性的城市公共基础设施，轨道交通所带动的城市功能、空间的集聚不仅实现了区域范围内各种资源要素、知识技术的共享，同时降低了城市运转的成本，提高了运作的效率。例如纽约、东京和伦敦，其城市中心的 CBD 区域范围内覆盖了大量的全球 500 强公司总部、外资银行等（表6-6），城市中心区范围内轨道交通网络通达，乘坐轨道交通的出行

比例均在70%以上（表6-7），轨道交通的建设无疑对商业运营活动的运转提供了有效支撑。

表6-6 世界三大金融中心运营状况汇总

世界三大金融中心		纽约	东京	伦敦
全球500强总数（个）		28	89	33
外资银行数量（个）		356	115	479
证券交易所市值	股票（百万美元）	2692132	2821660	858165
	债券（百万美元）	1610175	978895	567291
外汇日交易	交易额（亿美元）	1920	1280	3030
	占世界交易总额比重（%）	19.2	12.8	30.3

（表格来源：参考文献[61]）

表6-7 世界三大金融中心核心区内轨道交通运行情况汇总

世界三大金融中心	纽约曼哈顿	日本都心区	伦敦中央区
核心区面积（km^2）	23	42	27
核心区线网密度（km/km^2）	3.17	2.00	2.56
轨道交通出行比例（%）	70	75	77
城区面积（km^2）	786	621	1579
城区线网密度（km/km^2）	0.76	0.79	0.74
轨道交通出行比例（%）	32	56	26.3

（表格来源：参考文献[61]）

6.2.2.3 差异化互补

区域功能差异化是城市的更新发展过程中普遍存在的现象。轨道交通在穿越城市运送人流的同时，也直接串联起功能各异的各站点片区。轨道交通站域相似或雷同的功能设置不但难以形成对城市中心区的活力支持，同质间的竞争与合并也将加剧人口与资源的过度聚集，不利于城市中心区的协调发展；而在更新阶段如充分利用轨道交通站域自身的特色，构建差异互补的功能聚集区，则更有利于城市空间结构的优化与轨道交通体系的可持续发展。

如天津市轨道交通1号线贯穿天津南北轴向，从北辰区的刘园站到河西区的双林站，线路中间分布着多种类型轨道交通站域，如以居住生活为主的土城片区、以商业服务为主的小白楼片区和以商务办公为主的洪湖里片区，片区之间都有自己的优势，充分发挥和利用这些优势，强化每个轨道交通站点自己的特色，差异化定位，可以促使区域快速发展，使轨道交通线网更加均衡，形成持续的发展节奏。

6.3 轨道交通站点地区更新的触媒效应分析

有效的触媒作用种类繁多，适合某个地区的方法很难未经调整就作用于另一个区域，虽然如此，我们还是有可能将这些方法归纳起来重新构造城市。根据城市轨道交通所在城市中心区的用地布局和城市更新定位，可将轨道交通对站点周边更新的催化作用归纳为激发、强化、修复、创造四种类型。激发，是指触媒元素对周边区域的激活与促进效果；强化，是指引入的新元素对原有城市功能及形态的进一步加强作用；修复，是指通过对现有城市结构及环境的改善，修复已失去活力的原有城市内涵；创造，是指由新元素注入而引发的对全新生活氛围的创造（图6-27）。[188]

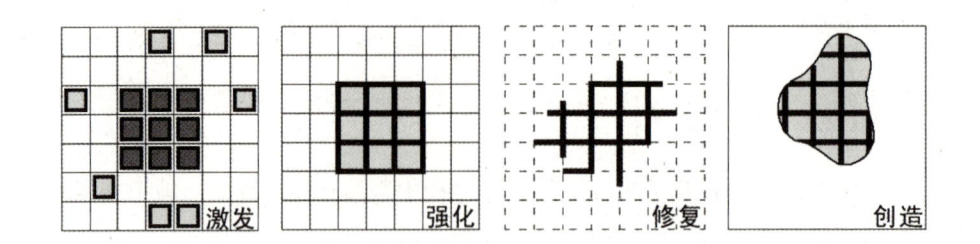

图6-27 城市触媒的催化作用

（图片来源：作者改绘）

6.3.1 激发效应——轨道交通站域的城市要素

城市快速轨道交通的介入可以激发周边城市要素的发展，包括站点的建设、商业、办公、住宅的连动开发及城市地下空间的拓展等，从而带动更大范围的激活与复兴，主要表现在保存置换、组合增强两方面。

（1）保存置换

更新并不意味着城市中所有的旧元素都需要推翻重来，一些优秀的元素虽然在物质与精神层面都出现逐渐衰微的态势，但由于其历史特殊性仍具有保留的价值，有助于城市在发展的同时，存留珍贵的城市文脉，将传统的文化和精神发扬光大。正如"最好的保护就是永远利用"，对于具有重要历史文化价值的地段或建筑，对其衰落的功能进行置换，新的功能使用是对实体本身历史文化价值的激活，更好地发挥了历史的价值。同时，由于注入了新的使用功能，满足了新的需求，从而激发了区域的整体活力。另外，根据多元化功能激发区域活力的原则，适当允许在站域内引入一些复合的兼容功能。如在北京轨道交通珠市口站，站点周边现存大量保护性四合院，在最近公布的更新方案中，将原本封闭的内部公共区域完全敞开对外，向城市开放，并且用公共通道增强了街区内部的联系，保留原有建筑风貌的同时，为城市活动提供了公共平台。同时，对传统四合院空间结构创新处理，保留原有格局，增加宽松的公共空间，丰富了空间形式[189]，并且加强了区域的功能混合度，打破了街区内单一的居住功能，增加了商住混合用房、快捷商务酒店和经济性酒店公寓等兼容性功能，使得站域土地利用多样化和高效化（图6-28）。

（2）组合增强

新的元素介入，可能会与原有的城市多样元素结合成为新的组合，取得"1+1>2"的效果。如城市交通系统与站点公共空间的结合，会形成多层次的步行者网络系统，并实现站点与周边城市环境的有效衔接，增强了原有交通系统的可达性，从而提升对市民活动的吸引；又如站域原有居住功能与站点的交通、餐饮、文化、服务等多种功能混合，变单一的居住空间为休憩、集会、交流、娱乐等多种城市活动的多功能活动空间，促进居民的亲社会活动行为，激发空间活力，提升空间的城市价值。

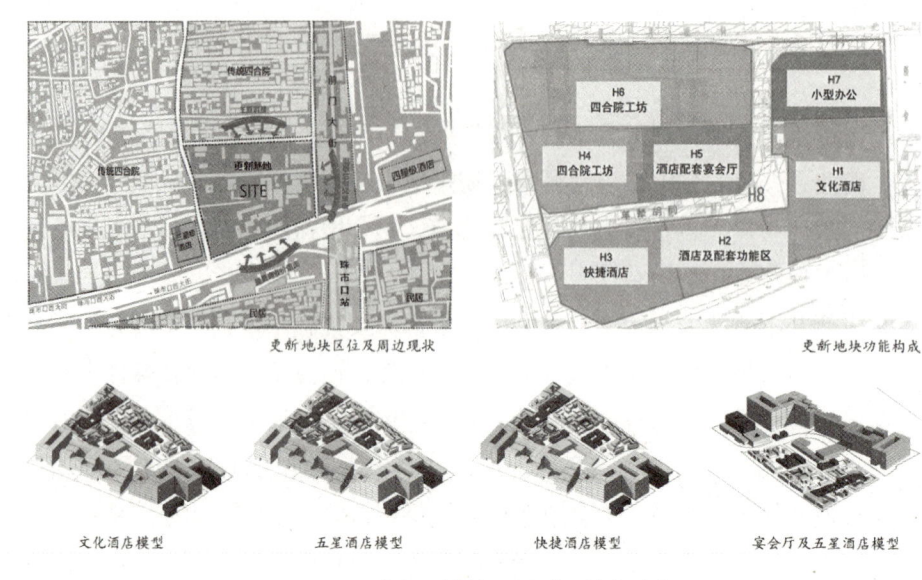

图6-28 珠市口站域更新引入兼容功能

（图片来源：参考文献[181]）

如伦敦道克兰区的金丝雀码头原是伦敦最出色的码头之一，然而由于海运事业的萎缩而逐渐衰落，直至1980年被彻底废弃。1986年由SOM负责金丝雀码头的更新设计，1992年一期工程建成时，办公出租率仅为60%，到1999年地铁朱比利线建成后，在此区域设置三个站点，通过两条地下商业步行街将其有机串联，并结合商业、休闲等功能营造一体化的地下空间，极大改善了道克兰区落后的交通状况，促进了金融与商业中心迅速发展，办公楼出租率上升至99.5%。经过多年发展，金丝雀码头成功带动道克兰区重现繁荣，就业率上升30%，常住人口增加两倍，成为世界级金融中心（图6-29）。

6.3.2 强化效应——轨道交通站域的城市功能及形态

触媒作用强调城市要素的作用力与反作用力，重视站点与周边环境的交流，轨道交通带来的新元素可以提升现存要素的价值，并共同作用向更加有利的方向转化，强化城市特定区域的功能地位。

第6章　轨道交通站点在站域更新中的触媒运作模式解析

（1）填补空缺

城市业态的多样性与服务的完善，是聚焦人气、强化区域功能的保障，决定了活力的持续程度。同时，城市发展往往受到城市空间容量的限制，不断增加的功能需求如果不能及时地由空间承载跟上，就会成为明显的短板，影响整个区域的发展速度的同时还降低了整个区域的空间品质。无论从功能还是空间上，轨道交通及站点的建设都带来了其增量开发的可能，可快速有效地补足区域发展短板。

（a）更新前鸟瞰图　　　　　　（b）更新后鸟瞰图

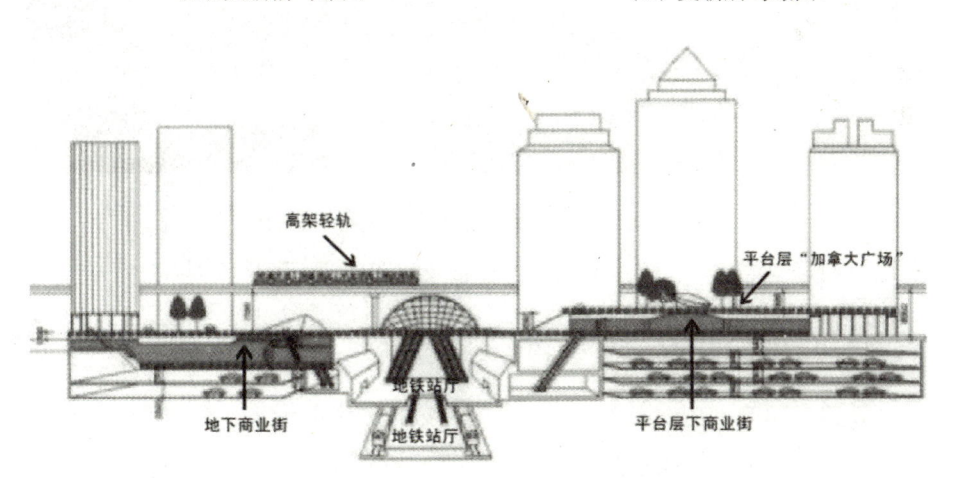

（c）金丝雀码头城市快速轨道交通整合地下空间体系

图6-29　金丝雀码头激发效应

（图片来源：作者改绘）

如无锡的三阳广场站，轨道交通1、2号线在此换乘，在站域内共设计了27个轨道交通出入口，可以跟人民路、中山路交界口几乎所有的商业项目贯通，从而产生强大的人流集聚效应。同时，它使中心城区和城市外围的商业中心的贯通更为便捷，强化了其核心商圈的地位。在地下，轨道交通与周边商业贯通，形成一个集停车、购物、休闲于一体的地下综合体，为区域增加了17万平方米的建筑面积，带来了将近3000个停车位，有效地盘活了地面经济（图6-30）。

图6-30　无锡三阳广场站地下空间剖透视图

（图片来源：https://wuxi.news.fang.com/2014-06-30/13149519.htm）

（2）整合叠加

轨道交通的可达性因子可形成复合化的优势资源聚集，在叠加功能类型的同时，引发区域机能系统的更新与完善，可有效地增强更大范围的城市竞争力，实现城市价值的提升。

如天津市小白楼地区，是天津市规划中"一主两副"空间结构的主中心，包括小白楼地区商务区、滨江道商业区以及金融机构云集的解放北路地区。在城市快速轨道交通开通运营前，这些区域大多各自为政，主要依靠城市干道进行联接，每当早晚高峰期间，交通混乱拥堵不堪，严重影响了商业客流的通达性，且过多的道路和交叉口使这一区域显得支离破碎，难以形成良好的商业氛围，更新发展缓慢。随着城市快速轨道交通1号、3号、9号线的建成，极大地缓解了这一区域的道路交通负担，在天津市交通局的协调下，多条道路改为禁止机动车穿行的步行街，商家可利用室外场地摆放座椅和阳伞等休闲设施，有利于商业氛围的提升。另一方面，多条城市轨道交通线路便捷地将各个商圈连接起来，极大缩短了区域间的时空距离，客流、物流、信息流等资源得以优势共享，有利于这一区域的整体化协同发展，进一步强化了其城市主中心的地位（图6-31）。[190]

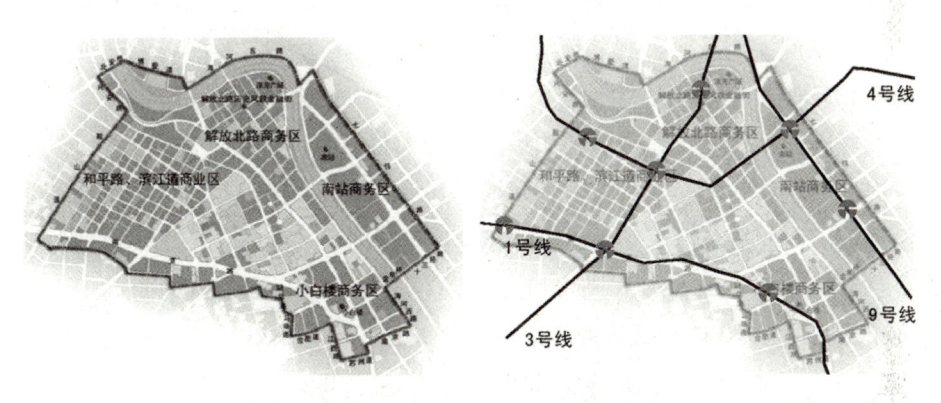

（a）小白楼站区周边商圈示意　　（b）小白楼站区周边城市快速轨道交通情况

图6-31　小白楼站点地区更新

（图片来源：作者自绘）

6.3.3　修复效应——轨道交通站域的城市结构

某些城市地块本身具有一定的地域特色，如重要的城市地理位置或独特的城市肌理，成为具有一定吸引力的城市场所，但由于时代的变迁，区域原有环境内涵逐渐衰败，结构与肌理含糊不清，失去了场所活力。轨道交通带来的新元素可以在遵循原有城市肌理的基础上，对其机能和结构进行修复重构，从而焕发新的活力。

（1）延续恢复

轨道交通通过空间开发、交通组织、社会结构调整等触媒介质，在保证站域空间特色的同时，有机地串联起站点与城市空间，同时在原有的居住、办公功能基础上植入文化、餐饮、服务等多种功能因子，并与之相互支持、互为补充，提升空间使用价值，并进一步恢复区域活力。

如杭州轨道交通1号线龙翔桥站，其周边为商住混合型历史街区，具有"里弄"式的基本空间结构，甚至还保留着一些清末民初时期的古建筑——木结构斜坡屋顶及内天井式院落。随着轨道交通1号线的建设，结合滨湖银泰in77项目对站域进行了更新改造。在A区，将餐饮、娱乐和零售空间通过弄堂和天井串联、整合起来，并增加了广场和步行街，通过玻璃顶棚覆盖，将外部空间室内化，经城市活动引入街坊内部，为消费者创造了一种全新的购物环境，使其可以愉悦舒适地购物，形体处理上对原有地块传统肌理形态重新梳理，赋予了地域历史风貌新的时代语言和内涵。在B区，通过地下通道直接将轨道交通客流引入商场，并将原来的台阶改换，区域延长，并设置地下商业街及停车场，以增加客流停留时间。在建筑风格上，保留了骑楼、青砖等设计元素，并进行粉饰与翻新，与轨道交通上盖的商业中心共同组成in77B综合体，低调而有腔调的文艺范很好地延续了地区的历史传承（图6-32）。[191]随后C、D、E区也相继改造完成，形成一系列的联动开发与复兴。

（a）开放舒适的步行街　　　　（b）修饰的骑楼、青砖

图6-32　滨湖银泰in77项目修复式更新

（图片来源：作者改绘）

第6章 轨道交通站点在站域更新中的触媒运作模式解析

（2）传递场所精神

轨道交通的物质、经济、社会因子可有效改善现有元素与环境，以一种新的形式恢复其失去的活力。同时，通过整合空间介质实现老建筑与街区、公共空间、城市综合体等的多样融合，将轨道交通的密集人流有效地传递到其他空间，且注重维系区域的建筑或肌理特色，形成具有魅力的城市空间，吸引来访者驻留，从而复兴区域的文化活力，继承和发扬场所精神。

如北京的西直门地区位于北京老城区的西北角，历史上一直是服务于城市西北地区的交通要地，连接着中关村、金融街和内城三个重要板块，然而一直缺乏促成商圈的地标性建筑，使得西直门的连接作用不能表现在经济价值和城市功能上。随着城市快速轨道交通4号线、13号线的相继开通，2010年结合三条城市快速轨道交通枢纽的配套服务工程的西环广场建成。西环广场配备了相当规模的、完善的商业设施，吸引了银行、基金投资机构、商务企业、服务业、律师事务所等多元化企业在此聚集，完善了西直门商圈功能，全面带动西直门区域升级。西环广场地上部分由三座法式风格高层组成，线条流畅的清玻面与西山遥相呼应，成为西城区独具特色的新地标（图6-33）。

(a) 西直门地区旧貌

(b) 西直门区位及轨道交通分布示意图

(c) 西直门地区更新后现状

图6-33 西直门站点地区更新

（图片来源：作者改绘）

6.3.4　创造效应——轨道交通站域的城市氛围

城市快速轨道交通给旧城区带来的各种有形和无形的新资源，为城市更新注入了活力，创造出一些全新生活氛围，并赋予环境某种新秩序。

（1）丰富生态环境

借助轨道交通的建设植入休闲类功能，形成公园、绿地、庭院等公共空间，为乘客和小区居民提供环境优美的公共空间，可以休憩、交流和集会。另一方面，通过空间整合和交通流线引导，使公共空间充分融入城市空间，引入了绿色生态的空间，丰富了城市空间体系，美化环境的同时也提升了站域的整体生态环境。

如东京六本木地区，在其更新改造时，由于城市快速轨道交通站点周边土地的高密度开发，形成了城市之中的紧凑区域，这种紧凑使博物馆、观光设施、综合影院、露天的表演舞台等多种城市功能立体交错，并通过连廊、坡道、庭院、平台等紧密联系，形成层次丰富的公共活动空间。城市的动线由横向转为纵向，并由此提出全新的"垂直庭院城市"理念，将建筑屋顶和开放空间精心绿化成多个庭院和广场，通过绿色步道的联系交织在一起，改变了人们原有的居住生活行为模式，创造出原有城市空间中没有的新元素（图6-34）。

（2）塑造精神标志

在一些大型的轨道交通站点地区，通过强化复合化、吸引力强的触媒因子，可有效促进客流的偶发性活动和社会性活动，使站域建筑或城市环境能够充分展示城市或区域精神。

如颠覆了人们对传统轨道交通和古城京都的认知的日本京都火车站，用于车站的基本功能的建筑面积仅占1/20，更多的是各种各样的复合型趣味公共空间，如空中花园、巡游步道、空中走廊、主题广场等，精心地设计成令人印象深刻的空间序列。结合着这一系列的趣味公共空间，设置可供休憩的绿地公园、交互性灯光和艺术品陈设等，在趣味性序列空间东西两侧，是各种不同的站域功能空间。京都火车站与其说是一个轨道交通车站，不如说是一个极具魅力和时代感的城市休闲综合体。[192]

第6章 轨道交通站点在站域更新中的触媒运作模式解析

(a) 东京六本木新城鸟瞰图

(b) 层次丰富的公共活动空间　　(c) 生动系统的绿色景观

图6-34　东京六本木地区更新

(图片来源：自摄)

6.4 本章小结

本章结合国内外的优秀案例,对轨道交通站点在站域更新中的触媒运作模式进行了深入剖析。第一部分从物质介质、经济介质、社会介质三个方面研究轨道交通站点如何承载触媒因子;第二部分从点状激活和现状传导两个方面来阐述站点触媒因子如何进一步发挥触媒作用;第三部分结合前两部分,说明综合作用下达到激发、强化、修复、创造等不同的触媒效应。本章对触媒作用的"怎么样"进行了分析归纳,为第7章的"怎么办"提供了依据。

第7章 轨道交通站域的触媒式更新策略

由第4—6章分析可见，欲使站域更新这一城市化学反应正面可控，必须对其体系及要素进行优化引导。本章分别从更新主体、触媒因子、更新介质、更新过程四个方面分别做出回应，得出触媒式的站域更新策略，并在此基础上引入AHP-SWOT法，构建站域更新中内部环境因子与外部触媒因子的整合筛选方法，为站域更新的科学决策和设计引导提供重要的数据及方法支撑。

7.1 差别化的更新策略引导

正如化学反应的方程式，即便没有触媒的加入，也会产生反应物，且可以预测。反应物加入的先后顺序与数量多寡，及触媒的介入时间控制，都会影响反应物的结果。在轨道交通站域的城市更新中，轨道交通及站点的建设的物质形式可以直接地影响周边相邻区域的开发建设形式，但其产生的正面触媒作用并不足以支撑区域更新的可辨识度及可持续性。因此，一个超前的策略性计划是十分必要的，它是在某种特定环境下的设计规划，并非适用于所有站点地区的更新，而是具有一定的弹性以保持多样化，确保在更新开发过程中的可实施与可控性，最终导向发生预期的城市化学反应。首先根据各类站点地区呈现出的综合矛盾明确区域更新的侧重点；其次选择连锁反应的类型，明确事件发生的先后次序；最后制定详细的设计政策工具，以便在更新开发中有定量的衡量标准。

7.1.1 更新侧重点的差异

前文我们讨论了分类轨道交通站点地区的现状问题及各自不同的更新目标，因此在具体的实施中，首先应该明确其不同的更新侧重点，才能选择性地发挥轨道交通的触媒作用，变单一的工程导向为多元更新的城市提升导向。下面将进一步结合具体的实践项目对轨道交通的触媒更新重点进行总结。

7.1.1.1 物质性能提升，再造区位优势

从前文分析可见，站点地区的物质性衰退是普遍存在的现象，无论是建筑的表象破败还是功能衰退，抑或是结构性退化，都已经不能够适应新的使用要求，且很容易给人带来负面的形象感知，造成了使用者与参与者的离弃与动迁，最终导致区域整体环境的衰退，原本的区位地缘优势逐渐丧失。站点地区可以通过轨道交通的触媒策略解决这些矛盾，结合周边区域建筑及外部环境进行统一设计，强化城市物质功能，创造出适宜的空间形态以重新吸引使用者，再造区域的区位优势。

如位于北京CBD核心区的国贸站点地区，是北京最为繁忙的站点地区之一，不仅有轨道交通1号线和10号线在此处换乘，周边更是汇集了35条公交车线路，大量人流车流在此聚集分流，引发了多种问题，如交通组织混乱、地下空间未充分利用、步行环游不畅、线路迂回等。这些问题长期困扰着周边使用者，并反过来影响了轨道交通本身的服务效率与交通服务的舒适度，很难支撑起站域的高强度土地开发，与高档次的业态开发也极不协调，与未来的区域发展规划严重不匹配。基于此，2013年，北京市规划委员会意识到了国贸中心C、G区改造为站域地区带来的机遇，与国贸公司沟通协商，就多方面问题达成共识。随后由设计团队介入，围绕轨道交通站点对该地区展开了一体化的系列升级改造，以期提升该地区的总体交通环境。具体设施包含以下几点：（1）新增地下换乘中庭，并增加换乘通道与之相连，提升地下整体换乘条件，同时给予国贸公司约1.7万平方米的地上建设容量作为奖励；

第7章 轨道交通站域的触媒式更新策略

（2）对地下空间进行一体化开发，增设地下通道使轨道交通与国贸地下商业无缝对接（图7-1），强化交通可达性的同时实现人流互哺；（3）对国贸地块东南角的公共空间进行改造升级（图7-2），围绕增设的下沉广场优化人车流线，并整合轨道交通与地下商业的出入口，结合绿化景观布置人行集散空间，净化地面空间；（4）设置采光屋顶引入自然光，改善幽闭空间带来的焦虑，提高换乘的舒适性（图7-3）。[193][194]

利用地下换乘中庭与原国贸地下商业空间对接，在地下二层和地下一层设置连通商业的廊桥和扶梯，使中庭不仅作为轨道交通换乘的通道，同时作为地下空间人流集散和流转的核心，利用不同高程分别组织轨道交通的换乘、进出站、商业人流，做到空间融合而功能互不干扰，轨道交通站区和商业区分区明确，实现立体的地下步行体系。

改造国贸地块东南角现状坡道和地下车库出入口，形成城市公共空间。在地块东南设置下沉广场，整合轨道交通出入口与地下商业入口，结合绿化景观设置乘客集散空间，打造绿色、生态的城市公共空间节点。

图7-1 国贸地下与商业空间对接改造示意图　　图7-2 国贸站东南角下沉广场改造示意图
（图片来源：根据参考文献[186]改绘）　　　　（图片来源：根据参考文献[186]改绘）

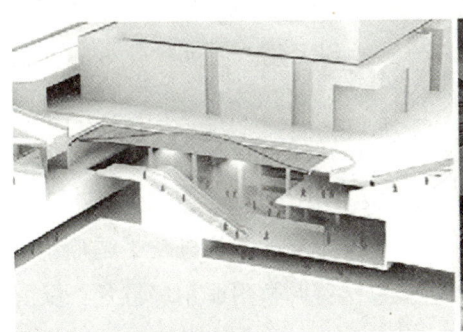

在国贸现状站厅南侧设置地下换乘中庭，为三层通高空间，与两条线路的换乘接口通道相连，在立体空间内解决轨道交通进出站、两站换乘及北侧地下商业连通等功能，同时在中庭顶部开设天窗，将自然光引入地下，提高换乘的舒适性。

图7-3 国贸采光中庭改造示意图

（图片来源：根据参考文献[186]改绘）

7.1.1.2 环境修补，重塑区域特色

站点地区中的人文、生态资源是城市建设中塑造城市特色、树立城市品牌、提升市民归属感的首要要素。在城市中心区往往建设密度较高，可供轨道交通建设利用的土地十分有限，就不可避免地导致部分旧建筑的拆除及土地的占用，极易引发城市环境的破坏与空间肌理的断裂。此时就非常有必要对更新区域与原有地块进行修补，重点关注新旧两种系统的平衡与共生，采用弥合与修复的方式，依托场地原有的土地肌理、建筑尺度和空间格局来进行建设指导，尽量保护延续原有地块的空间秩序，减弱轨道交通这一新系统强势介入带来的不适感，重塑传统空间意向。在细节营造上，可通过多元空间序列的诗意编排展现其精神本质，结合特定场所的意向营造，形成多个承载场所记忆的"锚固点"，从而形成特有的人文性与自然性的和谐统一。

如北京北新桥站点地区位于东直门大街与东四北大街的交叉口，拥有厚重的历史和浓郁的人文气息，既有雍和宫、国子监等皇家庙堂，也有老百姓生活的市井胡同，如北京最蜿蜒的胡同"九道弯"、因电影《老炮儿》声名鹊起的"炮局胡同"，还有以改造再利用闻名的方家胡同，是外地人了解北京的重要场所之一。2014年，北京市政府决定将机场线西延至北新桥，与5号线换乘。初步设计方案存在诸多不合理的地方，如站点与城市空间关系不佳，城市公共空间被大量占用；站内空间局促、换乘距离过长；车站占用整个绿地地下空间；地面设施过多，约3000m^2的小公园内容纳了两个轨道交通出口、三个疏散口、两个风亭，街心公园所剩无几。后期优化方案及时修正了这些问题（图7-4），主要内容有：①整合空间资源，改善空间条件。通过梳理地上、地下空间，解决车站建设空间局促的问题；进行用地权属、道路红线梳理，整合北侧用地资源，可建设范围由0.03hm^2扩大至0.28hm^2。②优化车站方案。基于用地条件的梳理，对工程方案的布局进行了调整，极大地改善了乘车便利性和舒适度。具体措施包括：调整附属用房位置，保留绿地的完整性（图7-5）；充分利用道路下空间作为集中站厅层，扩大公共空间面积，提供便捷、舒适的乘车环境；将"南进北出"单一进出站流线调整为"多进多出"，为乘客提供多样服务；优化乘车路线，缩短乘客步行距离近一半；增设扶梯，有利于及时疏散瞬间到达的客流。③统筹地上地下，

第7章 轨道交通站域的触媒式更新策略

体现古都风貌，结合地铁出入口设置下沉广场（图7-6），创新市民活动空间；研究地上建筑风貌要求，采取小规模、小体量、坡屋顶建筑形制，与旧城整体风貌协调一致（图7-7）。

图7-4 北新桥站综合规划示意图

（图片来源：http://www.ditiezu.com/thread-536675-1-1.html）

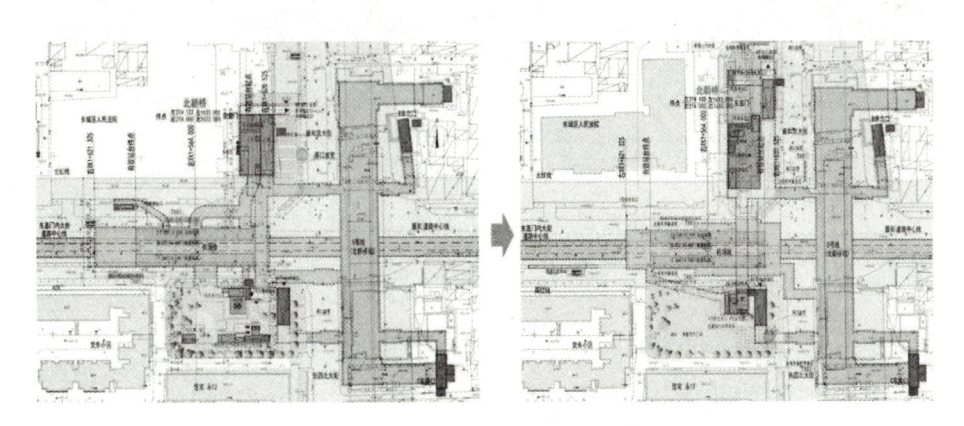

图7-5 北新桥站绿地保留方案

（图片来源：http://www.ditiezu.com/thread-536675-1-1.html）

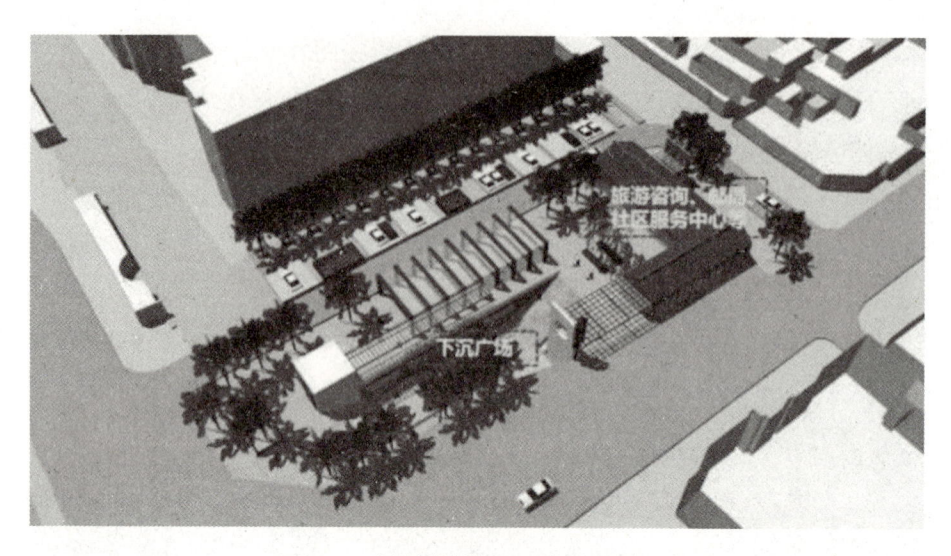

图7-6 北新桥站增设下沉广场示意图

（图片来源：http://www.ditiezu.com/thread-536675-1-1.html）

对地上建筑进行多方案比较，采取小规模、小体量、坡屋顶建筑形制，与周边城市整体风貌协调一致

图7-7 北新桥站建筑风貌协调

（图片来源：http://www.ditiezu.com/thread-536675-1-1.html）

7.1.1.3 功能结构调整，重构经济秩序

区域经济的衰退不外乎两种原因：一是现有的外部物质环境已无法满足经济增长的需求，如功能落后、开发强度不足、道路交通拥堵等，造成承载社会活动的场所严重缺失，资源引入广度与强度受限，居民大量外迁，成为

第7章　轨道交通站域的触媒式更新策略

十分消极的场所氛围，区域活力明显下滑；二是区域内部经济结构的滞后与紊乱，疲软的购买力与低端混乱的初级商业形态形成恶性循环，对外界资本基本没有吸引力可言，形成经济闭塞的孤岛。区域物质环境与产业功能无法适应使用主体的使用要求，成为区域进一步繁荣发展的瓶颈。由此可见，无论外因还是内因，其问题根本都是由原有区域环境与功能不能适应当下发展标准与诉求而引起的。在这种情况下，轨道交通的触媒作用主要体现在土地功能置换、经济结构调整、交通系统完善与空间整合方面，通过外因与内因的综合调整来应对环境与功能的适应性问题，以重构经济秩序为重要杠杆，扩大轨道交通触媒的影响深度与广度，自下而上地解决区域的活力复苏。

华强北片区位于深圳福田区东部，是深圳市的三大商业中心之一，有"中国电子第一街的美誉"。其前身是上步工业区，20世纪90年代，在市场的自发引导下完成了土地功能置换，初步形成华强北商业区，然而原有的工业用地性质并不能满足现代城市商业的发展需求，如土地开发强度不足、土地权属复杂、交通系统不完善等，日渐拥堵的客、货流与平面结构形式的城市空间矛盾日益尖锐，严重影响了该片区的城市空间品质。深圳市政府采取了多项城市更新措施，在此区域先后建成1、2、3号地铁线，且随着2015年7号线的建成通车，使华强北成为深圳市轨道交通网络最密集的区域。[195]一方面，结合TOD模式，在站点周边500m范围内，将片区划分为16个单元，分批次地进行有续更新改造，开发强度控制在4左右，预计未来增容量可达600万平方米，比目前增加170万平方米（图7-8），其中结合轨道交通进行的地下空间开发容量约150万～180万平方米，极大地保障了片区可持续发展的承载空间；另一方面，结合"窄路密网"的站点地区道路规划原则，优化区域的业态空间结构（图7-9），促使华强北从现有的"沿街一层皮"的线性商业结构提升为更成熟的网络型商业结构，增加业态的渗透关联性以产生更多的商业界面与活动交往机会，激发区域的商业价值潜力；另外，利用轨道交通大规模地下空间建设的契机，引导空间的多功能混合布局，遵循不同产业主体功能的需求与特点，完善市民出行及配套服务等必要活动设施，同时构建系统的地下人行交通体系（图7-10），并将阳光、绿化等引入地下，形成一个安全、舒适、便捷、高效的城市立体单元。

图7-8 华强北轨道交通站点影响范围下的地块开发强度模型
（图片来源：深圳市城市规划设计研究院提供）

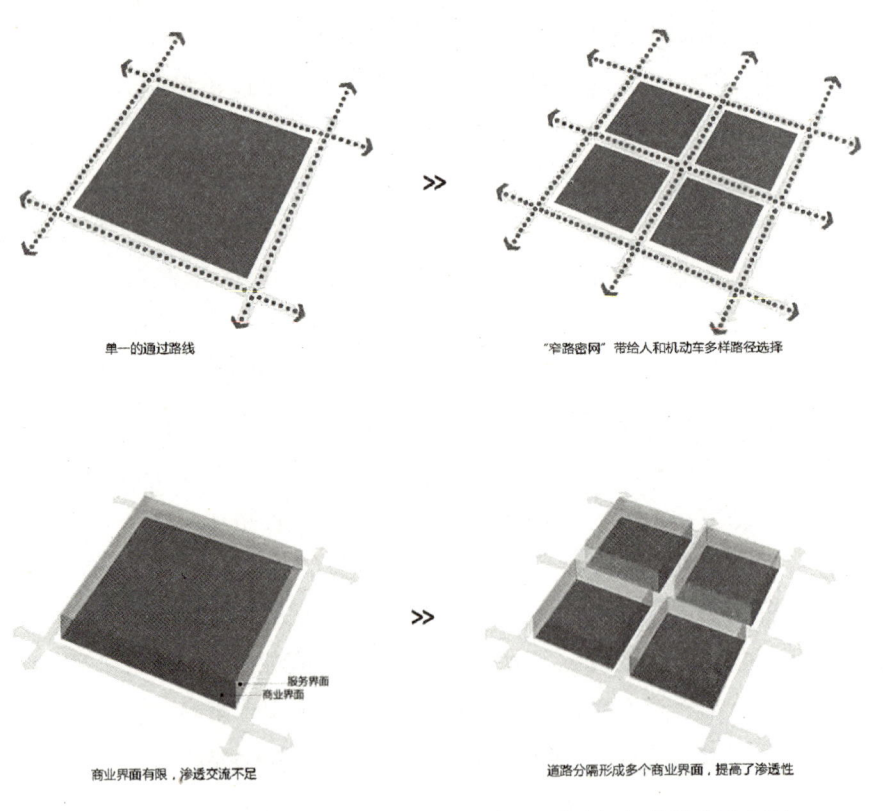

图7-9 华强北站点地区"窄路密网"引导业态空间结构优化示意图
（图片来源：深圳市城市规划设计研究院提供）

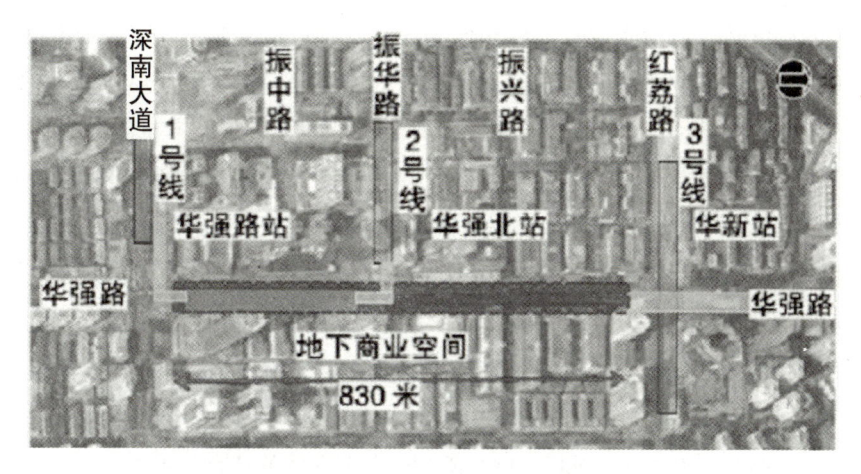

图7-10 华强北地下空间项目示意图

（图片来源：广州日报，2015.4.9）

7.1.2 连锁反应的类型选择

7.1.2.1 循环式反应

循环式反应中，一种触媒改善了城市本身的现有元素，成为另一种城市功能的重要支撑，第二种城市功能的强化带动了第三种城市更新的重点方面发展，第三种功能又反作用于第一种功能，形成一个功能优化的闭环，并共同构成一个更大的整体触媒，激发城市活力，加速城市的更新节奏（图7-11）。

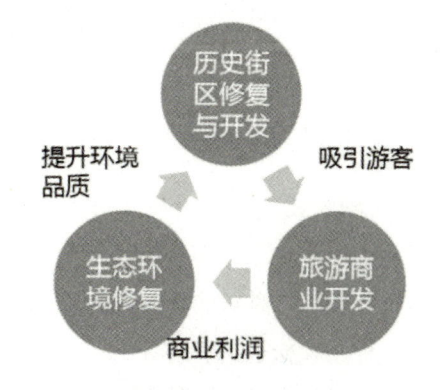

图7-11 历史文化型站点更新计划示意图

（图片来源：作者自绘）

譬如在北京南锣鼓巷、天津和平路站点等历史文化型站点地区，周边的建筑形式与城市环境非常丰富，足以激发相继而来的更新开发，这些城市本身强烈的特色足以指导开发，且不会被新介入的事件吞没或清除。策略性的连锁计划可以先依托轨道交通的建设修复或强化建筑与街道肌理，使一些具有浓厚历史、文化特色的城市环境得以保存，发挥重要的社会文化作用，吸引更多的游客参与丰富的场所体验，而观光消费必将带动区域的商业发展，并能在一定程度上改善逐渐衰落地区的市民就业环境。同时，商业开发的可观利润会促使开发商努力维系或修复区域良好的生态景观系统，以提高区域的整体形象与观光体验的宜人氛围，进一步吸引游客，并反哺轨道交通的客流，实现区域的可持续发展。

7.1.2.2 单点扩散式反应

与历史文化型站点不同，许多站点地区并不具备这种鲜明的特色用以指导和修改更新开发，所以需要引进合理化改变的定则。

如日本涩谷站，作为一个大型交通枢纽型站点，其处于城市已建成核心区，周边用地十分紧凑，在持续20多年的更新开发中，其站点地区只进行了少量缓慢的商业开发。其主要策略并不倾向于商业的经济带动作用，而是通过设计消解地形高差、缓解街区分割的立体交通网络，增强站点与周边区域的连通，突出步行的回游性，创造一个舒适安全的步行空间，进一步强化涩谷站的交通节点功能。这种策略使得站点周边的许多建筑与站点直接相连，扩大了站域的可达性范围，并对周边城市区域产生辐射作用，带动更大范围的更新。

7.1.2.3 "项圈式"耦合反应

"项圈式"耦合反应从形式上看跟循环式触媒很相像，都是形成一个闭环，不同点在于，循环式连锁反应是有一定的先后顺序的，一种城市触媒对第二种及第三种城市功能的更新作用方向性很强，而"项圈式"反应则呈现出一种比较松散的整体状态，它通常会是一个较大系列的指导方针，这些指导方针确认有哪些可能开发的地区、交通与停车系统、合适的建筑形式以及赋予街道与行人慢行空间特色与吸引力的方式。每一个作用点没有固定的先后顺序界定，而是在大的整体规划框架下，遵循某一类具有特色的指导方针来运作，使区域达到视觉的连贯或氛围的一致，以吸引、合并与引导潜在的更新开发活力。

第7章 轨道交通站域的触媒式更新策略

如日本汐留地区位于日本东京都心部，片区内拥有两个重要的轨道交通站点——新桥站与汐留站，两个站点相距不到500m，其中新桥站是日本第一条铁路京滨线的起点，曾经是东京最大的货运集散中心，在快速发展的公路及航空货运快速发展冲击下，于1986年被停用。随着20世纪90年代后期日本经济的复苏，汐留地区的再开发被提上日程，1987年"汐留周边地区综合整备调查委员会"正式成立，1992年"汐留地区土地区划整理实事业与再开发地区计划"通过决议，提出"与城市共生"的城市更新目标，并制定了一系列具体方向（图7-12）。[196]项目策划总占地31hm²，按照用地界线划分为4大片区，共含A、B、C、D、E、H、I和西街区8个街区，各街区的建筑形态与土地功能各异，多为较具规模的综合商业大楼，包括商业、公寓、办公楼、酒店等类型，由官方与民众合作经营开发，在1999—2006年间分别开发并投入使用。该区域共有13栋超高层，总建筑面积达168万平方米，通过

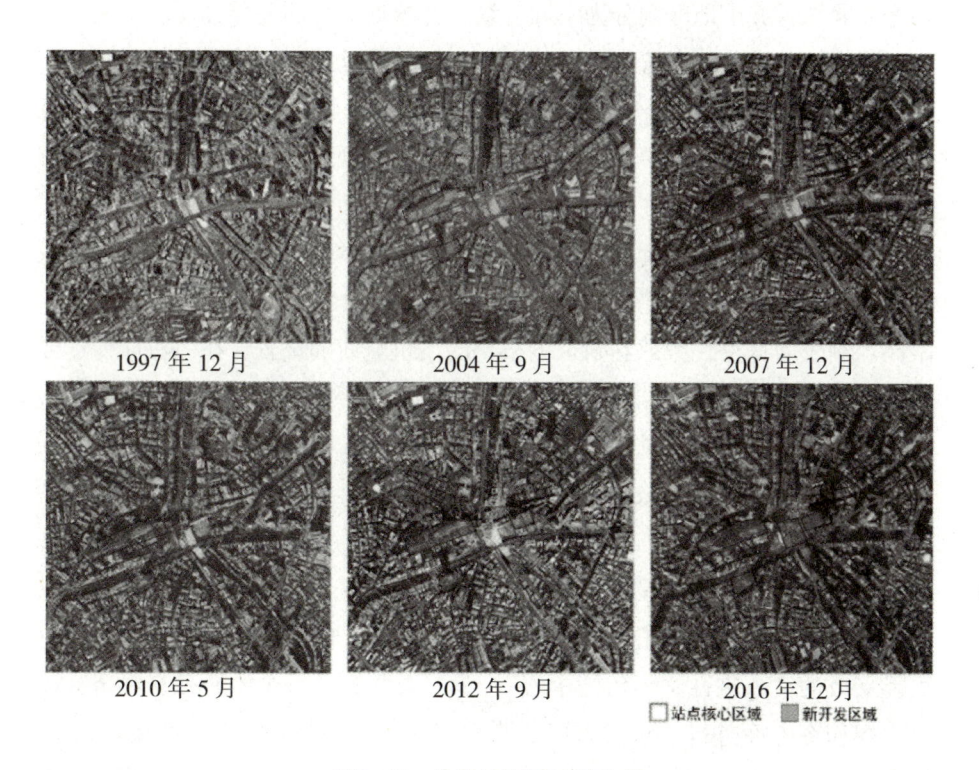

图7-12 汐留站更新过程分析

（图片来源：参考文献[188]）

连续的空中走廊、地下广场和通道连接；人车分离，行人在各栋建筑之内行走，不必穿越街道，形成了公园城市的整体印象。截止到2012年，汐留就业人口6万人，居住人口超过6000人，成为日本国内最大级别的城市再开发项目，带动了更具活力的城市更新，实现了立体化、可识别化、生态化的可持续枢纽站点片区。

7.1.3 详细的设计政策工具

为了更好地实现不同类型站点地区的更新目标，需要有详细的设计政策工具来进行精细化控制。比较常见的政策工具有建筑容积率、建筑密度、建筑限高、街道比例、建筑退后、容积率奖励等。例如，日本交通省通过制定《东京都高度利用地区指定基准》对城市容积率补贴进行指导，主要方法是根据差异性将城市地区划分为不同等级，并根据等级的差异分别制定相应的规划目标，实行分级别管理，从而制定相应的奖励措施，使得更新目标的实现更为灵活、合理。[197]

在城市更新的过程中，往往根据规划区域的规划条件、功能定位，考虑城市空间的特色营造，在详细规划和城市设计层面设定控制性指标，例如建筑容积率、地块的建筑密度、建筑限高等，如日本的汐留地区的银座是商业中心，考虑到该区域的建筑密度较大，容积率高，因此与它所毗邻的街区的限高控制较为宽松；考虑到附近的机场的飞机航线的设置，在飞机航线途经的区域，建筑高度则严格限制；而在古迹浜离宫周边的城市景观较为优美，为了保护该地区的景观风貌及天际线不受高密度城市建筑的影响，在靠近浜离宫及东京湾的区域则分布较为低矮的建筑（图7-13），在满足实际功能需求的同时，也形成了城市独特的天际线。

在涩谷站的更新过程中，基于东京都大规划《十年后的东京——东京改变》中关于提升城市文化软实力的要求，提出创造一个东京之外的地域不可能形成的"先进性文化传播中心"。为了鼓励各开发主体的参与热情，政府在容积率方面进行了较大力度的奖励与规定，将原来的容积率要求由8.5提升到13.7，但要求其中的2.4部分必须用作文化产业功能，同时加强与轨道交通的联系，设置中庭等垂直交通核，鼓励流行时尚、设计、音乐等文创产

第7章 轨道交通站域的触媒式更新策略

业的发展,增强自身吸引力,致力成为东京地区"生活、文化信息的传播平台"(图7-14)。[198]

图7-13 汐留地区天际控制线

(图片来源:参考文献[189])

图7-14 涩谷站点地区的文创空间

(图片来源:参考文献[190])

7.2 基于AHP-SWOT法的站点更新触媒因子及策略选择

轨道交通站点地区要实现可持续的更新，就要同时考虑到内部与外部的诸多因素，内部因素是指站点地区本身的特征与属性，外部因素是指不同级别站点的介入带来的触媒因子及发挥的不同触媒作用。我们需要对这些因素的重要性及影响力做一个科学合理的判断，以便于在更新开发站点地区的时候可以克服缺点、发挥优势，达到轨道交通触媒作用下的最佳更新目的。

轨道交通带来的多维影响因素在不同类型的站点地区更新中，产生作用的深度和广度不尽相同，更新内容也各有侧重，某些因素如利用不当甚至会阻碍区域的发展。由于轨道交通带来的触媒因子和城市环境的影响因子很多，而这些因子大多都是非量化的，对这些因子进行整合形成一个最终的决策是一个比较困难的问题。因此本节引入AHP-SWOT法对这些因子进行综合评价，得到一个可量化的标准，使更新策略可以有的放矢地抓住有利条件，整合多方资源，消除或减少不良影响，具体操作步骤如下（图7-15）。

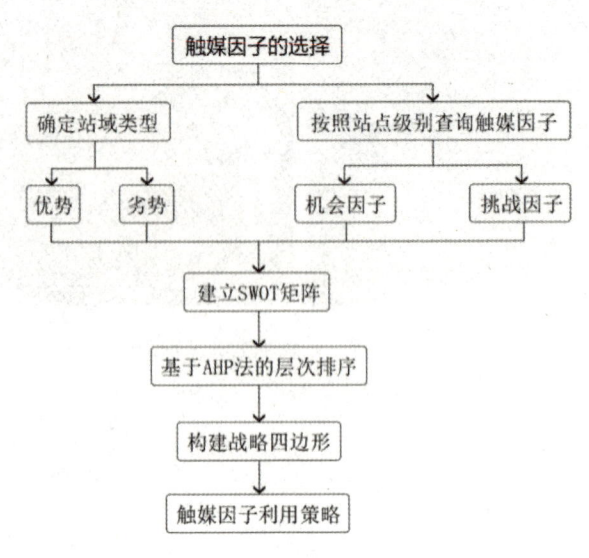

图7-15 基于AHP-SWOT法的站点触媒因子及策略选择流程图

（图片来源：作者自绘）

7.2.1 引入AHP-SWOT法

要对多维因素做出选择首先要进行综合评价，评价方法的科学性是客观评价的基础。目前在城市规划领域中用于综合评价的方法很多，但由于各种方法出发点不同，因此具有不同的适用对象及范围，且各有优缺点，目前常用的综合评价方法比较如表7-1所示。

表7-1 综合评价方法比较

方法类别	方法名称	方法描述	优点	缺点	适用对象
定性评价方法	专家咨询法（头脑风暴，SWOT）	组织专家面对面交流，通过讨论形成评价结果	操作简单，可以利用专家的知识，结论易于使用	主观性比较强，多人评价时结论难以一致	适用范围广：战略层次的决策分析，难以量化的大系统或简单的小系统
	德尔菲法	征询专家，用信件背靠背地打分、汇总、划分级别等			
统计学方法	因子分析	根据因素相关性大小把变量分组，使同一组内的变量相关性最大	全面性，可比性，客观合理性	需要大量的统计数据，函数建构复杂	反映各类评价对象的依赖关系，并应用于分类
	聚类分析	计算对象或指标间距离，或者相似系数，进行归类	可以解决相关程度大的评价对象	需要大量的统计数据，没有反映客观发展水平[199]	地区发展水平评价，经济效益综合评价
	判别分析	计算指标间距离，判断所归属的主体			
系统工程方法	评分法	对评价对象划分等级、打分，再进行处理	方法简单，容易操作	只能用于静态评价	新的开发计划与结果，系统单一因素评价
	关联矩阵法	确定评价对象与权重，对各替代方案的评估定量			
	层次分析法	针对多层次结构系统，用相对量的比较，确定多个判断矩阵，取其特征根所对应的特征向量作为权重，最后综合出总权重，并且排序	可靠度比较高，误差小	评价对象的因素不能太多	城市用地适宜性评价，多因素影响城市环境评价等

（资料来源：参考文献[197]）

本文根据待评价对象与系统的特点，选用上表定性评价方法中的SWOT和系统工程方法中的AHP，作为定性与定量的结合。SWOT分析法也称为态势分析法，即Strength（优势）、Weakness（劣势）、Opportunity（机遇）和Threat（挑战），最早是由美国旧金山大学管理学教授维立克（H.Weihrich）于20世纪80年代初提出，最初主要用于企业管理和市场营销战略规划的制定，由于其便捷实用，逐渐被运用到其他学科及领域中，如城市设计、国土资源规划、旅游规划、城市发展战略规划等。[200][201]

SWOT是英文Strength（优势）、Weakness（劣势）、Opportunity（机遇）、Threat（挑战）的缩写①。SWOT分析是将与研究对象密切相关的S、W、O、T因素筛选罗列出来，并按照一定的规律分类组合成一个矩阵，通过此矩阵可以系统地鉴别各元素之间的关系，得出定性的结论来指导规划（表7-2）。

表7-2　SWOT分析模型

SWOT 分析	Strengths（优势）	Weaknesses（劣势）
Opportunities（机会）	S-O战略 依靠内部优势 利用外部机会	W-O战略 利用外部机会 克服内部劣势
Threats（威胁）	S-T战略 依靠内部优势 回避外部威胁	W-T战略 减少内部劣势 回避外部威胁

（资料来源：作者自绘）

作为一种定性的分析方法，SWOT分析法具有简单直观的优点，然而因其对各因素的选择判断具有不可避免的主观性，而大大削弱了结论的指导价值。层次分析法（Analytic Hierarchy Process）具有定性分析与定量分析结合的优势，可以很好地弥补SWOT分析法这一缺陷。本文运用AHP-SWOT法对各影响层次中的因素进行两两比较，确定诸因素的相对重要性，然后进行综合判断，运用数学方法确定评价对象相对重要性的权重总排序，以期为其后

---

① 全国注册咨询工程师资格考试参考教材编写委员会，项目决策分析与评价[M]. 北京：中国计划出版社，2011.

的决策提供更加客观真实的依据。[202]

将AHP-SWOT法应用在轨道交通站域更新因子选择方面,其中心思想是发挥优势,克服弱点,利用机会,化解威胁。即通过分析轨道交通建设带来的资源与挑战,结合不同类型站点地区的更新需求,制定出相应的影响评估对策,使更新建设可以更好地抓住机遇,充分利用有利条件,整合多方资源,并尽可能消除或减少不良影响。

7.2.2 梳理更新主体背景,明确优势与劣势

作为城市更新的主体,不同性质的站点地区在其发展过程中存在着不同的消极与积极因素,既有区域自身的宏观属性因素,如人口特征、经济结构、城市肌理等,又有伴随轨道交通介入而产生的微观因素,如区域规划与站点建设的结合度、片区风貌与站点的融合等。[203]在调查分析这些因素时,不仅仅要考虑历史和现状,更要站在未来发展的角度去衡量。

7.2.3 根据站点级别,筛选触媒因子

通过对三级触媒站点所具备的触媒因子梳理比较得出：城市中心级触媒站点虽然数量少,但其具备的触媒因子最多,触媒效应及可持续时间最强,在城市更新中可利用程度较高,具有典型的示范作用；片区中心级触媒站点数量稍多,具备的触媒因子较多,触媒效应与可持续时间较强；普通级触媒站点数量最多,但其具备的触媒因子较少,触媒效应单一,持续时间最短,但由于其数量的普遍性,在城市更新中也应该受到适当的重视（表7-3）。

表7-3 三级触媒站点所具备的触媒因子比较

触媒因子		城市中心级触媒站点	片区中心级触媒站点	普通级触媒站点
物质	城市空间结构嬗变	◎	○	○
	用地性质置换	●	◎	◎
	多功能混合	●	◎	○

续表

触媒因子			城市中心级触媒站点	片区中心级触媒站点	普通级触媒站点
物质	高强土地开发		●	◎	○
	公交出行比例提升		●	●	◎
	机动车系统调整		●	◎	○
	步行系统优化		●	●	○
	交通综合体		◎	◎	○
	地下公共空间	地下换乘节点	●	●	●
		地下商业街	●	◎	○
		地下停车场	●	◎	○
		下沉广场	◎	○	○
		周边建筑地下空间	◎	◎	○
	地面公共空间	出入口	●	●	●
		站前广场	●	◎	○
		街道	●	●	●
		集中绿地	●	●	◎
	地上公共空间	空中连廊	◎	◎	◎
		屋顶花园	◎	○	○
		中庭	◎	◎	○
经济	城市土地资源的集约利用		●	◎	○
	投资的引入与优势产业的高度聚集		●	○	○
	区域资源共享		●	◎	◎
	产业升级与协调发展		●	◎	○
	空间使用效率提升		●	●	◎
	土地价值提升		●	●	●

续表

触媒因子		城市中心级触媒站点	片区中心级触媒站点	普通级触媒站点
社会	城市环境的提升	●	◎	○
	城市文脉的保护	●	◎	◎
	城市景观环境的特色化	◎	○	○
	就业岗位的增加	●	◎	○
	居民生活品质提升	●	◎	○
注：●—定有　　◎可能有　　○基本没有				

（表格来源：作者自制）

在更新策略制定前，首先确定区域中的站点级别，罗列出哪些触媒是一定具备的优势因子，哪些触媒是可能不具备的劣势因子。这些因子虽然是客观存在的，但分析的目的在于对其进行分析预测，筛选出对区域影响较大的主导因素，后期加以重点引导利用。

7.2.4　构建分析矩阵并进行一致性检验

将各种影响因素经过科学筛选后，构建一个具有一定逻辑关系的矩阵，找出其对周边地区有利的、值得重视的积极因素，以及不利的、有威胁的消极因素，继而把它们集中在一起，对四个组中的因素进行编号，建立SWOT模型。[204]选取专家、规划设计人员、居民通过调查问卷对各因素的重要性打分，对各因素的分值进行两两比较，建立成对比较矩阵A（式7-1）。首先是标准层的各个评价准则之间的成对比较，然后是各个标准层下的各个方案之间的成对比较，最后是方案相对于总目标的合成权重计算。

$$A = \begin{bmatrix} \frac{W1}{W1} & \frac{W1}{W2} & \cdots & \frac{W1}{Wn} \\ \frac{W2}{W1} & \frac{W2}{W2} & \cdots & \frac{W2}{Wn} \\ \cdots & \cdots & \cdots & \cdots \\ \frac{Wn}{W1} & \frac{Wn}{W2} & \cdots & \frac{Wn}{Wn} \end{bmatrix} \quad \text{式 7-1}$$

在每完成一个判断矩阵之后要进行一致性检验，先得到各矩阵的归一化特征向量及其对应的最大特征值 $\lambda \max$（式7-2）。

$$\lambda_{\max} = \frac{1}{n} \sum_{i=1}^{n} \frac{(Aw)i}{Wi} \qquad 式 7-2$$

随后通过计算一致性指标CI是否达到标准来判断专家在决策打分时是否思路清晰、具有正确的逻辑性。其计算公式为

$$CI = \frac{\lambda_{\max} - n}{n - 1} \qquad 式 7-3$$

在实际情况中，判断矩阵的一致性与阶数n有密切的关系，阶数越多越难准确判断，逻辑性越容易出现偏差，导致一致性检验失败。因此为了修正阶数数量对矩阵的一致性影响，引入一致性比例CR这个评价标准，即

$$CR = \frac{CI}{RI} \qquad 式 7-4$$

其中RI为随机一致性指标，通过查表可得。当CR=0时，可认定矩阵具有完全一致性；当CR<0.1时，认为矩阵的逻辑性是令人满意的，层次分析法得出的结果是合理的。否则，就需要组织原专家对判断矩阵重新赋值打分，直至层次排序的一致性检验达到要求为止。

7.2.5 制定评估对策

在各组内部进行层次总排序后，抽取出每组中拥有最高优先权数的要素来代表其所在组，在坐标系中建立优势、劣势、机遇、威胁的战略四边形，基于"发挥优势、克服弱点、利用机会、化解威胁"的基本思路，并根据此四边形的重心所在象限制定适宜的区域更新策略，使其尽可能地消除或减少不良影响，并充分利用积极影响，从而保证区域更新设计实施的质量。

7.2.6 以天津市和平路站点为例

7.2.6.1 和平路站点地区背景分析

（1）区位概况

和平路站点位于天津市和平区和平路与赤峰道交叉口，其站点地区涵盖了三个天津市历史街区：中心花园历史文化保护区、劝业场历史文化保护区、承德道历史文化保护区（表7-4，图7-16），皆为原法租界，具有放射状路网、十字形步行空间、花园别墅等典型法式风貌特征，历史风貌建筑众多，代表性建筑有崇德堂、吉鸿昌旧居、劝业场、浙江兴业银行等。区域无论是城市肌理还是建筑风格，都有浓厚的地域特色，虽然目前商业开发的力度较大，但就其对城市的总体影响层面来说，还是将其归类于历史文化型轨道交通站点。

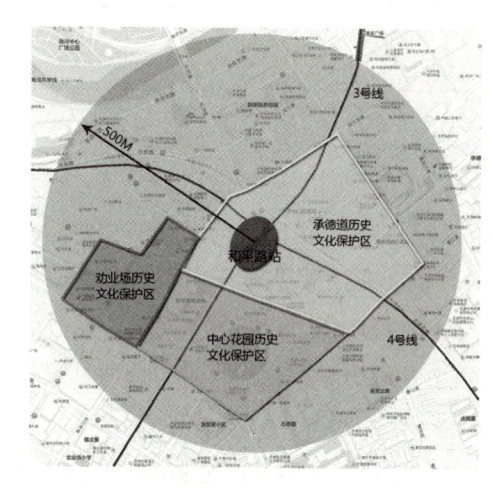

图7-16 和平路站点与周边历史保护区关系

（图片来源：作者自绘）

表7-4 和平路站点周边历史文化街区相关信息

名称	历史	范围	面积	风格定位	代表建筑
承德道历史文化保护区	1886年（原法租界）	哈尔滨道、吉林路、营口道、和平路	16hm²	以承德道为重要轴线，以法式建筑为特色的多功能综合街区	崇德堂 法国公益局 法国领事馆
中心花园历史文化保护区	1917年（原法租界）	和平路、营口道、新华路、哈尔滨道	9.9hm²	以放射状路网格局及花园别墅为典型特征的、具有法式风貌特征的商业文化区	李吉甫旧宅 吉鸿昌旧居 乔铁汉旧居 久大精盐公司

续表

名称	历史	范围	面积	风格定位	代表建筑
劝业场历史文化保护区	1926年（原法租界）	兴安路、哈尔滨道、辽宁路、长春道、和平路、原浙江兴业银行界线、滨江道	3.67hm²	以天津近代商业建筑群为特色的城市中心商业文化街区，十字形步行空间	劝业场 惠中饭店 南京理发店 浙江兴业银行

（资料来源：作者整理绘制）

（2）现存问题分析

和平路站点地区目前现存的主要问题为：

A.该区域大多为建于上世纪初的居住与办公建筑，少量新建建筑也遵循了原有肌理特征，以低层高密度开发为主，基本没有大型综合类公共设施，对历史建筑的保护利用不足，致使首善堂等许多著名建筑空置，成为历史的空壳。

B.作为和平路-滨江道核心商圈的补充，该地区商业以小型零售业为主，业态单一且整体档次较低，不能很好地适应市场需求，竞争力较弱；店铺分布零散，连续的商业界面多集中在赤峰道和新华路，且与道路之间缺乏过渡空间，导致步行和车行均受到严重影响，商业氛围较差。

C.在保留原中心放射状特色道路的基础上缺乏对区域交通网络的整体规划，道路普遍窄小，虽划定不少单行道、禁行道，但疏导效率低下，直接制约片区的通行能力。停车设施严重不足，导致道路两旁乱停乱放现象突出，不仅阻碍交通，也直接影响了街道界面的完整度与商业氛围的营造，形成恶性循环。

D.现有街区环境单一，鲜有绿地小品或公共活动场地，步行环境缺乏趣味性与体验感。同时，对张学良故居、范竹斋故居等历史建筑开发宣传不足，缺乏文化休闲类产业的引导开发，致使该地区的历史文化内涵无法得到充分展示。

E.现有轨道交通站点与历史街区之间互动匮乏，站点建筑内部仍然是冷冰冰的标准化设计，并没有体现区域特色的装饰或构建引入，可识别性较差。地下空间单一孤立，与周边建筑或公共场地没有功能上的联系，仅仅作为疏散通道存在，且出入口空间晦暗不明，无法给使用者提供良好的视线引导与空间过渡。

7.2.6.2 和平路站域更新的SWOT分析

（1）站域内部更新优势

①预期收益高（S1）。和平路站域位于城市核心区，可达性强，加上特有的历史与文化价值，对客流的吸引潜力倍增，预期经济收益高，因此市场对其进行更新开发的兴趣浓厚，更新动力强。

②文化资源丰富（S2）。和平路站域具有丰富的历史文化资源，如建成于1922年的中心花园历史文化区为典型的法式园林，周边围绕数十栋各具特色的花园洋房，是天津市极具特色的地标性景观，也是目前天津市最受欢迎的原租界公园，每逢节假日游人如织，旅游及相关产业发展潜力较大。

③公众参与意识强（S3）。公众参与城市更新的意识和积极性日益增强，涌现出一些代表民众利益的非政府组织（NGO）与非盈利组织（NPO），天津建筑遗产保护志愿者团队在津湾广场改造、原浙江兴业银行保护项目中多次调研，提出许多妥善更新保护建议，良好协调了政府权力下放与居民向上参与的实施。

④生活方式多元化（S4）。随着生活水平的提高，文化旅游、消费成为社会生活多元化发展的新趋势，而轨道交通的建设有效缩短了城市空间距离，从而加速了文化项目的区域扩散，有可能吸引远郊及外地游客增长，反哺轨道交通客流及附属商业。

（2）站域内部更新劣势

①更新成本高（W1）。和平路站域内现有建筑密度较高，可供再开发的土地十分有限，且历史街区以保护性改建修复为主，更新实施方式复杂，造成更新成本较高。

②土地权属复杂（W2）。和平路站域内用地性质除了居住用地外，还有大量历史遗址、文物保护等公共设施用地，这些土地权属难以改变，导致土地使用受限。

③历史街区建设限制（W3）。天津市规划局严格规定了历史街区周边

建筑高度与道路中心线距离比值应控制在1∶1范围内，原则上不宜建设高层建筑，因此只能在不改变区域既定空间格局与风貌特征的前提下，进行小规模的适度空间整治，很难套用传统TOD中的高强度、高密度开发原则。

④多职能部门协同差（W4）。站域更新是一个复杂的综合性项目，涉及到政府、轨道交通、文物、市政等多个职能部门，原则上要求从规划到设计再到建设都能统筹管理，良好衔接，但在实际中，并没有一个更高层级的管理主体来组织负责这一系列协调工作，导致部分轨道工程难以纳入站域更新一体化建设中。

⑤缺乏个性化的策划经验（W5）。目前的站域更新理论与工作方法还是沿用传统城市更新模式，并没有与轨道交通结合的经验，易造成设计语言贫乏，区域整体形象枯燥萧索等不良后果。

和平路站点与轨道交通4号线在此处交汇，形成综合高效的换乘站。站点周边既有劝业场、恒隆广场等大型商业，又有中心花园、承德道等历史保护区，人流密集，属于片区中心级触媒站点。

（3）站点建设带来的外部机会

①多层级的功能复合（O1）。和平路站点承载大量人流，引发商业、办公、餐饮、文教等多样性功能在站域地区聚集，形成便捷舒适的城市场所，同时就业岗位得到一定增加，可平衡原有单一的居住功能，缓解客流在时间上的分布不均，有利于站域活力的持续。

②可达性提高（O2）。随着2018年和平路站与"天河城"商业项目结建完工后，原有2个出入口B、E调整为3个（B、C、D），即可直通商业，又可通向地面直接到达赤峰道，便利了游客的出行。4号线交汇通车后，出入口还将进一步增加，扩大辐射影响区域。

③地下空间建设（O3）。结合轨道交通建设工程发展城市地下空间，一方面可以节约地面土地资源，有助于协调历史街区的建筑风貌与空间格局保护，另一方面可实现地上、地下商业与交通的无缝对接，为站域聚集人气反哺交通，促进多方共赢。

④公共空间品质提升（O4）。与站点开发相关的地下通道、中庭、下沉广场等，通过连接和过渡，可与地上的绿化、广场等形成一体化的公共

空间，使环境品质与使用效率得到提升，营造出舒适宜人的交流、驻留场所。

⑤优惠政策导向（O5）。为了积极推进站域更新建设，许多政府出台多项优惠政策，如深圳市政府《深圳市国有土地使用权作价出资暂行办法》中规定，把土地作为一种资产，直接协议出让，注入轨道交通公司，作为站域建设的资金平衡，天津市未来也将进行此方面的有益探索。

（4）站点建设带来的外部威胁

①商业开发动力过大（T1）。由于和平路站域特定的历史风貌价值与旅游开发市场前景，商业开发的意愿远大于政府期望的历史遗产保护动力，如不加以节制，过度的商业化必然会对街区的文化遗产和风貌价值造成破坏。

②城市景观割裂（T2）。土地效率的提升引发的高强度开发有可能蚕食传统历史街区空间，盲目的大体量上盖建设易带来城市区域景观的割裂。

③城市肌理不易协调（T3）。站点出入口、空中连廊、中庭、广场等轨道交通站点空间的现代性与和平路站域的历史传统风貌差异较大，不易达到协调统一。

④社会网络震荡（T4）。轨道交通的建设引发地租曲线上扬，导致居住功能逐渐被商业、文娱等能够负担得起较高地租的城市功能所取代，居住人口下降，社会关系由原住居民间的"熟人社会"演变为以消费为特点的"陌生人社会"，对既有社会关系网络产生冲击。

⑤持续性引导措施匮乏（T5）。虽然轨道交通的工程建设是短暂的，但其对站域地区的影响却是深刻长远的，现实开发中对站域更新的"持续性"认识并不充分，往往只关注前期面子工程的建设，而忽略了后期的使用评价与调整，造成资源的浪费。

7.2.6.3 构建SWOT分析模型及基于AHP的层次排序

以历史文化型轨道交通站点（和平路）可持续更新为目标，以优势、劣势、机会、威胁为标准层，对四个组中的因素进行编号，建立SWOT模型（见表7-5）。

表7-5　历史文化型轨道交通站点地区更新的SWOT分析矩阵

目标层	标准层	方案层
历史文化型轨道交通站点可持续更新	S优势（站点地区内部）	S1. 预期经济收益高，更新动力强 S2. 丰富的历史文化资源，旅游及相关产业发展潜力大 S3. 公众参与城市大事件决策的意识和积极性日益增加 S4. 文化旅游、消费成为社会生活多元化发展的新趋势（吸引远郊及外地游客增长），并反哺轨道交通客流及附属商业
	W劣势（站点地区内部）	W1. 区位优势明显，土地更新成本高 W2. 历史遗址、文物保护等土地权属难以改变，土地使用受限 W3. 天津市规划局严格规定了历史街区周边建筑的开发强度与高度控制，建设受限 W4. 政府及文物、市政等多职能部门协同性差 W5. 缺乏"个性鲜明"的策划经验
历史文化型轨道交通站点可持续更新	O机会（轨道交通介入）	O1. 多层级的功能复合，吸引更多人流与资金聚集，激发街区活力 O2. 交通状况改善，可达性的提高使公共交通出行比例攀升 O3. 着重发展地下空间建设，对地面空间影响较小，有助于协调历史街区的建筑风貌与空间格局保护 O4. 公共空间的一体化开发使环境品质得到提升 O5. 积极的政策导向及多种投融资开发模式的运用
	T威胁（轨道交通介入）	T1. 相关商业开发动力远大于历史遗产保护动力 T2. 过度的现代空间开发建设蚕食传统历史街区空间，盲目的大体量上盖建设易带来区域景观的割裂 T3. 轨道交通空间的现代性和传统历史街区的历史文化性差异较大，不易协调统一 T4. 居民生活习惯的改变可能使历史延续遭到破坏 T5. 对"渐进式更新"认识不足，后续开发引导的政策匮乏

（表格来源：作者自制）

在建立了SWOT分析矩阵后，需要对各层次中的因素重要性进行判断，通常采用两两比较的方法确定权重。对于历史型轨道交通站点地区的可持续更新总目标来说，元素S、W、O、T哪一个更重要，重要多少，按照1—9的标度对重要程度进行赋值[205]（表7-6），邀请相关领域专家共15名，包括高校学术专家7名、城市设计专家5名、城市管理专家3名。专家填写社会调查表（见附录B），对各层次因素按照AHP的社会调查表赋值标准进行赋值，

第7章 轨道交通站域的触媒式更新策略

分别得出优势组、劣势组、机会组、威胁组的判断矩阵，用方根法计算出各个矩阵中元素的权重（表7-7～7-11）。随后进行一致性检验，由表7-12可见，各矩阵一致性比率CR均小于0.1，因此通过一次性检验。

表7-6 AHP的社会调查表赋值标准

标准	同等重要	稍微重要	相当重要	明显重要	绝对重要	稍微不重要	相当不重要	明显不重要	绝对不重要
要素A相对要素B比较	1	3	5	7	9	1/3	1/5	1/7	1/9
2、4、6、8、1/2、1/4、1/6、1/8为上述判断标准的中间值									

（资料来源：作者自绘）

表7-7 决策目标-中间层要素的判断矩阵及相应权重

历史文化型轨道交通站域可持续更新	S	W	O	T	行要素乘积	几何平均	归一化
S	1	1	1/2	3	1.5	1.1067	0.2428
W	1	1	1/2	2	1	1	0.2194
O	2	2	1	4	16	2	0.4387
T	1/3	1/2	1/4	1	0.0417	0.4518	0.0991

（资料来源：作者自绘）

表7-8 优势组的判断矩阵

矩阵	S1	S2	S3	S4	行要素乘积	几何平均	归一化
S1	1	1	3	2	6	1.5651	0.3448
S2	1	1	4	2	8	1.6818	0.3705
S3	1/3	1/4	1	1/2	0.04167	0.4518	0.0995
S4	1/2	1/2	2	1	0.5	0.8409	0.1852

（资料来源：作者自绘）

表7-9 劣势组的判断矩阵

矩阵	W1	W2	W3	W4	W5	行要素乘积	几何平均	归一化
W1	1	1	2	2	4	16	1.7411	0.2978
W2	1	1	2	3	5	30	1.9744	0.3377
W3	1/2	1/2	1	1	3	0.75	0.9441	0.1615
W4	1/2	1/3	1	1	2	0.3333	0.8027	0.1373
W5	1/4	1/5	1/3	1/2	1	0.0083	0.3839	0.0657

资料来源：作者自绘

表7-10 机会组的判断矩阵

矩阵	O1	O2	O3	O4	O5	行要素乘积	几何平均	归一化
O1	1	2	1	1	3	6	1.431	0.2577
O2	1/2	1	1/2	1	2	0.5	0.8706	0.1568
O3	1	2	1	2	4	16	1.7411	0.3136
O4	1	1	1/2	1	3	1.5	1.0845	0.1953
O5	1/3	1/2	1/4	1/3	1	0.0139	0.4251	0.0766

（资料来源：作者自绘）

表7-11 威胁组的判断矩阵

矩阵	T1	T2	T3	T4	T5	行要素乘积	几何平均	归一化
T1	1	1	2	5	3	30	1.9744	0.3427
T2	1	1	1	4	2	8	1.5157	0.2631
T3	1/2	1	1	3	1	1.5	1.0845	0.1882
T4	1/5	1/4	1/3	1	1/2	0.0083	0.3839	0.0666
T5	1/3	1/2	1	2	1	0.3333	0.8027	0.1393

（资料来源：作者自绘）

表7-12 判断矩阵特征值及一致性检验结果

判断矩阵	λ	CI	RI	CR
A	4.0205	0.0068	0.89	0.0077
S	4.0882	0.0137	0.89	0.0154
W	5.0236	0.0059	1.12	0.0053
O	5.0495	0.0125	1.12	0.0111
T	5.0122	0.0031	1.12	0.0027

（资料来源：作者自绘）

7.2.6.4 构建战略四边形及得出结论

根据调整后得出的层次总排序权值，对所有因素行进归一化排序（表7-13，图7-17），建立坐标。其中X轴代表内部因素，正方向为优势，负方向为劣势；Y轴代表外部因素，正方向为机遇，负方向为威胁。找出各坐标轴中最大的重要度，即O3=0.1376，S2=0.0899，W2=0.0741，T1=0.034，并将这些层次总排序的代表结果分别在SWOT分析图上标注出来，然后按顺序连接成四边形（图7-18），确定重心所在象限，得到区域更新策略选择的大方向。

表7-13 层次总排序权值

矩阵	W1	W2	W3	W4	W5
S	0.0837	0.0899	0.0242	0.045	
W	0.0653	0.0741	0.0354	0.0301	0.0144
O	0.1131	0.0688	0.1376	0.0857	0.0336
T	0.034	0.0261	0.0187	0.0066	0.0138

（资料来源：作者自绘）

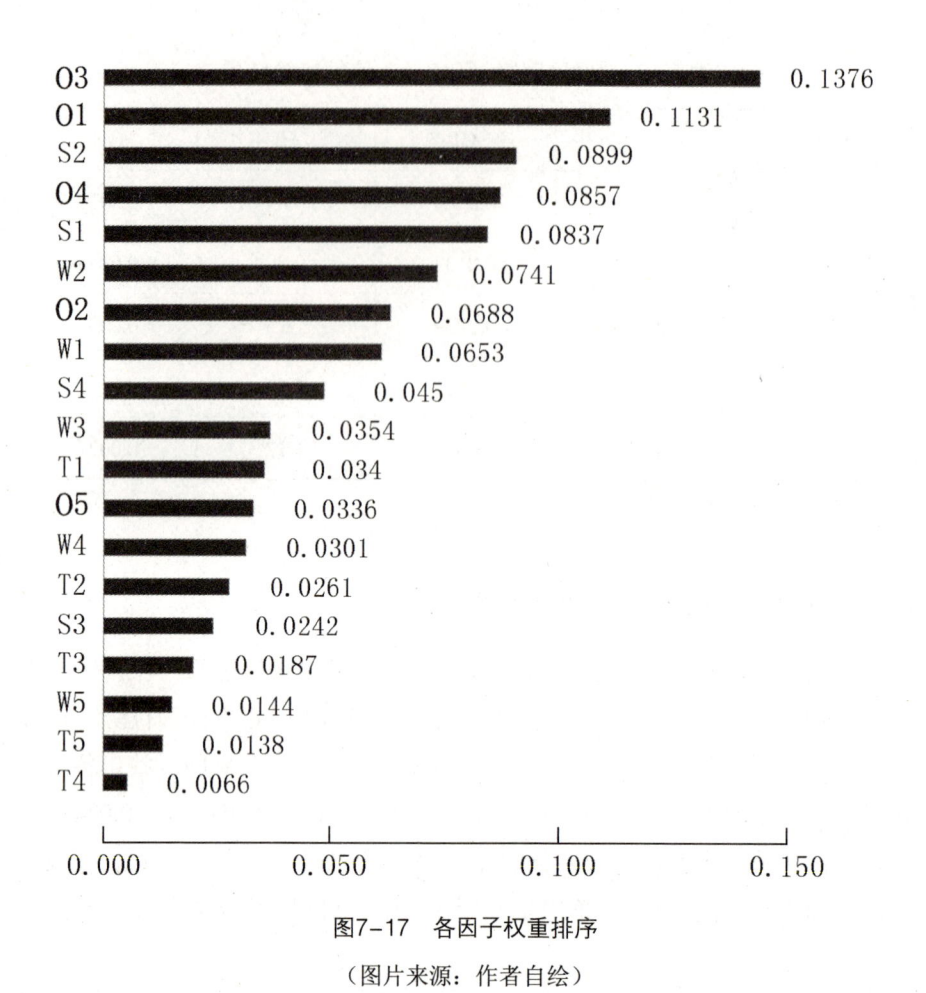

```
O3  ████████████████████████████  0.1376
O1  ███████████████████████       0.1131
S2  ██████████████████            0.0899
O4  █████████████████             0.0857
S1  █████████████████             0.0837
W2  ███████████████               0.0741
O2  ██████████████                0.0688
W1  █████████████                 0.0653
S4  █████████                     0.045
W3  ███████                       0.0354
T1  ███████                       0.034
O5  ███████                       0.0336
W4  ██████                        0.0301
T2  █████                         0.0261
S3  █████                         0.0242
T3  ████                          0.0187
W5  ███                           0.0144
T5  ███                           0.0138
T4  █                             0.0066
    0.000      0.050      0.100      0.150
```

图7-17 各因子权重排序

（图片来源：作者自绘）

通过计算，得出SWOT战略四边形中各象限三角形的面积分别为 $S_{\triangle SAO}$ = 0.0062，$S_{\triangle OAW}$ = 0.0051，$S_{\triangle WAT}$ = 0.0013，$S_{\triangle SAT}$ = 0.0015，即 $S_{\triangle SAO} > S_{\triangle OAW} > S_{\triangle SAT} > S_{\triangle WAT}$，故历史文化型轨道交通站点地区更新战略选择的顺序依次为 S-O战略、W-O战略、S-T战略和W-T战略。

（1）S-O战略——充分发挥历史文化地区自身优势，抓住轨道交通快速发展带来的机会。该战略是开拓型战略，是和平路站点地区更新的最重要的战略。它明确了和平路站点地区更新的首要任务是强化区域的历史文化功能，利用轨道交通带来的交通、人流、地下空间等有利因素，对片区的氛围营造、可达性改善、城市肌理保护等方面进行综合改造提升。

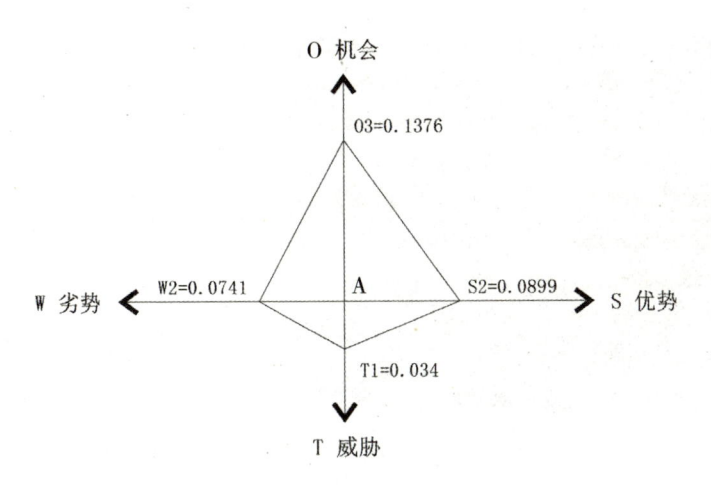

第7章 轨道交通站域的触媒式更新策略

图7-18 SWOT战略四边形

（图片来源：作者自绘）

①发挥轨道交通地下空间开发优势，优化区域场所体验

首先可以将一些破坏城市肌理的消极地上空间置换到地下，如停车场、公厕、变电房等简易设备用房，缓解地上人流及空间压力；以地下空间为媒介进行站域的空间整合，设置多条地下步行街向站点周边辐射，并与地上重要空间节点相连，形成高效可达的立体化空间网络；将地下空间视为地上空间的时空延续，通过雕塑、绘画、装潢等设计方法强化乘客对站域特色的认知，共同形成完整的空间体验。如香港轨道交通站点内部用不同色彩代表区域特质，北京轨道交通站点用墙体浮雕或马赛克描绘站域历史（图7-19）。在和平路站域地下空间建设中，可以中心花园向心放射状的格局为母题进行装饰设计（图7-20），使乘客在使用时与地上城市空间产生联想，实现文化渗透。

图7-19 北京轨道交通站点内部地域化设计

（图片来源：作者自摄）

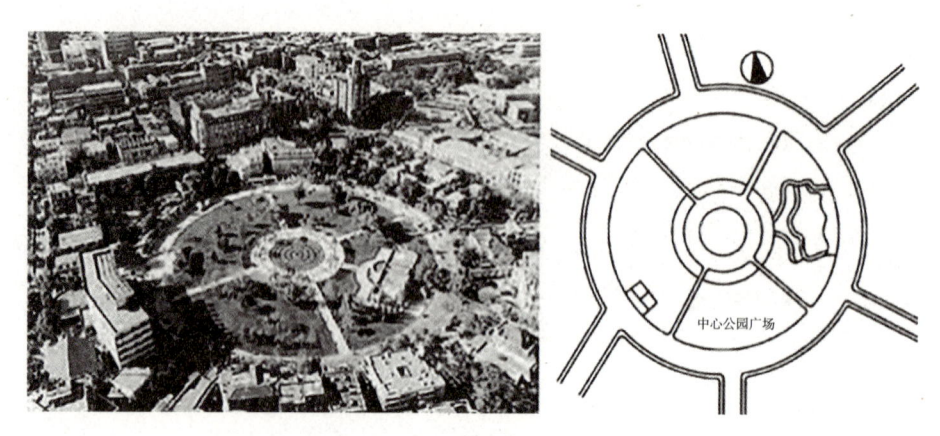

图7-20 天津市和平路站域放射状公园及元素提取

（图片来源：作者改绘）

②重视站域的历史文化特性，明确自身发展定位

依托站点周边道路的修整，设计串联已有文物及历史建筑（如吉鸿昌旧居、久大精盐公司旧址等）的便捷路线，并有选择地开放部分历史文化建筑，提升地块的文化参与性。在站点外围的附属功能设置上，鼓励街头演艺、手工制作、图书展览等文化休闲业的引入，营造浓郁的区域历史氛围。同时增建活动广场、街头绿地与小品，或结合部分洋楼的前庭花园，形成一些微型公园，增强街道与建筑的互动，提升公共交往活力，形成有别于核心商圈的慢型休闲领地。

③增强区域可达性，使轨道交通站点与历史街区达成人流互哺

首先，设置有效的车辆换乘体系以提高站点的可达性，为站点周边街区活力的复兴提供人流、资金流的多方面支持。根据地面人流的主要方向和地下空间的面积合理规划站点出入口的数量与位置，明确站域空间地上与地下、站点与周边的空间联系。其次，重视轨道交通枢纽与其他交通设施的接驳，发展"微循环"交通，紧凑布置轨道交通公交换乘核，在轨道交通站点周边增加公共自行车停泊点，实现轨道交通与目的地之间最后一公里的零换乘。

（2）W-O战略——尽量克服历史街区的更新劣势，转变建设模式及更新重点。该战略是调整型战略，历史型轨道交通站点地区在更新中具有许多不可回避的属性桎梏，如何在螺蛳壳里做道场，使这些开发劣势向优势面转

第7章 轨道交通站域的触媒式更新策略

化以适应轨道交通建设带来的机会,是该战略的重点关注面。

①尊重历史街区的完整性,转变更新建设重点

站域的更新开发应以保证历史街区的完整性为前提,在开发强度、视通与建高的控制条件下,将建设重点由建筑的增量扩张转向与原有城市肌理的织补融合。新建筑应舍弃精英式的拔萃形象,通过对历史元素的提炼设计,与旧建筑在形制、肌理、空间上保持和谐统一,维护站域风貌的视觉和谐;打造亲切宜人的空间尺度,将新建商业街道的高宽比控制在1~1.2(图7-21),体现亲和力和归属感;根据人流量的不同,在建筑群落中插入广场、绿地等扩散点,以保证视线通廊的开敞及对重点历史建筑观赏的视觉舒适度(图7-22)。

图7-21 街道高宽比示意图

(图片来源:作者改绘)

图7-22 视线通廊控制示意图

(图片来源:作者改绘)

②适度提高居住比例，维护文化的社会载体

随着轨道交通4号线的建成通车，和平路站点地区将形成更加公共开放的枢纽空间，原有的居住功能逐渐被交通、商业、娱乐休闲、文化产业等功能替代，原住居民被迫搬离，对既有社会关系网络产生重大冲击，造成区域传统文化的迷失。因此在更新中应尽可能保持片区原有的社会结构，鼓励"原住民回迁"，同时对地区文化广泛宣传，增强原住居民对本地区历史渊源的认知及传统保护意识，让原住居民成为地方文化的守护者。另外，可以由站域的租界文化作为切入点，开发胶囊公寓、青年旅社、特色民宿等产业，不仅可以给外来游客提供便捷的食宿、增加原住居民收入，同时也为站域文化的展示搭建重要载体。

（3）S-T战略——加强区域的一体化开发，避免或减轻外在威胁的打击。该战略是保守型战略，利用轨道交通站点建设的机会，避免或减轻自身劣势的打击。

合理配置各项功能，实现人文与经济的可持续发展。通过城市设计层面的协调，将交通、商业、住宅、办公和文化娱乐设施等多种城市功能与轨道交通站点的设计、开发建设相结合，提高和平路站点地区的功能多元混合水平。利用新业态，如文化与科技相结合的数码影视传媒、演艺传播平台、艺术画廊等丰富区域的文化供给形式，增强了经济产业的价值内涵。[206]将更新的重点由单纯的逐利转向人文环境氛围的综合提升，从而激发更多的经济活动，使区域摆脱仅依靠物质翻建收益的不可持续性发展模式。

（4）W-T战略——利用政府部门的积极引导减少更新阻力，正视外部环境的威胁。该战略为防御型战略，目的是找出当前更新中最紧迫需要解决的问题，采取相应措施克服这些限制。

轨道交通介入后，和平路站点地区空间土地价值必然猛增，出于资本逐利的本性，参与联合开发的公司或企业通过功能置换使原住居民分散迁居，导致人居空间的分化及碎片化。对此政府或相关职能部门应切实发挥积极引导作用，通过出台或制定一些政策，来协调轨道交通、开发商、运营商、当地居民等多利益主体的关系，减少更新阻力，同时监督联合开发与后期运营情况，防止资本对历史文化空间的过度侵占。

7.3 更新触媒介质的优化

选择适当的触媒元素之后，需要对触媒系统进行优化设计，从而使触媒效应达到最大化。轨道交通对站点地区更新的触媒效应通常是由点带线，由线及面并逐渐衰减的过程，要使这一过程畅通无阻、永葆活力就必须保证"介质"的高效可达性。

7.3.1 物质介质的优化

7.3.1.1 增强站点空间与城市空间的融合紧密度

无论是点状还是线状亦或是面状的空间开发模式，站点空间与城市空间的融合紧密度首先取决于接驳空间的通畅与良好设计。一方面要保证通行力度，在通勤的高峰时段也能快速疏散人流；另一方面需具有良好的黏性，满足客流消费的空间需求，强化交通与城市商业的联系。

（1）"点状"空间开发空间融合优化

"点状"空间开发模式通常接驳面积相对较小，容易造成人流通行不畅，解决这一问题最直接的办法就是增加接驳空间的数量，使人群及时得到有效分流，及时减轻站厅层的压力。例如上海地铁的陕西南路站是3条地铁线路的交叉点和换乘站，环贸IAPM商场与其有3处连接通道，根据该站站厅层的主要环城节点的布置，将3处通道灵活布置于节点的附近，不仅满足了站厅层的人群疏散要求，更使得商场的步行可达性得到提升，使人群能更容易的到达与站点结合开发的商业空间。

其次，通过扩展交通联系通道的空间，例如增加宽度或在换乘节点处设置较大的缓冲空间，提升"点状"空间开发的效率。例如上海地铁8号线和12号线的换乘站曲阜路站，在站厅层设置2处连接通道与商业空间相连，其中1号出口在地铁闸机刷卡出站后的区域和进入商业空间之前的区域分别设置缓冲空间，将水平交通与垂直交通进行整合，使人流可以快速汇合及疏散，缓解站厅层的交通压力，同时也使得商业空间的入口空间的人流量压力得以缓解。[207]

另外，还需要重视通道空间及缓冲空间的空间布局，合理设计与安排人员流线，避免流线交叉、冲突，日本东京都东京站的丸之内南口与KITTE商场之间的接驳空间两侧分别设置了较多的商业网点和店铺，并设置公共广场作为展示空间，限定了此处接驳空间的交通流线，使途经的人流能够分流清晰，防止流线交叉，提升空间的综合运转效率。

（2）"线状"空间开发空间融合优化

"线状"空间开发模式虽然可扩大轨道交通的触媒影响面，但其劣势也很明显：通行空间单一乏味，标识性弱，商业设置不合理等。针对上述问题，可提出以下优化方案：

首先，可以在线状空间两侧增加植入功能的种类，并结合主力业态适当设置节点空间，减弱空间的单一与乏味。如天津轨道交通营口道站为3号线和三号线的换乘站，在从伊势丹商业体到2号线的检票闸机处为典型的现状空间，在此段空间的两侧布置了餐饮、售卖、报刊等即时性消费商业，遇到一些节假日还会重点装饰，很好地丰富了空间的趣味性。在上海轨道交通黄陂南路站，从B2出口到K11艺术中心的连接空间中，不仅设置了商业，还增加了艺术展览的功能与节点，使人们在参观游览中轻松愉悦地完成疏散或换乘。

其次，通过一些细节的设置增强接驳空间的导向性，尤其在一些重要节点区域要有显著的标识，便于乘客观察和理解。如日本东京六本木站与日比谷中城共有两个连接口，其中7号出口方向为地下线性空间，总体距离较远，且过程中需要多次方向的转变，需要较强的标识设施进行引导。其做法为在通道的上方设置灯牌，在墙壁上绘制箭头指明方向，而在两个重要的节点转角处设置日比谷中城的主体景观墙，强化标识性同时使乘客可提前预知一些目的地信息，减轻长时间在线状空间行进的焦灼感。

最后，结合交通空间合理布置商业设施，在保证通行力度的前提下，提高商业效益，同时增加城市空间的使用效率（图7-23）。如日本福冈天神站IMS的接驳空间，在传统的通道两侧布局商业的基础上，又加入了中间一列商业，将通道分割为两列，总的疏散宽度并没有受到太大影响，但却大大增加了商业与人流的接触面，空间感受也由空旷变为亲切，商业效益必然提

第7章 轨道交通站域的触媒式更新策略

高。当然，这种布置方法的前提条件是接驳空间也是天神地下街的一部分，且宽度充足。所以，在不影响通行效率的前提下，对商业的布局进行分类设计是可行的，环绕布置也是一种良好的布局方式。

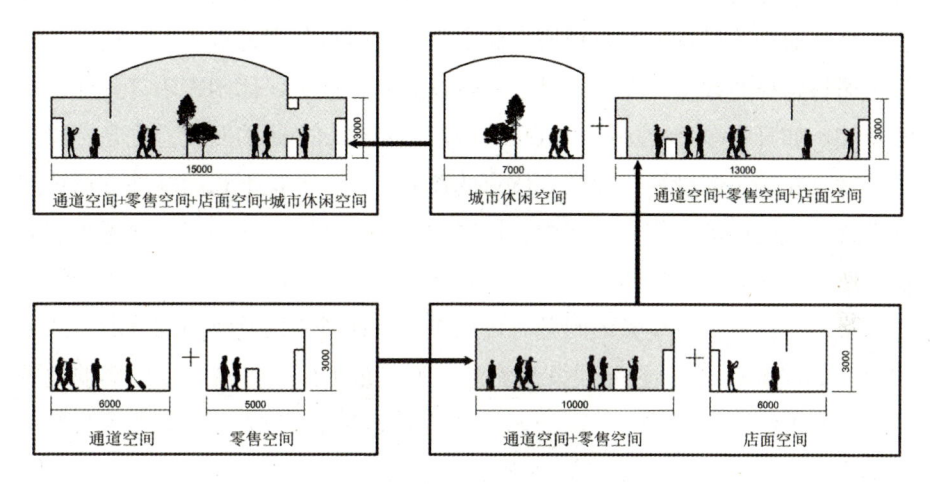

图7-23 线状空间的效率优化示意图

（图片来源：作者改绘）

（3）"面状"空间开发空间融合优化

"面状"空间开发模式是触媒影响最大的一种介质载体，站点空间与城市空间的融合呈网状或三维立体形式，空间尺度较大。其不足之处在于由于通道及出入口太多导致标识性不强，标识性弱；较大的空间尺度极易造成空间资源浪费；人流量大易产生人流交叉，引起通行不畅。优化建议如下：

首先，通过在关键节点处（如中庭、广场、转角处）设置标识信息提示来增强导向性，还可以在接驳空间内的延续性构筑物（如墙壁、柱子等）上间歇性设置指引标识，通过不断重复强调方向性。如天津站地下交通枢纽是轨道交通2、3、9三条线路的交叉换乘站，又是城市铁路的进出入站，故地下出入口数量很多，极易造成乘客的方向感缺失。在南广场到北广场，从城市轨道交通到铁路进站口，从铁路出站口到公交车与车租车等候区，都需要经过地下中庭换乘，很容易迷失方向。因此在分流的交叉口，设置多个指示牌标识各个目的地的方向，在流线的柱壁上做进一步的文字引导，在行进过程的墙壁上不断显示平面图，提示乘客当前所在位置，以便万一走错时可以及时纠正路线。

其次，面状空间尺度过大不但会影响人的方向感，也会造成不必要的资源浪费，因此对其对进行划分及精细化设计是十分有必要的。首先要留出必要的总体通行路径宽度，再根据面状空间中接驳点与通道点的人流情况，划分出通行路径的数量，在此基础上再进行零售、展示、休闲娱乐等其他功能的叠加。如日本东京台场站与 *AQUA CITY ODAIBA* 之间的开发，先是一段空中连廊，在转角区设置一片供人休息的休闲场所，与接下来的室外广场达到联系缓冲。在广场的较大空间内，用绿化分隔流线与其他功能，设置小型舞台、座椅、售卖等其他功能设施，有效地提高了空间的使用效率及趣味性。

最后，针对人流交叉的问题，可以采用立体式开发及空间划分的方式来解决。如成都轨道交通2号线龙泉东站，通过地下广场连接站点四周的地下商业，在下沉广场中共有三部分人流：轨道交通进出站人流、商业人流及使用地下车库人流。其中在广场地面层设置3个出入口，直接进入地下一层站厅付费区，站点非付费区与地下商业贯通，从广场西侧设置入口进入地下车库，三股人流各不影响。广场采用弧形布局，并与柱式、台阶、喷泉结合，减弱广场与其他元素结合的生硬感，同时引导人流的分流。

7.3.1.2 站点与城市融合节点的优化设计

融合节点具有交通与城市服务功能的双重属性，不仅给轨道交通带来契机，还可以为站域提供高效辐射、集约、综合、全面的服务性能。比如居住型站点的城市融合节点，由于其直接可达，很容易吸引开发商在此投资，不仅涉及房产开发，作为众多居民的交通聚集点，也存在着巨大的商机，各种商业服务设施自觉向此处聚集，使融合节点的功能性与空间舒适性都得到提升。另一方面，融合节点的良性发展也会吸引更大范围的人群来此消费活动，也为轨道交通隐形地提供了更多客流，这种互动增长模式有利于站域保持持久活力。

首先根据站点性质及级别完善融合节点的功能配置，为周边区域提供相应服务，带来不同类型的聚集效应。如交通枢纽型站点的融合节点，重点是配置交通功能如停车场、出租车等候区、公共交通站区、自行车停靠点等，

第7章 轨道交通站域的触媒式更新策略

且必须有足够的空间来承载；历史文化型站点的融合节点，重点是配置商业及文化功能如老字号商铺、特色食品、雕塑小品等，使轨道交通乘客可直接快速地感受到站点周边的文化氛围，增强站点地区的可识别度；商业型站点的融合节点，重点是配置引导型商业、公共设施及良好的体验式环境，与周边城市浓厚的商业氛围取得一致，同时具有良好的人文关怀；居住型站点的融合节点则倾向于配置超市、银行、零售、餐饮、自行车停靠点等综合服务性便民功能，如果配置缺失，很可能造成小商小贩自发聚集，或车辆乱停乱放，严重影响节点空间的通畅度与舒适性。在某些大型居住型站点的融合节点，还需要考虑居民的聚集休闲需求，合理配置绿地广场等游憩空间。

7.3.1.3 建立高效立体的交通体系

轨道交通需实现与常规公交、出租车、自行车等其他交通方式的无缝衔接与换乘，形成一体化的城市公共交通体系，从而有效增强轨道交通站点区域的疏散能力，扩大和改善其触媒吸引范围。

（1）非机动车系统

城市的中心区往往汇聚了大量的交通流量，人流量巨大，非机动车流线的合理安排能够显著提升这一区域的安全性和便捷度，并提升流线组织的效率。根据空间立体分布，非机动车系统可分为地上步行空间、地面步行空间和地下步行空间3个层面。地上步行空间通过一定层高的地上步行平台、地上步行道等将地面的建筑物相连，形成地面、地上两种步行交通的空间，并提供一定的遮挡、遮阳设施、垂直交通设施、无障碍设施，方便市民出行。地面步行空间则与城市道路合理统筹规划，在保证交通安全的同时，设置景观绿化、休憩座椅等设施，并注重地面绿化空间的融入，为市民提供生态、绿色、安全的地面慢行空间。地下步行空间往往结合地下商场、地下轨道交通站点以及地下停车场库等设施进行布置，不仅保证了步行交通的安全性和高效性，同时引入大量客流，促进地段的城市更新。

（2）机动车系统

城市更新过程中，城市中心区通常是旧城区的经济中心与交通枢纽，土地容积率较高，建筑密度较大，人流和车流较为密集，交通压力大，因此该地段对既有机动车系统的构建尤为重要。机动车系统主要分为城市道路、高架道路和地下隧道3个层面，为了提升交通效率，应重点采用公共交通导向的城市更新策略，在原有交通设施的基础上，统筹安排，设置不同层级的立体化的交通枢纽设施，提升公共交通与步行交通的衔接效率，适当抑制小型机动车的快速增长，不仅提升区域的交通可达性，同时也能减少汽车尾气的排放，促进城市可持续发展。

（3）轨道交通系统

城市轨道交通系统是世界上公认的集绿色、快速、安全、大运量等特点于一体的可持续发展的交通工具。目前我国仍处于城市化进程的加速阶段，城市的交通出行以机动车交通为主，随着机动车规模的大幅扩大，我国城市已经出现交通拥堵、环境质量降低等严重的城市问题，影响到我国城市的可持续发展，因此，我国应该建设以轨道交通系统为导向的城市更新模式，通过形成立体化的城市交通，为城市更新的人流、物流、资金流提供高效、舒适的交通条件和发展环境。

7.3.2 经济介质的优化

7.3.2.1 各项功能布局的整体优化

轨道交通站点地区在城市化的驱动下规模不断扩张，各功能要素的数量逐渐增多，各要素之间的关系错综复杂，既互相联系又深刻影响。因此，如何对站域中的各功能要素进行合理布局，协调各方关系，保证经济流的高效运转成为十分重要及迫切的问题。站域地区的功能布局基于站点与城市空间的结合形式耦合，通常呈现为水平方向与垂直方向两种形式。

（1）水平布局优化

站域核心影响区（0～500m）：加强区域功能的多样化与密集化，变单一的交通换乘、简单零售为多种业态融合、高强度开发、公共空间融合的活动焦点地区；站域的边缘影响区（500～1000m）：对功能进行适度扩充，合理提高土地开发强度；站域的辐射区（1000～2000m）：完善与核心影响区的接驳设施与公共设施，填补站域与外围地区交叉中的服务盲区。

如东京涩谷站域，更新开发前，站域的核心影响区主要以商业、办公、

第7章 轨道交通站域的触媒式更新策略

商住混合、娱乐、居住为主，辅以少量的文教与公建。其中，商业所占比重最大，约为建设总量的60%，集中分布在站点的西北侧；站域的边缘影响区中办公与商住混合占比较大，并且以中低密度的独栋建筑为主，低层为办公高层为住宅，集中沿主要道路分布；娱乐、文教与公共服务设施占比较少，且分布较为零散。站域的更新计划对现状不合理的地方进行了优化设计，首先对核心影响区内利用率较低的功能进行了置换，提高了总体容积率，增加了商业办公、居住、公共服务设施、公共空间、绿化景观的面积，弥补了更新前的功能不均衡问题；并重点对站点0～200m范围内的公共服务空间进行了改造升级（表7-14），以保证对乘客直接服务的流畅度；对站点200～300m范围内着重进行了高强度更新，增加娱乐、文教的占比；而在300～500m范围内则以住宅的增建为主。

表7-14 站点附近公共服务空间的改造升级

用地范围	再开发前		再开发后	
	用地性质及布局	容积率	用地性质及布局	容积率
0～200m圈层	车站及附属设施、商业办公混合用地	5～8	车站及站前广场、衔接设施、公共空间、商业办公混合用地	10
200～300m圈层	文化娱乐业、少量办公	5～10	文化娱乐业、高密度商业办公混合用地	8～15
300～500m圈层	文化娱乐业、少量商业及高密度居住区	8～12	少量文化娱乐业、办公、商业及高密度居住区	6～10

（2）垂直布局优化

垂直布局重点是围绕着立体化开发和交通组织来进行优化。对常规的地下型站点，可进行叠加式的立体设计，将站点广场、接驳空间、其他城市功能等在有限的空间里增加建设容量，且互不干扰[208]；对地面型或高架型站点，可以对其上部与建筑结合进行适度开发，同时利用多条天桥或自动扶梯连接周边其他建筑，形成具有较大影响力的建筑群体；就交通组织而言，可用中庭等垂直交通核作为原有电梯、楼梯等垂直交通的替代或补充，扩大与地面、地上的人流接触面，并辅以适量的商业开发或者服务设施，增强空间使用效率；在乘客的感受方面，增强垂直层面的景观设计，在交通广场、步道、连廊、屋顶等多维空间中植入绿化或景观小品,提升站点核心影响区的环境品质(图7-24)。

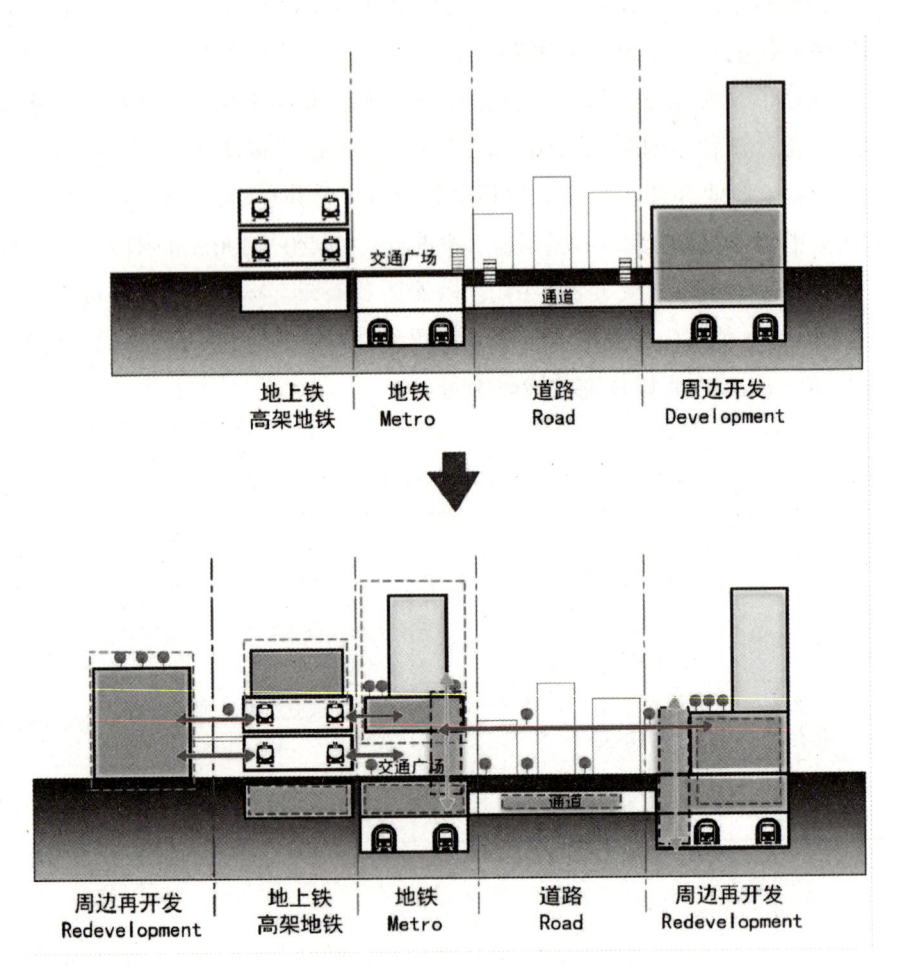

图7-24 轨道交通站点地区垂直功能布局优化

(图片来源:参考文献[200])

7.3.2.2 各子功能系统的优化

(1)地下空间的一体化设计

在站点周边更新过程中,应充分利用轨道交通站点地下化的特点,发展覆盖广泛的城市地下步行系统，将站点周边的商业、写字楼、酒店公寓、餐饮娱乐等地下层相互连通，进一步提升站点区域各功能空间的通达性，使城市快速轨道交通与区域各功能空间的客流充分互哺，提升触媒效应的活力。

（2）系统化公共开放空间的构建

城市公共开放空间是市民活动的重要载体，是城市快速轨道交通与城市空间的联系纽带，也是展现城市风貌的有效手段。要使城市中心区环境得到改善，市民公共活动不断展开与延续，就必须加强对广场、城市绿地，水体等开放空间的连接与建设，构建系统化的公共开放空间网络。

7.3.2.3 完善轨道交通建设与城市更新法规政策体系

（1）轨道交通建设法律法规体系

借鉴日本等地区的先进经验，我国轨道交通建设的法律法规应该从四个层级入手，分别是最高级的基本法、分类型的配套法规、详细的实施细则、结合地方实际情况的地方性法规和实施细则（图7-25）。

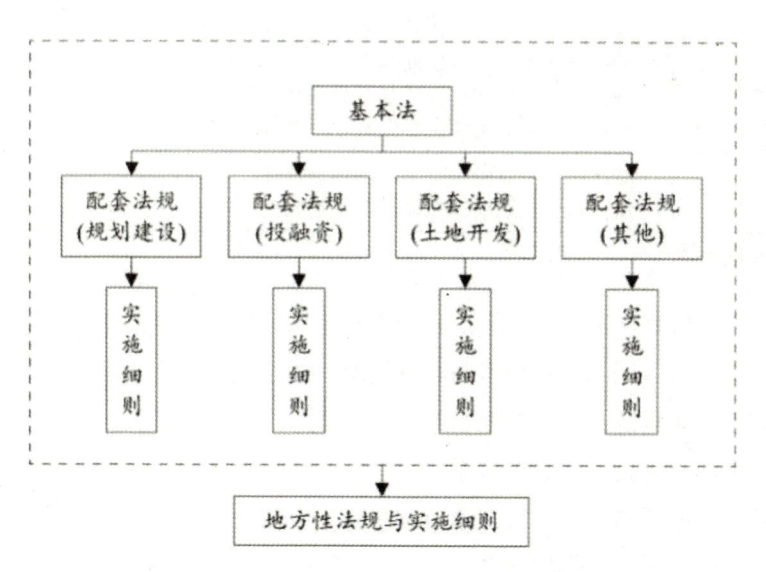

图7-25　轨道交通站点开发法律体系

（图片来源：作者自绘）

基本法：这是最高一级的政策法规，一般由国家政府制定颁布，内容涵盖广泛，适用性强，具有最强的法律效应。如日本的《铁道事业法》等。

分类型的配套法规：以基本法为基础，与现行的其他法规相结合，按照各职能部门的管辖范围与职责，从轨道交通的建设、安全、投融资、土地开发、后期运营等多方面分别制定配套的法规。

实施细则：为了基本法和配套法规的顺利落实实施，还需要制定一些具体的规范性条文，使各部门的工作有具体的责任与内容划分（见表7-15）。

表7-15 城市轨道交通法规实施细则

类别	名称
规划	城市轨道交通建设规划 城市轨道交通建设相关专题编制办法 城市轨道交通规划审查规则
建设	城市轨道交通建设工程招标投标管理规定 城市轨道交通建设工程征地拆迁管理办法 城市轨道交通控制保护区管理办法
投融资	城市轨道交通投资管理办法 城市轨道交通中央援助办法 城市轨道交通发展专项基金管理办法 城市轨道交通沿线关联用地收益管理办法
土地开发	城市轨道交通沿线土地开发基金管理办法 城市轨道交通沿线土地开发实施规则

（资料来源：作者整理绘制）

地方性法规：由各地方政府作为制定主体，以中央基本法及分类法规为依托，结合本地区的发展现状与特殊情况，制定更加适合本地区的法规，作为中央层面法规的进一步补充与细化。

（2）城市更新法律法规体系

第一，要提高立法层次，通过中央或地方政府出台权威性法律法规来指导和约束城市更新工作的开展。

第二，要保证政策的配套性，各项政策法规之间环环相扣，更有利于政策的具体落实。

第三，要提高政策的全面性，对城市更新的类型进行全面梳理，制定针对性的政策细节，保证在更新时可以因地制宜的推行实施，避免在落实政策时，因一些意想不到的问题而导致政策被架空。

第四，重视政策制定中的公众参与，通过发布公告、组织听证会等方式消除各方分歧，降低更新实施中可能遇到的突发性冲突概率，减少更新阻力。

（3）政府与开放商的联营开发

为确保触媒发挥应有效应，应建立多方开发、共同经营的联合机制，使政府、开发商共同参与到更新中，各司其职，相互促进与补充，共同建设和完善触媒系统。政府应制定有效的实施策略，组织编制相关的更新规划，协调土地调整，并且对建设活动及时监督与评估，为后续的更新建设打下良好基础。开发商应避免产业投资单一化，强调多元业态的共生共荣，充分发挥触媒元素的经济杠杆作用，保证更新中各种资源的合理分配，实现触媒效应的可持续发展。

7.3.3　社会介质的优化

7.3.3.1　人性化的场所营造

简·雅各布森在《美国大城市的死与生》一书中曾指出："城市中最基本的特征是人的活动。"提出了城市空间环境的社会标准，城市空间的设计应符合和促进社会组织和生活方面的发展，城市空间是城市居民可参与和有所作为的领域。公共空间作为轨道交通使用者和城市居民最易接触到的城市空间，其开放性与场所营造是触媒发生作用的重要媒介，公共空间的高品质，能够更好地促进公众参与度，提高社会与文化交流的一系列指标。[209]

如德国的哈克什广场，它位于柏林城市中心米特区的东端，是一个重要的城市交通枢纽，柏林城市快铁S-Bahn之哈克市场站紧邻于此。其始建于1882年，在德国统一后对站点地区进行了改造，但原有的历史建筑并没有被完全拆除，反而因独特的城市风貌而成为区域的焦点，以*Hackesche Hofe*庭院为中心的夜生活闻名远近。轨道交通站点位于广场南侧，原有建筑为砖石砌筑，更新后车站部分改为高架形式，覆以金字塔状玻璃顶棚，底层转栱结构则得以保留，层高约8m的底层空间经过修缮后，引入酒吧、餐饮等功能。

同时，站点周边的其他建筑改造也延续了相似的历史建筑风格，达到整体统一的氛围。底层临街的商业面提供各类日常零售、餐饮等公共服务，天气晴朗时，此处常常人满为患，街边的阳伞、茶座与休憩交谈的居民、游客共同营造出一片独特的街区景致，极大地丰富了公众的生活体验。改造后的哈克什广场不仅是交通枢纽和承载记忆的历史空间，且已经成为城市前卫文化的地标和娱乐业集中区，广场上会经常组织各类文化活动，使区域居民的公共交往需求及乘客的观光驻留行为同时得到很好的满足（图7-26）。

(a) (b)
(a)-(b) 哈克什广场更新前后对比

(c) (e)
(c)-(e) 哈克什广场站点空间

第7章 轨道交通站域的触媒式更新策略

（f） （g） （h）

（f）-（h）前卫艺术、独特街景、繁荣的夜生活

图7-26 哈克什广场站点

（图片来源：https://www.tripadvisor.cn）

7.3.3.2 城市空间的全时利用

随着城市居民生活节奏的加快，压抑、紧张、拥挤等负面情绪不断滋生，人们越来越向往一种便捷、舒适的宜居生活。另一方面，许多城市中心区白天熙熙攘攘，晚上或周末人气骤降，成为不良案件频发的"鬼城"。轨道交通站域地区具有先天性的时间优势——轨道交通的持续运营（如北京为5：10~23：30），从而有机会使城市活动时间与交通时间达到协调一致，并通过在站点设置各种商业、办公、餐饮和娱乐休闲项目，将时间效率进一步扩展，打造24小时生活闭合圈，满足城市人群的全时周期需求，极大地节省了居民的有效时间，幸福指数随之提升。同时，职住空间的有机平衡也对区域环境产生正面影响，可避免通勤人流在夜晚的大规模流失，有效保持城市中心区的全时活力，从而增强区域居民的心理安全感。如餐饮、旅馆和停车场是24小时服务；商务办公的活跃期约为8小时，一般为9：00~17：00；商业与购物的活跃期为5小时，一般时间为14：00~19：00；娱乐与休闲服务的活跃期约5个小时，一般为19：00~24：00；酒店与居住的活跃期约12个小时，一般为21：00~9：00。

7.3.3.3 城市事件的引导

轨道交通作为更新触媒的作用，简言之是通过个体因子的激发或与周边环境互动而引发的整体区域联动。从社会更新的层面看，最初的动力是新元素的介入，后续的连锁反应则主要依靠社会学中的带动作用。[210]城市活动是城市空间的魅力和精神所在，对于轨道交通触媒作用的发挥有着关键的影响，在站域空间中只要有城市活动，就可能引起人们的关注和聚集，城市事件作为一种良性介质可有效强化及支持这种作用，从而自然而然地通过人群活动，将触媒反应持续下去。[211]

一方面，事件引导可以是依托于轨道交通建设方面的某项宏观决策，作为一种"自上而下"的措施推动区域的长期整体发展，包括区位优势的提升、城市文化的塑造以及相关基础设施的持续性改善等。如上海市由于"世博会"的成功申请，带动了城市轨道交通的加速建设，从2002年的3条线路、65km，增加到2010年的15条线路、426km，为上海市产业结构的调整与总体发展战略的实施带来了重要影响，轨道交通的快速增长有利支撑了上海市四个城市副中心的发展，合理有效地分配了城市资源。由此可见，由大的城市事件引发的基础设施建设并不能被孤立地看待，从长远发展来看是可以引导后续持续产出的，这就达成了一个良性的平衡，不会成为城市的负担。

另一方面，事件引导可以是轨道交通站域综合体在使用过程中结合社会触媒因子组织的一些城市活动，作为一种精神"热点"吸引更多的人参与其中，并继而引发一系列持续性的无计划活动，加强城市空间对人流的"保温效果"。[212]如上海新华红星国际广场，其位于上海闵行区，更新之前为传统的汽车配套市场，经过多年的发展及在电商的冲击下，体型庞大的商业楼几乎无人问津，商业氛围亟待升级。新华红星国际广场从在更新开发之初就有意识地做精自身特色，经过前期调查研究，发现站点周边虽然有不少居住区，消费受众广泛，但公共交往空间严重缺乏，除了必要的上下班通勤，并不能很好地吸引人群驻留。于是，项目引入屋顶有机农场、马术场、室内滑雪场为消费者提供了全天候的休闲场地；在临吴中路一侧留出前广场作为城市公共空间，设置了水域面积达4800㎡的大型音乐喷泉，每天晚间7：00开始，每半小时间隔会有音乐喷泉表演，每天晚间共有大约接近3000人次到访驻足观看（图7-27）。据游客停留统计时间显示，仅有很小比例的访客会在活动结束后0.5小时内离开，通过与停留时间超2小时的访客交谈，发现有80%以上的访客提及各类文化活动，人们在活动结束后会继续留在此处闲

第7章 轨道交通站域的触媒式更新策略

逛、交流、购物。家庭出行方式中，年轻夫妻带着老人孩子观看喷泉或在屋顶游乐后，在此继续用餐与购物的现象也较为普遍。由此可见，趣味性的体验活动可支持更大范围的游客吸引力并保持一定热度。

（a）屋顶有机农场　　　　　　　（b）吴中路音乐喷泉

图7-27　新华红星国际广场

（图片来源：https://km.focus.cn/loupan/）

7.4　动态的更新触媒调整

韦恩·奥图在城市触媒一书中曾指出，在常规的化学反应中，即使是一个被证明过的公式，将反应元素代入后，由于温度、湿度、触媒物加入早晚等影响，很可能与预期的结果或产品有所偏差。而城市环境比实验室环境更加复杂多变，因此城市化学反应变得更加难以预测，可能一个微小的因素就会颠覆整个实验结果。

由此可见，轨道交通对站点地区城市更新的触媒效应并非一成不变地遵循某种预定轨迹发展，而会随着政策变更、开发进度、环境变化等呈现出一定的动态性。这就要求我们及时地对触媒系统做出修正，如制定合理的分期开发策略，及时进行阶段性建设评估，并根据评估结果颁布新的开发政策，或对城市快速轨道交通站点周边区域的功能进行局部调整，或扩大后续开发规模，以便更好地发挥城市快速轨道交通的触媒效应。

以北京轨道交通动物园站的更新开发后评价为例。动物园站是轨道交通四号线上的一个普通站，站点北侧为北京市动物园、北京市展览馆，南侧是以服装批发为主业的动物园商圈，西侧为北京市天文馆，东侧紧邻西直门商圈，站域地区功能多样，集游览、观光、休闲、购物于一体，吸引大量外地游客在此聚集，站点日均客流量大且稳定。为了有效引导利用站域的大量人流，同时满足乘客的多样化功能需求，2011年规划设计建成"元沃天地"地下商城。作为北京首家依托轨道交通建设的地下商城，其总建筑面积5408㎡，其中一半以上面积用以辅助轨道交通的人流疏散，另外一小半面积用于建设配套商业。原动物园站的地铁出入口只有三个，通过"元沃天地"的连接空间，为动物园站新增了三个出入口，乘客出站后即可进入商场内部空间。[213]

"元沃天地"的建设初衷是美好理想的，对其进行建成后的使用后评价，对此类的轨道交通结合型地下商业及后续的可持续引导发展方面都具有重要的现实意义。北京交通大学的钱霖霖对其整体空间环境、空间使用方式、商业现状等进行了一系列的空间调研与问卷访谈调研，得出以下满意度的排列，并据此做出使用后评价分析（图7-28）。

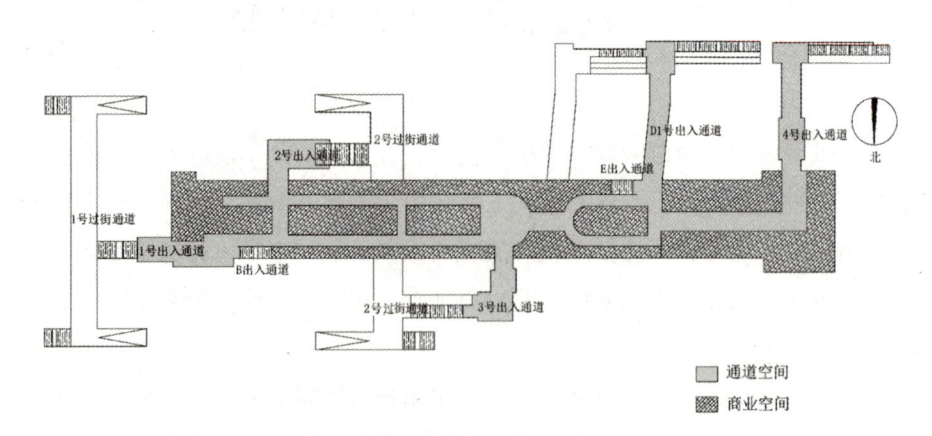

图7-28 元沃天地平面功能示意图

（图片来源：参考文献[204]）

第7章 轨道交通站域的触媒式更新策略

表7-16 元沃天地满意度评价

序号	指标层	平均值	标准差
1	出入口便利、可达	3.533	0.483
2	与其他交通工具接驳	3.467	0.436
3	商业空间的开放度	3.211	0.255
4	光环境	3.189	0.239
5	出入口醒目度	3.157	0.216
6	商品质量	3.144	0.208
7	治安管理	3.122	0.192
8	去往轨道交通的便捷度	3.089	0.169
9	商业空间的流线组织	3.033	0.129
10	整体风格	3.011	0.114
11	商业业态组合分区	2.978	0.090
12	商业空间的大小尺度	2.867	0.012
13	商品种类的丰富性	2.856	0.004
14	空间功能布局	2.822	0.020
15	交通空间的人流组织	2.803	0.028
16	轨道交通的导向性	2.800	0.036
17	空间整体比例舒适度	2.744	0.067
18	环境绿化	2.600	0.177
19	交通空间的拥挤度	2.433	0.295
20	快速穿越路径设计	2.389	0.326
21	楼梯等垂直疏散设施的布局合理性	2.256	0.421

（资料来源：参考文献[208]）

从表7-16可看出，该商场的使用满意度较低，商业种类杂而少，商品质量也不高，各类百货商店良莠不齐，数量不多，但种类很多，导致商业氛围较差。当人们处于地下空间时，往往方向感与空间体验感较差，故在设计时应着重考虑加强流线的组织与空间引导。但现实状况是该地下商城出入口数量众多，既有导向轨道交通的，也有直接通往地面层的，且未能合理设计,导向标识行也不太明确,导致交通流线复杂,顾客极易容易迷路,顺路消费环境混乱。所以虽然有大量轨道交通疏散人流经此通过,但实际上转换为商业客流的很少,反而对原有交通空间的影响较大,需在后期运营中不断调整和改善:

　　A. 调整业态类型及组合方式。统一组织业态的分布,将同一品类的业态集中安排在一片区域,体现出不同的消费需求与特色,形成小范围的规模效应,既可以吸引特定顾客聚集消费,又体现了一定的标识性,可有效提升人群对地下商业空间的认知度。

　　B. 合理安排进出商业空间的交通路线。必要时可以用小品、隔断、栏杆等建构对空间进行划分,使人群可以快速明确地找到自己的目标路线,而不是一味地通过增加出入口来解决表面的人流拥堵问题。

　　C. 在交通流线与商业流线的规划上采取适度分离的原则。两种流线的贯穿交叉,虽然可以充分利用轨道交通人流,但为疏散空间的高效便捷带来了隐患。疏散空间中的聚集性购物行为,一方面可能造成交通空间的拥挤和混乱,也反过来影响了商业空间的使用环境。因此,合理安排交通疏散流线和便于顾客购物的慢行流线显得十分必要。

　　D. 设置简洁清晰的标识系统。商城现状的导向标识系统,仅有数量优势而指示性较差,导向系统的不明晰导致顾客难以准确定位和寻找目标,交通舒适度较差。

7.5　本章小结

　　本章在第4章轨道交通站域更新主体的内部特质、第5章轨道交通站点带来触媒因子的外部特质基础上,结合第6章触媒运作模式,提出了触媒视角下的轨道交通站域更新策略,主要就以下几个方面展开论述:

　　(1) 在差别化的策略引导上,首先要明确更新侧重点,其次选择连锁反应的类型,最后辅以详细的设计策略工具。

　　(2) 在触媒因子选择上,为了更好地量化分析内部与外部因子的双重作

第7章 轨道交通站域的触媒式更新策略

用,引入AHP-SWOT法,得出导向精确的对策评估,并以天津市和平路站点为例进行了实际操作。

(3)在触媒介质优化上,从物质介质的优化、经济介质的优化和社会介质的优化三个方面阐述。

(4)在动态的触媒调整上,重点阐述了站域分期开发的原则和必要性以及使用后评价方法,以便灵活及时地调整触媒系统,更优化及持久地发挥触媒作用。

第8章 结论与展望

8.1 结论

近年来,随着城市建设由增量建设转向存量规划,城市的更新改造成为重要议题,轨道交通的介入为站点区域的城市更新注入了新的动力和契机,然而由于我国相关研究的滞后,在轨道交通站点区域开发建设的过程中涌现了诸多问题,例如对轨道交通的资源价值认识不足、站城一体化开发与城市更新的脱节、站域用地规划的滞后及站域公共空间品质欠缺等。针对上述问题,本文梳理了国内外关于轨道交通站点地区更新的理论,提出从触媒的角度利用轨道交通引导城市更新的观点,以期激发空间活力,更好地组织轨道交通功能带来的人流、物流、信息流等资源,并通过交通空间与周边城市空间的整合,提升整个站点地区的吸引力,利用轨道交通站点产生的触媒效应促进城市更新的可持续性。

本文的主要研究工作可以归纳为以下几个方面:

(1) 梳理了关于大城市中心区更新及站域开发的相关理论,比较分析了国内外站域更新的典型模式。

西方大城市中心区更新进程经历了"二战"前、"二战"后、20世纪70—90年代、1990年后四个时期。我国大城市中心区虽未出现过衰落现象,但也伴随着物质、结构的老化,经历了新中国成立—20世纪70年代、20世纪70年代后期—20世纪90年代、2000年以后三个更新时期。作为重要的城市公共交通模式,轨道交通的产生与发展深刻影响着站域地区的城市更新,西方

第8章 结论与展望

与亚洲的发达国家较早便开始进行该领域的研究与实践,站域更新的模式包括以土地开发为主导的增量更新、以交通拓展为主导的区域重整、并行叠加的渐进发展。我国直到2000年大规模轨道交通建设后才逐渐进行这方面的研究与实践,目前主要的站域更新模式包括大规模的区域再生、站点上盖综合体的兴起以及公私联合的发展等。由于国情与历史发展的特殊性,我国在站域更新历程、更新理念等方面与西方有所不同,在策略层面、设计层面、管理层面与西方存在明显差距,符合我国城市实际情况的站域更新理论及方法体系亟需补充和完善。轨道交通具有新生性、正面性、可控性、长期性等典型触媒特质,为研究内容的实现提供了契合的视角。本书尝试建立起基于触媒理论的站域更新体系,其由基本要素、活性激发和催化反应三部分构成,基本要素包含城市更新的主体、轨道交通带来的更新触媒因子、触媒介质。该部分是本书展开研究的出发点和基础依据。

(2)对更新主体进行分类研究,通过调研和整理,总结出各类型站域的特征,明确更新内容与重点。

正如不同环境中的化学反应将导致差异化的反应结果,所处的站域环境不同,轨道交通介入产生的触媒作用也会千差万别。本文根据场所导向法将城市中心区的轨道交通站域分为四类:中心商务型站域、居住生活型站域、历史文化型站域、交通枢纽型站域。根据大量调研分析与更新内涵比较,从四个方面对各类型站域进行了详细解析:站域特征、存在问题、更新现状、更新目标,为后期提出更新策略时,对不同的站域类型的更新侧重点确定及SWOT模型中的站域更新优势、劣势分析提供依据。

(3)梳理归纳了轨道交通站点建设带来的触媒因子种类、级别。

轨道交通的建设带来大量新元素,按照对城市更新内涵产生影响的主要方面可分为物质性触媒因子、经济性触媒因子、社会性触媒因子三类,通过广泛、大量的调研及信息采集,对这些元素进行分析整合,建立起针对我国轨道交通建设国情的触媒因子层级体系。物质性触媒因子分为:城市空间结构嬗变、土地利用调整、区域交通重整、轨道交通综合体、一体化的公共空间五部分;经济性触媒因子分为:土地资源的集约利用、投资的引入、优势产业的高度聚集、城市区域资源的共享、产业升级与协调发展、空间使用效率的提升、沿线土地价值的提升七部分;社会性触媒因子分为:环境可持续性的提升、城市文脉的保护、城市景观环境特色化、城市就业岗位的增加、居民生活品质的提升五部分。

站点规模不同所承载的更新触媒因子种类和数量也有明显差异，形成了不同等级的触媒组团，对站域更新的作用范围及强度也不同，通过调研整理，将其分为三级：A级（城市中心级触媒）、B级（片区中心级触媒）、C级（普通触媒）。三级站点所具备的触媒因子数量和种类从A级到C级逐渐递减。

（4）在调查分析和总结的基础上，提出轨道交通站点的触媒运作模式。

受触媒反应动力学的启发，本文指出因子介入只是触媒作用的第一步，触媒因子附着于介质，达到加速催化、扩大范围的活激发效果，与不同的更新主体结合，发挥连锁反应，最终导向多种触媒效应。

介质是触媒因子伸向城市的多个锚固导体，其传导性的高效通畅与否深刻影响着触媒的作用效率，延续触媒因子的分类方法，依旧分为物质介质、经济介质、社会介质。触媒作用机制分为：点状激活和线状传导，点状激活针对站域自身的"点"聚集，连锁强化和扩散，线状传导针对站域间的疏解与平衡，差异化互补。不同的触媒效应分为：激发效应、强化效应、修复效应、创造效应。

（5）在前文分析的基础上，提出触媒视角下轨道交通站点地区的更新策略。

由前文分析可见，要使站域更新这一城市化学反应正面可控，需要对其体系及要素进行优化引导，这也进一步回应了本文的研究内容。首先根据更新主体的目标进行差别化的策略引导：更新侧重点的差异、连锁反应的类型选择、详细的设计政策工具。其次针对触媒因子进行量化选择，随后是针对触媒介质的优化和动态的触媒调整，共同形成了一套完整及具有针对性的站域更新策略。

其中，在触媒因子进行量化选择上运用AHP-SWOT法，并不是所有的触媒因子都是积极的，要保证轨道交通触媒作用下的城市更新是正面、适宜的，就需要对站域内部及外部的诸多因素进行系统、综合的分析。内部因素是指站点地区本身的特征与属性，外部因素是指不同级别站点的介入带来的触媒因子和作用，由于这些因子数量众多，且大多都是非量化的，对这些因子进行整合形成最终的决策是一个比较困难的问题，因此引入AHP-SWOT

法对这些因子进行综合评价，得到一个可量化的标准。随后以天津市和平路站点为例，详细操作了根据站域类型及站点规模如何选择合适触媒因子的过程，验证该理论在实践中的适用性。

8.2　研究的局限性

需要承认的是，由于受到客观条件以及个人学识、经验、理解的不足，本研究仍存在一定的局限性，主要体现在以下几个方面：

（1）研究范围的局限

我国自2000年之后开始大规模的轨道交通建设，虽然在建设背景、建设条件、设计标准等方面有共同的特征，但是由于我国幅员辽阔，各城市的气候环境、城市建设、经济发展等均存在差异，对城市更新的影响较大。本文对轨道交通站域的实地调研基本以天津和北京为例，具有一定的代表性，但是难以涵盖我国大城市中心区轨道交通站域的所有可能情况，具有一定的局限性，在今后的研究中需进一步深入讨论。

（2）资料采集的局限

由于轨道交通站点建设涉及人防工程，其设计图纸属于机密性文件，严禁外泄，因此本研究中站点的图纸来源于公开的地铁图示信息，对于难以获取图纸资料的站点及站域则依据Google、百度及高德的地图平台和实地调研进行绘制，虽然精准度欠佳，但可以为本文涉及的研究提供支撑。而对于一些规模庞大、交通流线及功能复杂的特殊站点，难以收集全面、完整的信息，在今后的研究中还有待进一步加强这方面的工作。

（3）研究方法的局限

本文在触媒因子的量化分析中选用了AHP-SWOT分析法，虽然其简单易行，但也有其局限及不足。例如在指标体系的建立过程中，采用德尔菲法组织本领域的专家同行进行打分，但主观因素对过程的影响很大，导致结果的精度不够高，如何改进与完善AHP-SWOT分析法本身的缺陷，使其在策略的选择与制定中更加合理科学，是今后研究的重要议题。

（4）研究内容的局限

大城市中心区的轨道交通站域更新研究是一个多专业、多领域协作的复杂巨系统，涉及物质、经济、社会等多方面因素。本文虽然在触媒因子及触媒介质的部分对经济和社会方面有所提及，但由于专业所限，研究的侧重点还是更偏向于物质性的城市空间部分，对其他两个部分的研究还不够完善，相关指标库的构建仍有欠缺，在今后的研究中有待进一步深入挖掘。

8.3　未来的展望

大城市中心区轨道交通站域更新的研究是当下及未来城市更新领域的重要研究议题，本书着眼于站域更新的前期研究阶段，构建了基于触媒的站域更新体系，并取得了相应结论。基于目前轨道交通站域的发展及本书的研究内容，笔者提出以下几个方面的展望，作为后续进一步研究的拓展方向。

（1）与相关规划机制的结合。

（2）目前本书的研究成果仅限于探索性理论及综合应用层面的研究，如何将站域更新的相关策略落实到不同层面的规划控制导则体系中，从而提升本研究成果的推广应用价值，同时结合城市大数据等精确量化手段，是本研究未来的重要研究方向。

（3）站点的全周期资料的补充。

（4）轨道交通的建设周期较长，本书只是在一个时间横切面上对站点的各类触媒因子和作用进行解析，而很多因子的影响作用是长期深远的，因此开展站域地区更新开发的全周期跟踪调查，对深入了解轨道交通与站域更新的作用关系，验证和及时修正已建立的更新体系，动态、统筹地指导站域更新具有重要意义。

（5）"自下而上"的微更新补充。

目前本书的研究对象为目前没有、但将要进行轨道交通建设的站点地区，目的在于从项目前期即评估各影响因素的重要性，以便于在轨道交通的

第8章　结论与展望

建设中有侧重地进行引导与强化，更强调"自上而下"的介入式更新。而已建成站点地区也必然有城市更新的需求，但此时站点已建成，发生大规模改动的机会微乎其微，就需要我们从"自下而上"的微更新的角度来研究站域更新的其他补充模式。

附录A 天津市中心区4种轨道交通站域分类

1. 中心商务型站域

站点名称	东南角	站域类型	中心商务型
站点位置	站域建设情况	站域土地利用	站域模型
站点名称	咸阳路	站域类型	中心商务型
站点位置	站域建设情况	站域土地利用	站域模型
站点名称	津湾广场	站域类型	中心商务型
站点位置	站域建设情况	站域土地利用	站域模型

附录A 天津市中心区4种轨道交通站域分类

2. 居住生活型站域

站点名称	卞兴路	站域类型	居住生活型
站点位置	站域建设情况	站域土地利用	站域模型

站点名称	王顶堤	站域类型	居住生活型
站点位置	站域建设情况	站域土地利用	站域模型

站点名称	西康路	站域类型	居住生活型
站点位置	站域建设情况	站域土地利用	站域模型

站点名称	翠阜新村	站域类型	居住生活型
站点位置	站域建设情况	站域土地利用	站域模型

3. 历史文化型站域

站点名称	和平路	站域类型	历史文化型
站点位置	站域建设情况	站域土地利用	站域模型

站点名称	小白楼	站域类型	历史文化型
站点位置	站域建设情况	站域土地利用	站域模型

站点名称	建国路	站域类型	历史文化型
站点位置	站域建设情况	站域土地利用	站域模型

附录A　天津市中心区4种轨道交通站域分类

4. 交通枢纽型站域

站点名称	天津站	站域类型	交通枢纽型
站点位置	站域建设情况	站域土地利用	站域模型

站点名称	天津西站	站域类型	交通枢纽型
站点位置	站域建设情况	站域土地利用	站域模型

附录B　调查问卷

尊敬的被访者：

　　您好，本人是天津大学建筑学院的博士研究生，正在进行"城市触媒视角下的轨道交通站域更新"课题的研究，感谢您在百忙之中参与问卷调查。本问卷将作为轨道交通站域更新研究的支撑材料，不涉及任何商业及其他行为，衷心感谢您的参与和支持，望您不吝赐教。

第一部分　基本情况

1. 您的性别
   ○ 男　　　　　　　　○ 女
2. 您的年龄
   ○ 18～25　　　　　　○ 26～35　　　　　　○ 36～45
   ○ 46～55　　　　　　○ 56～65　　　　　　○ 65以上
3. 您的文化程度
   ○ 高中（中专）　　○ 本科（大专）　　○ 研究生（硕士）及以上

第二部分　填写说明

1.问题描述

　　目前我国的城镇化水平已达56%，存量规划将成为未来我国城市建设的重点，轨道交通的快速全面发展为城市更新带来了新的机遇与挑战，亟需构建适用的更新理论、多元整体的更新体系和精细化的更新策略。本研究从城市触媒的角度，尝试构建触媒式站域更新体系和触媒因子选择方法。

　　笔者在研究中构建了一个"历史文化型轨道交通站域更新SWOT模型"

附录B 调查问卷

作为此次调查的对象，如下图：

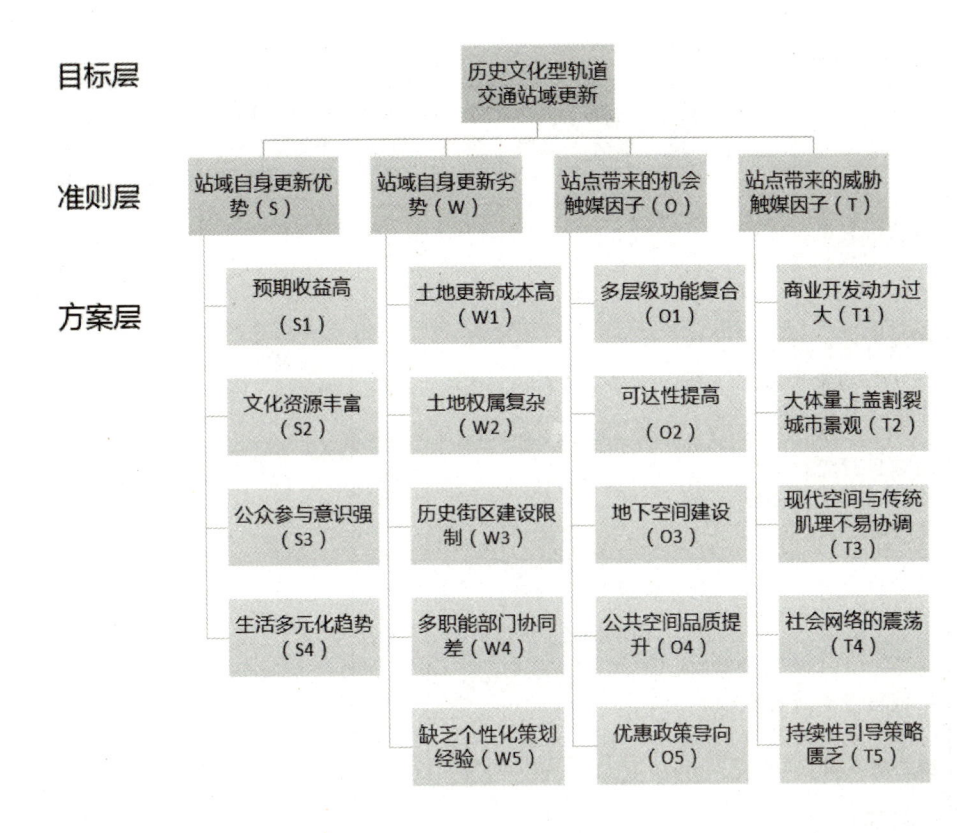

目标层：历史文化型轨道交通站域更新

准则层：
- 站域自身更新优势（S）
- 站域自身更新劣势（W）
- 站点带来的机会触媒因子（O）
- 站点带来的威胁触媒因子（T）

方案层：

站域自身更新优势（S）	站域自身更新劣势（W）	站点带来的机会触媒因子（O）	站点带来的威胁触媒因子（T）
预期收益高（S1）	土地更新成本高（W1）	多层级功能复合（O1）	商业开发动力过大（T1）
文化资源丰富（S2）	土地权属复杂（W2）	可达性提高（O2）	大体量上盖割裂城市景观（T2）
公众参与意识强（S3）	历史街区建设限制（W3）	地下空间建设（O3）	现代空间与传统肌理不易协调（T3）
生活多元化趋势（S4）	多职能部门协同差（W4）	公共空间品质提升（O4）	社会网络的震荡（T4）
	缺乏个性化策划经验（W5）	优惠政策导向（O5）	持续性引导策略匮乏（T5）

2. 问卷说明

此调查问卷的目的在于确定轨道交通站域更新各影响因素之间的相对权重，调查问卷按照层次分析法（AHP）的形式设计。此方法是在同一个层次内对影响因子的重要性进行两两比较，衡量尺度分为9个等级：

	同等重要	稍微重要	相当重要	明显重要	绝对重要	稍微不重要	相当不重要	明显不重要	绝对不重要
要素A相对要素B比较	1	3	5	7	9	1/3	1/5	1/7	1/9
2、4、6、8、1/2、1/4、1/6、1/8为上述判断标准的中间值									

同一组因子之间要符合逻辑一致性，如：A>B，A<C，则B<C必须成立，否则问卷无效。

第三部分　各指标权重的打分

1. 准则层的相对重要性

	同等重要 1	稍微重要 3	相当重要 5	明显重要 7	绝对重要 9	稍微不重要 1/3	相当不重要 1/5	明显不重要 1/7	绝对不重要 1/9
站域自身更新优势（S）/站域自身更新劣势（W）	○	○	○	○	○	○	○	○	○
站域自身更新优势（S）/站点带来的机会触媒因子（O）	○	○	○	○	○	○	○	○	○
站域自身更新优势（S）/站点带来的威胁触媒因子（T）	○	○	○	○	○	○	○	○	○
站域自身更新劣势（W）/站点带来的机会触媒因子（O）	○	○	○	○	○	○	○	○	○
站域自身更新劣势（W）/站点带来的威胁触媒因子（T）	○	○	○	○	○	○	○	○	○
站点带来的机会触媒因子（O）/站点带来的威胁触媒因子（T）	○	○	○	○	○	○	○	○	○

2. 方案层的相对重要性

（1）站域自身更新优势组比较

	同等重要 1	稍微重要 3	相当重要 5	明显重要 7	绝对重要 9	稍微不重要 1/3	相当不重要 1/5	明显不重要 1/7	绝对不重要 1/9
预期收益高（S1）/文化资源丰富（S2）	○	○	○	○	○	○	○	○	○

续表

	同等重要 1	稍微重要 3	相当重要 5	明显重要 7	绝对重要 9	稍微不重要 1/3	相当不重要 1/5	明显不重要 1/7	绝对不重要 1/9
预期收益高（S1）/公众参与意识强（S3）	○	○	○	○	○	○	○	○	○
预期收益高（S1）/生活多元化趋势（S4）	○	○	○	○	○	○	○	○	○
文化资源丰富（S2）/公众参与意识强（S3）	○	○	○	○	○	○	○	○	○
文化资源丰富（S2）/生活多元化趋势（S4）	○	○	○	○	○	○	○	○	○
公众参与意识强（S3）/生活多元化趋势（S4）	○	○	○	○	○	○	○	○	○

（2）站域自身更新劣势组比较

	同等重要 1	稍微重要 3	相当重要 5	明显重要 7	绝对重要 9	稍微不重要 1/3	相当不重要 1/5	明显不重要 1/7	绝对不重要 1/9
土地更新成本高（W1）/土地使用受限（W2）	○	○	○	○	○	○	○	○	○
土地更新成本高（W1）/历史街区建设限制（W3）	○	○	○	○	○	○	○	○	○

续表

	同等重要 1	稍微重要 3	相当重要 5	明显重要 7	绝对重要 9	稍微不重要 1/3	相当不重要 1/5	明显不重要 1/7	绝对不重要 1/9
土地更新成本高（W1）/多职能部门协同差（W4）	○	○	○	○	○	○	○	○	○
土地更新成本高（W1））/缺乏个性化策划经验（W5）	○	○	○	○	○	○	○	○	○
土地使用受限（W2）/历史街区建设限制（W3）	○	○	○	○	○	○	○	○	○
土地使用受限（W2）/多职能部门协同差（W4）	○	○	○	○	○	○	○	○	○
土地使用受限（W2）/缺乏个性化策划经验（W5）	○	○	○	○	○	○	○	○	○
历史街区建设限制（W3）/多职能部门协同差（W4）	○	○	○	○	○	○	○	○	○
历史街区建设限制（W3）/缺乏个性化策划经验（W5）	○	○	○	○	○	○	○	○	○
多职能部门协同差（W4）/缺乏个性化策划经验（W5）	○	○	○	○	○	○	○	○	○

附录B 调查问卷

（3）站点建设带来的机会触媒因子组比较

	同等重要 1	稍微重要 3	相当重要 5	明显重要 7	绝对重要 9	稍微不重要 1/3	相当不重要 1/5	明显不重要 1/7	绝对不重要 1/9
多层级功能复合（01）/可达性提高（02）	○	○	○	○	○	○	○	○	○
多层级功能复合（01）/地下空间建设（03）	○	○	○	○	○	○	○	○	○
多层级功能复合（01）/公共空间品质提升（04）	○	○	○	○	○	○	○	○	○
多层级功能复合（01）/优惠政策导向（05）	○	○	○	○	○	○	○	○	○
可达性提高（02）/地下空间建设（03）	○	○	○	○	○	○	○	○	○
可达性提高（02）/公共空间品质提升（04）	○	○	○	○	○	○	○	○	○
可达性提高（02）/优惠政策导向（05）	○	○	○	○	○	○	○	○	○
地下空间建设（03）/公共空间品质提升（04）	○	○	○	○	○	○	○	○	○
地下空间建设（03）/优惠政策导向（05）	○	○	○	○	○	○	○	○	○
公共空间品质提升（04）/优惠政策导向（05）	○	○	○	○	○	○	○	○	○

（4）站点建设带来的威胁触媒因子组比较

	同等重要 1	稍微重要 3	相当重要 5	明显重要 7	绝对重要 9	稍微不重要 1/3	相当不重要 1/5	明显不重要 1/7	绝对不重要 1/9
商业开发动力过大（T1）/大体量上盖割裂城市景观（T2）	○	○	○	○	○	○	○	○	○
商业开发动力过大（T1）/现代空间与传统肌理不易协调（T3）	○	○	○	○	○	○	○	○	○
商业开发动力过大（T1）/生活习惯改变造成社会网络震荡（T4）	○	○	○	○	○	○	○	○	○
商业开发动力过大（T1）/持续引导策略匮乏（T5）	○	○	○	○	○	○	○	○	○
大体量上盖割裂城市景观（T2）/现代空间与传统肌理不易协调（T3）	○	○	○	○	○	○	○	○	○
大体量上盖割裂城市景观（T2）/生活习惯改变造成社会网络震荡（T4）	○	○	○	○	○	○	○	○	○
大体量上盖割裂城市景观（T2）/持续引导策略匮乏（T5）	○	○	○	○	○	○	○	○	○
现代空间与传统肌理不易协调（T3）/生活习惯改变造成社会网络震荡（T4）	○	○	○	○	○	○	○	○	○
现代空间与传统肌理不易协调（T3）/持续引导策略匮乏（T5）	○	○	○	○	○	○	○	○	○
生活习惯改变造成社会网络震荡（T4）/持续引导策略匮乏（T5）	○	○	○	○	○	○	○	○	○

参考文献

[1] 国务院. 中华人民共和国国民济和社会发展第十三个五年规划纲要[EB/OL]. http://www.gov.cn/xinwen/2016-03/17/content_5054992.htm.

[2] 赵昕,顾保南. 2018年中国城市轨道交通运营线路统计和分析[J]. 城市轨道交通研究,2019,22(1):1-7.

[3] 王炜,徐古. 城市交通规划理论与方法[M]. 北京:人民交通出版社,1992.

[4] 褚冬竹,魏书祥. 轨道交通站点影响域的界定与应用——兼议城市设计发展及其空间基础[J]. 建筑学报:2017(2):16-21.

[5] 庄宇,袁铭. 轨道车站地区空间使用的分布与绩效[M]. 上海:同济大学出版社,2017.

[6] ALONSO W. Location and land use. Toward a general theory of land rent[M]. Oliphant:Anderson & Ferrier,1964.

[7] LOWRY I S. A Model of Metropolis[M]. Santa Monica Ca the Rand Corporation,1996.

[8] 张京祥. 西方城市规划思想史纲[M]. 南京:东南大学出版社,2005.

[9] MACKETT R L. Master Model (Micront and Residence)[M]. Trrl,1990.

[10] LI Y,GUO H. Transit-Oriented Land Planning Model Considering Sustainability of Mass Rail Transit[J]. Journal of Urban Planning and Development,2010,136(3):243-248.

[11] ECHENIQUE M H,FLOWERDEW A D J,HUNT J D. The MEPLAN models of Bilbao, Leeds and Dortmund[J]. Transport Reviews,1990,10(4):309-322.

[12] BERTOLINI L. Nodes and places: complexities of railway station redevelopment[J]. European Planning Studies：1996，4（3）：331-345.

[13] 耿慧志. 论我国城市中心区更新的动力机制[J]. 城市规划汇刊，1999（3）：28-31.

[14] 张平宇. 城市再生：我国新型城市化的理论与实践问题[J]. 城市规划，2004（4）：25-30.

[15] 罗小未. 上海新天地广场——旧城改造的一种模式[J]. 时代建筑，2001（12）：24-29.

[16] 万勇. 旧城的和谐更新[M]. 北京：中国建筑工业出版社，2006.

[17] 黄健文. 旧城改造中公共空间的整合与营造[D]. 广州：华南理工大学，2011.

[18] 程世丹，李志刚. 城市滨水区更新中的城市设计策略[J]. 武汉大学学报，2004（8）：17-21.

[19] 武联，沈丹. 历史街区的有机更新与活力复兴研究[J]. 城市发展研究，2007（3）：110-114.

[20] 陈眉舞. 中国城市居住区更新：问题综述与未来策略[J]. 城市问题，2002（7）：43-47.

[21] 周朗. 城市中心商业区改造与城市设计[J]. 规划师，2000（2）：77-79.

[22] 李世伟. 我国大项目带动型城市更新探讨[D]. 北京：清华大学，2004.

[23] 郝鹏. 北京旧城尺度的分析与有机更新研究[D]. 北京：北京工业大学，2007.

[24] 吴春. 大规模旧城改造过程中的社会空间重构[D]. 北京：清华大学，2010.

[25] 陈易. 转型期中国城市更新的空间治理研究-机制与模式[D]. 南京：南京大学，2016.

[26] 刘航. 从城市再开发角度看铁路车站地区的改造与更新[D]. 天津：天津大学，2004.

[27] 潘霞. 基于轨道交通引导下的旧城更新[J]. 四川建筑，2006（9）：

参考文献

25-27.

[28] 刘罗军. 公交导向的旧城更新改造模式研究[D]. 南京：南京林业大学，2007.

[29] 倪凯旋. 整合策略引导下的城市综合交通枢纽地区更新改造研究[D]. 上海：同济大学，2008.

[30] 王芳. 基于轨道交通的城市更新模式研究[D]. 武汉：华中科技大学，2010.

[31] 王腾，曹新建. 轨道交通站点地区的城市更新策略——基于中外大城市实践的横向比较[J]. 城市轨道交通研究，2011（11）：33-39.

[32] 栾滨，孙晖. 发展轨道交通背景下的城市中心区的有机更新[J]. 城市建筑，2011（8）：32-35.

[33] 白韵溪. 轨道交通影响下的城市中心区更新策略研究[D]. 大连：大连理工大学，2014.

[34] 赵怡. 基于轨道交通站点建设的城市更新策略研究[C]. 城乡治理与规划改革——2014中国城市规划年会论文集，北京：中国建筑工业出版社，2014：1051-1062.

[35] 吴育芬. 巴黎大区城市空间与轨道交通网发展的关系分析[J]. 城市轨道交通研究，2014（6）：4-10.

[36] SIM Van Der Ryn, CALTHORPE P. Sustainable communities: a new design synthesis for cities, suburbs, and towns[M]. Sierra Club Books, 1986.

[37] 陈一新. 巴黎德方斯新区规划及43年发展历程[J]. 国外城市规划，2003（2）：38-46.

[38] 杨成颢. 日本轨道交通枢纽车站核心影响区再开发研究[D]. 厦门：华侨大学，2018.

[39] 贺月元，周雷. "停车库上的城市公园"——北京地铁16号线北安河车辆段上盖开发综合利用概述[J]. 建筑技艺，2017（7）：46-50.

[40] 王波. 城市地下空间开发利用问题的探索与实践[D]. 北京：中国地质大学，2013.

[41] 孟丹青，甘骞. 南京市轨道交通与地面交通一体化衔接关键技术研究[J]. 建筑与文化，2018（6）：148-150.

[42] CALTHORPE P. The Next American Metropolis[M]. Princeton Architectural Press, 1995.

[43] CERVERO R, KOCKELMAN K. Travel demand and the 3Ds: Density, diversity, and design[J]. Transportation Research Part D Transport & Environment, 1997, 2(3): 199-219.

[44] SUNG H, OH J-T. Transit-oriented development in a high-density city: Identifying its association with transit ridership in Seoul, Korea[J]. Cities, 2011, 28(1): 70-82.

[45] 王国爱, 李同升. "新城市主义"与"精明增长"理论进展与评述[J]. 规划师, 2009, 25(4): 67-71.

[46] 孙根彦. 面向紧凑城市的交通规划理论与方法研究[D]. 西安: 长安大学, 2012.

[47] ANA PERIC, SCHOLL B. Integrated spatial and transport development in Europe: The examples of two European corridors[C]. Aesop 2017 Conference, spaces of Dialog for Places of Dignity: Fostering the European Dimension of Planning, 2017.

[48] FAUSTO LO FEUDO. How to Build an Alternative to Sprawl and Auto-centric Development Model through a TOD Scenario for the North-Pas-de-Calais Region? Lessons from an Integrated Transportation-land Use Modelling[J]. Transportation Research Procedia, 2014(4): 154-177.

[49] Calthorpe P.The Next American Metropolis:Ecology, Community, and the American Dream[M].New York:Princeton Architectural Press, 1993.

[50] Peter Calthorpe. The Next American Metropolis: Ecology, community, and the American Dreanm[M]. New York: Princeton Architecture Press, 1993.

[51] MA X, CHEN X, LI X, et al. Sustainable station-level planning: An integrated transport and land use design model for transit-oriented development[J]. Journal of Cleaner Production: 2018, 170: 1052-1063.

[52] PRASTACOS P. An Integrated Land-Use—Transportation Model for the San Francisco Region: 1. Design and Mathematical Structure[J]. Environment and Planning A, 1986, 18(3): 307-322.

[53] Bertolini L.Nodes and places:Complexities of Railway Station Redevelopment[J].European Planning Studies, 1996, 4（3）: 331-345.

[54] SEO K, GOLUB A, KUBY M. Combined impacts of highways and light rail transit on residential property values: a spatial hedonic price model for Phoenix, Arizona[J]. Journal of Transport Geography, 2014, 41: 53-62.

[55] YE Y, YEH A, ZHUANG Y, et al. "Form Syntax" as a contribution to geodesign: A morphological tool for urbanity-making in urban design[J]. URBAN DESIGN International, 2017, 22（1）: 73-90.

[56] 蔡蔚, 朱剑月, 叶霞飞等. 轨道交通对城市发展引导作用分析[J]. 城市轨道交通研究, 1999（8）: 19-22.

[57] 潘海啸. 轨道交通与大都市地区空间结构的优化[J]. 城市发展研究, 2008（6）: 25-34.

[58] 舒慧琴, 石小法. 东京都市圈轨道交通系统对城市空间结构发展的影响[J]. 国际城市规划, 2008（6）: 105-109.

[59] 张育男. 北京城市轨道交通与城市空间整合发展问题研究[D].北京: 清华大学, 2009.

[60] 盛来芳. 基于时空视角的轨道交通与城市空间耦合发展研究[D].北京: 北京交通大学, 2012.

[61] 任利剑. 城市轨道交通系统与城市功能组织协调发展研究[D].天津: 天津大学, 2014.

[62] 王宁宇. 轨道交通网络化时代城市空间的发展变革与响应策略研究[D].天津: 天津大学, 2014.

[63] 邵德华. 试论城市轨道交通对土地空间的利用[J]. 经济前沿, 2002（4）: 21-24.

[64] 刘菁. 城市大容量轨道交通沿线土地利用研究[D]. 武汉: 华中科技大学, 2005.

[65] 卢艳. 轨道交通建设对城市土地利用影响关系研究[D]. 西安: 长安大学, 2008.

[66] 巩万里. 城市轨道交通对沿线土地利用的影响探析[D]. 西安: 长安大学, 2012.

[67] 庞传卫. 轨道交通沿线土地控制规划研究[D]. 西安：西安建筑科技大学，2012.

[68] 陈佳. 多类型轨道交通站点地区用地优化研究[D]. 武汉：华中科技大学，2016.

[69] 李程垒. 城市轨道交通TOD开发模式研究[D]. 北京：北京交通大学，2007.

[70] 卢济威，王腾，庄宇. 轨道交通站点区域的协同发展[J]. 时代建筑，2009（5）：12-18.

[71] 王兆辰，基于TOD的北京轨道交通站点周边地区城市设计研究[D]. 清华大学，2010.

[72] 吴放. 基于可持续宜居城市发展的TOD城市空间设计策略研究[D]. 杭州：浙江大学，2014.

[73] 王一鸣. TOD导向下城市轨道交通站点地区规划研究[D]. 济南：山东建筑大学，2017.

[74] 周垠，龙瀛.街道步行指数的大规模评价——方法改进及其成都应用[J].上海城市规划，2017（1）：88-93.

[75] 李鹏，彭震伟.快速交通对大都市郊区居住空间发展的作用机制——基于时空经济属性视角的分析[J].城市发展研究，2018，25（4）：69-77.

[76] 孙士玺.轨道交通网络生长下北京市新城职住空间发展动态研究[D].北方工业大学，2018.

[77] 任雪婷.北京居住型轨道交通站点周边慢行空间研究[D].北京交通大学，2018.

[78] 刘宇鹏，宫同伟.基于开放数据的轨道交通站区商业网点空间布局——以天津市地铁1号线为例[J].天津城建大学学报，2018，24（4）：239-246.

[79] 袁铭.上海核心城区轨道交通车站站域商业空间分布特征与影响因素分析[J].城市轨道交通研究，2018，21（7）：1-4+9.

[80] 王维礼，白云庆，卢景德.基于兴趣点(POI)数据的地铁站周边商业空间活力分级与耦合性研究——以天津市中心城区为例[J].城市，2019（5）：

14-22.

[81] 林必毅，徐本安，王志敏. 基于宜居空间的TOD智慧社区规划建设探索[A]. 中国城市科学研究会数字城市专业委员会轨道交通学组.智慧城市与轨道交通2020[C].中城科数(北京)智慧城市规划设计研究中心，2020：4.

[82] 梁正，陈水英. 轨道交通站点综合开发初探[J]. 建筑学报，2008（5）：77-79.

[83] 沈中伟. 轨道交通枢纽综合体设计的核心问题[J]. 时代建筑，2009（9）：27-29.

[84] 束昱. 城市轨道交通综合体地下空间规划理论研究[J]. 时代建筑，2009（9）：22-26.

[85] 李秀芳. 城市中心区轨道交通站点综合体设计研究[D]. 北京：北京建筑工程大学，2012.

[86] 刘婧祎. 基于TOD的轨道交通综合体设计初探[D]. 北京：北京交通大学，2013.

[87] 王新. 轨道交通综合体对城市功能的催化与整合初探[D]. 北京：北京交通大学，2014.

[88] 过文魁. 面向轨道交通站点的换乘模式和设施布局研究[D]. 南京：南京林业大学，2007.

[89] 牛彦龙. 地铁时代下营造站域慢行空间重塑都市活力[D]. 天津：天津大学，2015.

[90] 龙晨吟. 重庆中心型轨道交通站点周边步行空间现状调查及规划策略研究[D]. 重庆：重庆大学，2015.

[91] 宗俊宏. 轨道交通综合体节点空间优化策略[D]. 重庆：重庆大学，2016.

[92] 卓健. 普通轨道交通站点周边地区的城市更新开发策略[J]. 规划师，2016，32（10）：11-16.

[93] SINGH Y J, FARD P, ZUIDGEEST M, et al. Measuring transit oriented development: a spatial multi criteria assessment approach for the City Region Arnhem and Nijmegen[J]. Journal of Transport Geography, 2014, 35: 130-143.

[94] 陈劼．城市触媒理论的文献综述[J]．城市建筑，2019，16（07）：41-43．

[95] 韦恩.奥图，唐.罗干．美国都市建筑——城市设计的触媒[M]．王劭方，译．台北：创兴出版社，1992．

[96] 方丹青，陈可石，陈楠．以文化大事件为触媒的城市再生模式初探——"欧洲文化之都"的实践和启示[J]．国际城市规划，2017，32（2）：101-107+120．

[97] 金广君．城市设计的"触媒效应"[J]．规划师，2006（10）：22．

[98] 金广君．论"城市效应"下城市设计项目对周边环境的影响[J]．规划师，2006（11）：8-12．

[99] 杨继梅．城市再生的文化催化研究[D]．上海：同济大学，2008．

[100] 文闻，李铌，曹文．城市触媒理论在城市发展中的运用[J]．规划师，2011（7）：186-188．

[101] 朱建伟．基于"城市触媒"理论下的城市旧工业厂区更新策略研究[D]．成都：西南交通大学，2010．

[102] 刘雪菲．基于"城市触媒理论"的城市历史街区保护与更新模式探析[D]．济南：山东建筑大学，2011．

[103] 杨露露．地铁滨康站在西兴历史街区保护与复兴中的触媒作用研究[D]．杭州：浙江大学，2012．

[104] 徐云曦．触媒式——旧城改造与更新的实践探索[D]．重庆：重庆大学，2012．

[105] 扈万泰，刘宇．基于城市触媒理论的旧城改造规划思考[J]．城市地理，2012（S2）：94-100．

[106] 黄睿．基于城市触媒理论的老城镇剩余空间复兴策略探索[D]．青岛：青岛理工大学，2013．

[107] 朱晓云．基于"城市触媒"理论的旧城区更新策略研究[D]．西安：长安大学，2015．

[108] 马文静．基于城市触媒理论的历史文化街区保护与更新应用研究[D]．郑州：郑州大学，2017．

[109] 文跃茗，李合群．城市触媒视角下历史古城的整合式城市设计研

究[J]. 华中建筑, 2017（11）：50-53.

[110] 俞泳. 城市触媒与地铁车站综合开发[J]. 时代建筑, 1998（4）：53-56.

[111] 王腾, 卢济威. 火车站综合体与城市催化——以上海南站为例[J]. 城市规划学刊, 2006（4）：76-83.

[112] 申明文. 地铁车站的综合建设中轨道交通的"触媒"作用[J]. 地下空间与工程学报, 2010（10）：1365-1369.

[113] 张俊霞. 触媒视角下轨道交通站点与城市空间的整合[C]. 规划创新：2010中国城市规划年会论文集, 重庆：重庆出版社, 2010：6069-6076.

[114] 王新. 轨道交通综合体对城市功能的催化与整合初探[D]. 北京交通大学, 2014.

[115] 孙滢. 基于触媒理论下的远郊地铁站及周边区域规划研究[D]. 北京：北方工业大学, 2015.

[116] PAPA E, BERTOLINI L. Accessibility and Transit-Oriented Development in European metropolitan areas[J]. Journal of Transport Geography, 2015, 47：70-83.

[117] 林燕. 从巴黎德方斯新区人车立体分流系统论立体开发[J]. 广州工业大学学报, 2007（12）：104-108.

[118] 郑金龙. 从"TOD"走向"TOR"轨道交通引导城市更新[J]. 福建建筑, 2017（06）：15-19.

[119] DAVID S. VALETransit-oriented development, integration of land use and transport, and pedestrian accessibility: Combining node-place model with pedestrian shed ratio to evaluate and classify station areas in Lisbon[J]. Journal of Transport Geography, 2015, 45：70-80.

[120] WEY W-M. Smart growth and transit-oriented development planning in site selection for a new metro transit station in Taipei, Taiwan[J]. Habitat International, 2015, 47：158-168.

[121] CHRISTOPHER D. HIGGINS, KANAROGLOU P S. A latent class method for classifying and evaluating the performance of station area transit-oriented development in the Toronto region[J]. Journal of Transport Geography,

2016，52：61-72.

[122] 徐正良，陈烨，何斌. 上海市轨道交通徐家汇枢纽与地下空间一体化开发利用[J]. 时代建筑，2009（5）：50-53.

[123] 钱晓佳. 上海申通地铁上盖开发的实践和探索[J]. 上海房地，2015（6）：41-43.

[124] 孙晓飞. 快速发展时期的大城市中心城区更新规划研究[D]. 天津大学，2012.

[125] 郭亮. 城市规划交通学[M]. 南京：东南大学出版社，2010.

[126] 李晓晖. 触媒作用下的大城市外围地区轨道交通站区规划研究[D]. 天津：天津大学，2012.

[127] 刘烨，唐娟娟. 基于空间存量优化的"TOD+更新"一体化统筹单元研究——以深圳市龙岗区为例[J]. 交通与运输（学术版），2018（1）：6-10+27.

[128] 阳建强. 我国城市已进入内涵提升和品质优先新阶段[N]. 中国建设报，2018.11.30.

[129] 金广君. 图解城市设计[M]. 北京：中国建筑工业出版社，2010.

[130] 陈旸，金广君，徐忠. 快速城市化下城市综合体的触媒效应特征探析[J]. 国际城市规划，2011：26（3）：97-104.

[131] 郝玲，杨豪中，何杰. TOD模式在城市旧区更新改造规划中的探索[J]. 西安建筑科技大学学报（自然科学版），2012，44（2）：277-282.

[132] 段德罡，张凡. 土地利用优化视角下的城市轨道站点分类研究——以西安地铁2号线为例[J]. 城市规划，2013，37（9）：39-45.

[133] 钟奕纯，冯健，何晓蓉. 轨道交通对不同区段土地利用影响差异研究——以武汉轨道交通2号线为例[J]. 地域研究与开发，2016，35（5）：86-93.

[134] 王爽. 北京市国贸地区公交客流特征分析及对策[J]. 公路交通科技(应用技术版)，2019，15（1）：323-326.

[135] 苗杰. 西安地铁建设对沿线商业圈的影响研究[D]. 西安：西安工业大学，2018.

[136] 李柔锋. 中日交通枢纽之商业空间比较研究[D]. 成都：西南交通

大学，2012.

[137] 张玺. 基于空间句法的旧城居住型轨道站点周边城市公共空间研究[D]. 北京工业大学，2013.

[138] 任雪婷. 北京居住型轨道交通站点周边慢行空间研究[D]. 北京：北京交通大学，2018.

[139] 天津市城市规划设计研究院. 天津市城市空间发展战略规划[R]. 2010.

[140] 赵丛钰. 基于城市触媒理论的历史文化街区保护与更新研究[D]. 北方工业大学，2019.

[141] 王佳曦. 厦门轨道交通站点周边存量用地再开发模式与策略研究[D]. 厦门：华侨大学，2017.

[142] 王雪，青木信夫. 解析地铁站域在历史街区的形态演绎——以南锣鼓巷地铁站为例[J]. 现代城市研究，2018（3）：52-57.

[143] 胡斌，王思成，吕元等. 基于城市设计视角的老旧火车站域更新设计策略[J]. 建筑学报，2018（S1）：140-143.

[144] 王睦，吴晨，周铁征等. 以火车站为中心的综合交通枢纽——新建北京南站的设计与创作[J]. 建筑学报，2009（4）：16-25.

[145] [130] 程世丹，谢司琪，盛立. 我国城市中心区火车站域城市更新研究综述[J]. 住宅科技，2017，37（10）：33-38.

[146] 段进. 城市空间发展论[M]. 南京：江苏科学技术出版社，2006.

[147] 高长宽. 大城市轨道交通与城市空间结构发展的协调关系研究[D]. 天津：天津大学，2011.

[148] 胡宝哲. 东京的商业中心[M]. 天津：天津大学出版社，2001.

[149] SUTAPA BHATTACHARJEE, ANDREW R. GOETZ. The rail transit system and land use change in the Denver metro region[J]. Journal of Transport Geography, 2016, 54: 440-450.

[150] 郭巍，侯晓蕾. 高密度城市中心区的步行体系策略——以香港中环地区为例[J]. 中国园林，2011，27（8）：42-45.

[151] GUO J, NAKAMURA F, LI Q, et al. Efficiency Assessment of Transit-Oriented Development by Data Envelopment Analysis: Case Study on the

Den-en Toshi Line in Japan[J]. Journal of Advanced Transportation, 2018, 11: 1-10.

[152] 严建伟, 李重锐. 地铁站点与多元公共空间的一体化设计探析——以武汉地铁洪山广场站为例[J]. 城市建筑, 2017, 31（11）: 39-41.

[153] 王晶晶. 活在地下的城:东京的地下空间利用与立体化设计[J]. 世界建筑导报, 2012, 27（3）: 18-23.

[154] 曲艳丽. 杨朝华.城市综合体——商业对城市空间的整合叙事[J]. 城市建筑, 2009（5）: 17-20.

[155] 法宝宝. 地铁上盖物业综合体建筑设计研究[D]. 西安: 西安建筑科技大学, 2014.

[156] 朱晓乐. 基于"城市触媒"理论的旧城区更新策略研究[D]. 长安大学, 2015.

[157] 魏书祥. 文化视域下的地铁与城市一体化发展阶段探析及启示[J]. 建筑与文化, 2019（5）: 130-131.

[158] 程狄. 城市意象艺术观对城市"宜居性"和"名片化"的路径设计构建[J]. 南京艺术学院学报（美术与设计）, 2018（6）: 195-198.

[159] 赵晓彤. 城市地铁站内空间地域文化元素适度性设计研究[D]. 西安: 西安建筑科技大学, 2016.

[160] 应名洪. 轨道交通沿线土地资源综合开发与社会资源共同推动城市发展[J]. 城市轨道交通, 2013（2）: 39-41.

[161] 施瑛, 费兰. 城市综合体中公共空间设计的分析——以日本难波公园、六本木新城为例[J]. 华中建筑, 2014, 32（11）: 129-133.

[162] 刘贤腾. 东京的轨道交通发展与大都市区空间结构的变迁[J]. 城市轨道交通研究, 2010（11）: 6-12.

[163] 武凤文, 邱宁. 软触媒叠加下的北京市宛平城更新改造规划策略[J]. 规划师, 2016, 32（S2）110-115.

[164] 焦莹, 徐源. 天津站交通枢纽规划设计方案综述[J]. 天津建设科技, 2006（6）: 51-54.

[165] 程宇光. 以交通枢纽改造为导向的城市设计整合[D]. 天津: 天津大学, 2007.

[166] 顾朝林，甄峰，张京祥. 集聚与扩散——城市空间结构新论[M]. 南京：南京大学出版社，2000.

[167] TFP Farrells. 九龙站开发项目[J]. 世界建筑导报，2013，28（5）：80-81.

[168] 孙红峰. 地铁沿线物业开发与城市更新结合的设计思路探究[J]. 建筑技艺，2018（6）：100-102.

[169] 井慧. 轨道交通综合体站域内边界空间媒介化设计研究[D]. 北京：北京交通大学，2016.

[170] 项琳斐. 跨海湾交通枢纽中心，旧金山，加利福尼亚，美国[J]. 世界建筑，2011（6）：96-101.

[171] 王祥玉. 城市轨道交通站点区域综合开发利用设计研究[D]. 大连：大连理工大学，2017.

[172] 卢济威，杨春侠. 塑造自然生态景观型的交通站区——无锡轨道交通1号线胜利门站地区城市设计[J]. 上海城市规划，2015（4）：97-100+112.

[173] 日建设计站城一体开发研究会. 站城一体开发——新一代公共交通指向型城市建设[M]. 北京：中国建筑工业出版社，2014.

[174] 乔韵. 厦门轨道站点交通一体化衔接综合评价研究[D]. 厦门：华侨大学，2018.

[175] [美]瑟夫洛. 公交都市[M]. 北京：中国建筑工业出版社，2007.

[176] 高煦明. 轨道交通站点服务范围及接驳方式比例研究[C]. 创新驱动与智慧发展——2018年中国城市交通规划年会论文集.北京：中国建筑工业出版社，2018.

[177] 王桢栋. "合"当代城市建筑综合体研究[D]. 上海：同济大学，2008.

[178] 缪义. 多规合一的城市地铁建设规划优化研究[D]. 重庆：重庆交通大学，2015.

[179] 张子栋，苗彦英. 中国城市轨道交通法律法规体系研究[J]. 城市交通，2012，10（6）：36-42.

[180] 马祖琦，施亮，简德三等. 我国轨道交通站场的综合开发与法规

保障——以上海的运行机制为例[J]. 上海城市管理, 2017, 26（1）: 64-70.

[181] 马祖琦, 简德三, 沈洪. 东京和香港轨道交通站场综合开发启示[J]. 都市快轨道交通通, 2015, 28（6）: 144-148.

[182] 闫华伟. 我国城市地铁投融资模式及运营策略研究[D]. 成都: 西南交通大学, 2018.

[183] 刘皆谊. 轨道交通建设结合城市区域竞争力提升的台湾经验[J]. 苏州科技学院学报(工程技术版), 2015, 28（1）: 65-72.

[184] 何正强. 社会网络视角下改造型社区公共空间有效性评价研究[D]. 广州: 华南理工大学, 2014.

[185] 天津大学建筑学院. 地铁站点上盖建设对城市发展影响研究[R]. 2012.

[186] 陆化普. 解析城市交通[M]. 北京: 中国水利水电出版社, 2004.

[187] 唐枫, 徐磊青. 站城一体化视角下的轨道交通地块开发与空间效能研究——以上海三个轨道交通站为例[J]. 西部人居环境学刊, 2017, 32（3）: 7-14.

[188] 申红田, 严建伟, 邵楠. 触媒视角下城市快速轨道交通对旧城更新的影响探析[J]. 现代城市研究, 2016（9）: 89-94.

[189] 张健, 王一洋, 吕元. 基于空间句法的历史街区地铁站点周边公共空间更新策略[J]. 城市住宅, 2019（3）: 49-54.

[190] 张秀峰. 城市历史街区更新[D]. 天津: 河北工业大学, 2011.

[191] 王健, 郑奋. 商业价值下的主动策略——杭州湖滨银泰五期建筑创作分析[J]. 华中建筑, 2018, 36（1）: 27-31.

[192] 余一炜. 基于城市触媒理论的城市商业综合体非直接盈利空间设计研究[D]. 广州: 华南理工大学, 2016.

[193] 施卫良. 地铁国贸站"轨道+"模式改造案例研究[J]. 城市规划, 2016, 40（4）: 99-102.

[194] 蔡会衡. 北京国贸站一体化城市改造[J]. 建筑技艺, 2017（7）: 58-61.

[195] 徐新巧. 城市更新地区地下空间资源开发利用规划与实践——以深圳市华强北片区为例[J]. 城市规划学刊, 2010（S1）: 30-35.

参考文献

[196] 丁洪亚. 亚洲大城市中心区轨道交通站域整合演进现象与策略[D]. 重庆：重庆大学，2017.

[197] 陈帆授. 轨道交通站点步行接驳系统实施机制研究[D]. 深圳：深圳大学，2017.

[198] 杨熹微. 日本首屈一指的交通枢纽——涩谷站周边大规模再开发项目正式启动[J]. 时代建筑，2009（5）：76-79.

[199] 陈衍泰，陈国宏，李美娟. 综合评价方法分类及研究进展[J]. 管理科学学报，2004（2）：69-79.

[200] 申彧. SWOT分析在区域可持续发展定位中的应用[D]. 厦门：厦门大学，2009.

[201] 王江波，高明超，苟爱萍. 公共中心型地铁站域地下空间综合开发水平评价方法研究——以大连为例[J]. 现代城市研究，2017（6）：92-100.

[202] 张炳江. 层次分析法及其应用案例[M]. 北京：电子工业出版社，2014.

[203] 安结，张文德. 基于层次分析法的城市专利战略SWOT分析——以泉州为例[J]. 情报探索，2010（11）：61-64.

[204] 祝丽云，何枫，李维国. 基于SWOT法和层次分析法的海洋文化产业发展战略研究——以河北秦皇岛为例[J]. 资源开发与市场，2014，30（5）：592-597.

[205] 徐建华. 现代地理学中的数学方法[M]. 北京：高等教育出版社，1996.

[206] 秦海东，胡李平. 基于城市触媒效应的传统商业街区微更新策略[J]. 规划师，2019，35（S1）：81-86.

[207] 马归民，严建伟，杨希. 基于轨道交通站点协同开发的地下商业空间活力研究——天津市津汇广场地下商业空间分析[J]. 现代城市研究，2016（8）：100-105.

[208] 杨成颢. 日本轨道交通枢纽车站核心影响区再开发研究[D]. 厦门：华侨大学，2018.

[209] 黄骏. 地铁站域公共空间整体性研究[D]. 广州：华南理工大学，

2008.

[210] 荣玥芳，徐振明，郭思维. 城市事件触媒理论解读[J]. 华中建筑，2009，27（9）：79-81+95.

[211] 郭欣. 大事件影响下的城市更新[D]. 上海：同济大学，2006.

[212] 张如翔. 体验经济时代下文化空间与城市综合体的共生[J]. 中外建筑，2019（1）：73-75.

[213] 钱霖霖. 北京地铁商业空间的使用后评价研究[D]. 北京：北京交通大学，2012.